JN439908

2006년 1월 20일 마산 미래
산부인과에서 출생

승주의 누리

seungjoo

BIELLA ITALA

Levi's

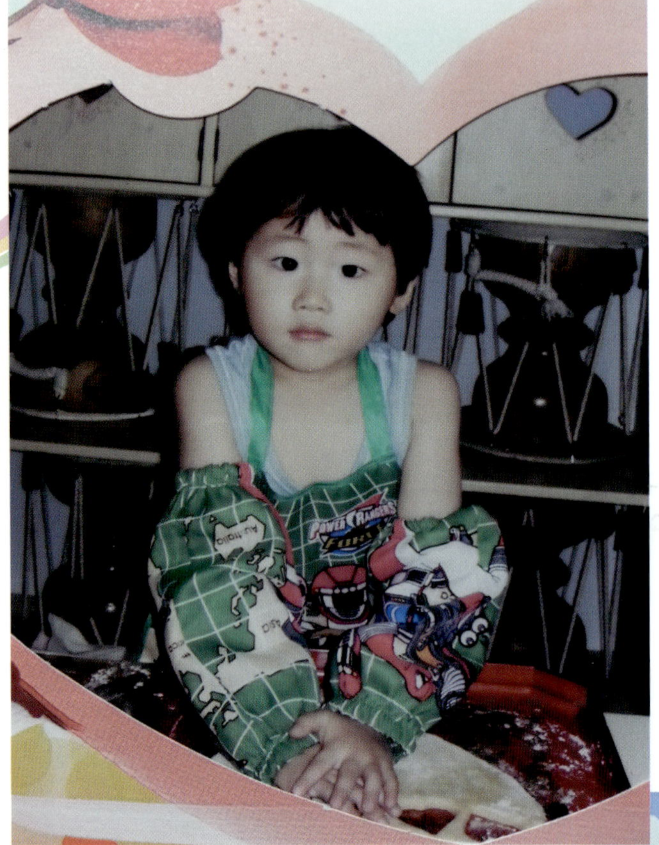
POWER RANGERS

20 일 수 요일

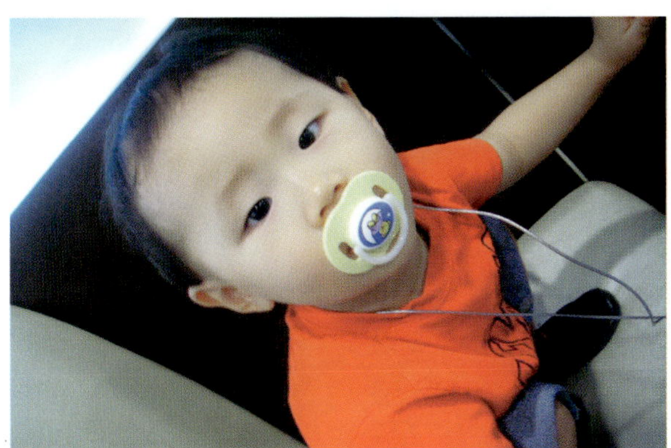

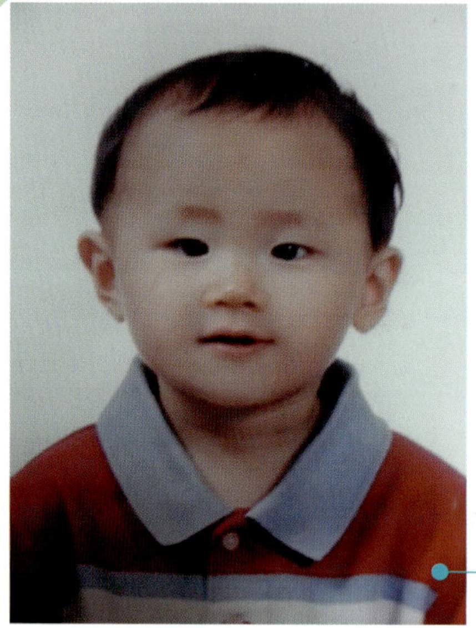

승주, 파리 갈 때 여권 사진

파리에서 승주 부자

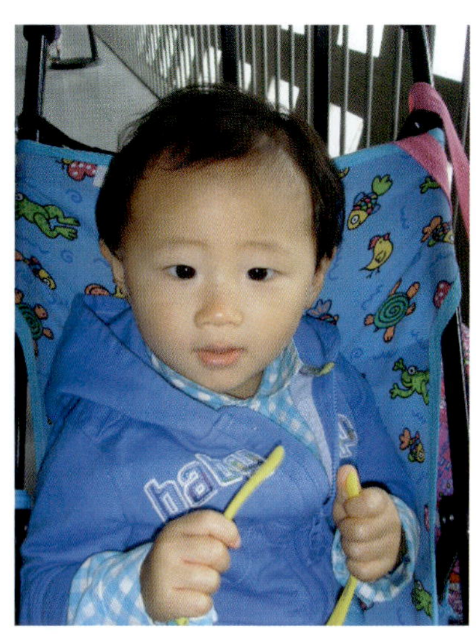

2007년 4월 23일 캐나다
밴쿠버 Saint Paul
병원에서 출생

유진의 누리

yujin

유진의 백일

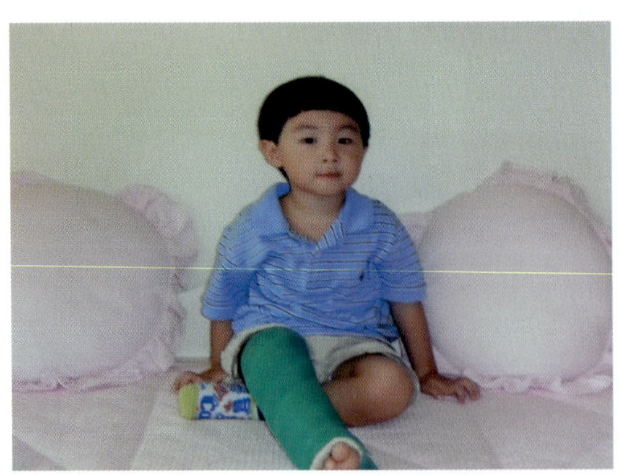

유진이가 출연했던
'SBS 스페셜 307회 타이틀 화면'

SBS 화면 캡처 'SBS 스페셜 307회'

할배와 철부지 손주의 밀당

8년의 숨가쁜 동행

한판암 에세이집

초판 1쇄 인쇄 · 2014년 03월 17일
지은이 · 한 판 암
펴낸이 · 이 승 훈
펴낸곳 · 해드림출판사
주　소 · 서울 영등포구 문래동1가 39번지 센터플러스 1004호
전　화 · 02-2612-5552
팩　스 · 02-2688-5568
e-mail · jlee5059@hanmail.net

등록번호 · 제387-2007-000011호
등록일자 · 2007년 5월 4일

* 책값은 표지에 있습니다.
* 잘못된 책은 바꿔 드립니다.

ISBN 979-11-5634-015-7

할배와 철부지 손주의 밀당

8년의 숨가쁜 동행

한판암 에세이집

LOVE IS

The content production business, the core part of TongRo, stand on its passion for global market as a mecca of Korean image industry.

어쩌다 영아 때부터 함께 살게 된 손주들을,
할아버지의 깊은 연륜과 지혜로
부모보다 더 잘 키워가는 이야기.
이 시대에는 보기 드문 할아버지의 손주
교육을 통해 가정에서 어린 아이들 정서적으로
어떻게 자라야 하는지를 깨닫게 한다.

해드림

펴내는 글

어린 천사의 날갯짓 엿보기

순백한 영혼의 손주들이 맑은 눈으로 세상을 깨우쳐 가는 천사의 날갯짓 얘기이다. 내게는 사촌지간으로 한 살 차이의 두 손주 승주(昇周)와 유진(裕振)이가 있다. 지나치리만큼 투명하고 맑은 영혼에 상처를 입지 않을까 노심초사 지켜보는 내가 애가 달아도 엄연한 아람치는 불가침 영역의 그네들 몫이기에 좌불안석인 경우가 허다하다.

큰손주인 승주는 을유생(乙酉生)으로 나에 비해 정확히 한 갑자(甲子) 뒤에 태어난 큰아들 소생이다. 제 부모가 그림 공부를 한답시고 파리에 머물다가 방학에 귀국했을 때 잉태했었다. 그 때문에 제 어미가 유학생활을 접고 국내에서 출산했다. 그리고 다섯 살 무렵까지 내가 직간접적으로 돌보다가 그 이후로는 따로 살고 있다. 한편, 작은 손주인 유진이는 정해생(丁亥生)으로 제 부모가 학업 중이던 캐나다 밴쿠버에서 태어난 지 달포 지날 무렵에 데리고 와서 여태까지 함께 기거하고 있다.

결국, 큰손주는 다섯 살까지, 작은손주는 일곱 살인 여태까지 직접 뒷바라지를 하고 있다. 그동안 손주들과 관련된 자질구레한 일이나 일상의 단면을 더덜이 없이 글로 정리한 내용이 이 책이다. 그런데 동거 기간의 길고 짧음에 따라서 큰손주보다는 작은손주와 관련된 내용이 월등하게 많다.

조부모로서 제 부모 역할을 대신하면서 기쁨과 어려움을 번갈아 겪는 나날의 반복으로 하루에도 기압골은 맑음이나 흐림이 뒤섞이기도 했다. 내 의사와 무관하게 손주를 기르면서 순간순간의 느낌이나 유별난 체험을 하면서 그들의 흔적을 있는 그대로 남길 궁리 끝에 시나브로 글로 정리했다. 그렇다고 현재 가장 오래된 육아일기인 조선 중기의 묵재(默齋) 이문건(李文楗: 1494-1567) 선생이 남긴 양아록(養兒錄) 같이 큰 철학이나 뜻을 담겠다는 턱없이 지나친 욕심은 애당초 겨냥한 바가 아니었다.

그동안 써 두었던 글 중에서 일흔두 개를 골랐다. 그들을 열두 작품씩 묶어서 여섯 개의 담(潭)에 골고루 담기로 했다. 그리고 책의 이름은 '8년의 숨가쁜 동행'으로 새겼다. 한편, '할배와 철부지 손주의 밀당'라는 사족(蛇足)을 붙여 책의 성격을 극명하게 드러내려는 의욕을 에둘러 표현하는 만용을 서슴지 않았다.

비탈진 계곡의 암반 위로 흐르는 냇물이 세세만년에 걸쳐서 깎고 또 깎아 자연스럽게 생성되는 돌확 모양의 수많은 담(潭)을 통해 유속의 완급과 수량(水量)을 조절하며 흐르면서 소통하는 오묘한 이치가 떠올랐다. 이런 자연의 섭리인 물길에 의해 생성된 여섯 단계의 담을 가상하여 책의 얼개를 엮기로 했다.

상류 쪽의 담에 수용된 하나하나의 글이 고유한 색깔과 역할을 하는 한편 열두 작품의 공약수나 공명(共鳴)의 정수(精髓)가 하류 쪽의 담으로 전해져야 한다. 이렇게 전해진 정수는 이어지는 담에 수용되는 내용을 더욱 차지고 진솔하게 찬연한 빛을 내는 도우미 역할을 하게 한다. 이런 원리는 마지막 담에 이르기까지 반복되어 종국에는 전체 내용이 한 덩어리로 융합해서 묵시적일지라도 명백한 메시지를 나타낼 수 있기를 겨냥했다.

이러한 염원을 바탕으로 맨 위와 이어지는 담에는 큰손주와 작은손주의 잉태와 탄생을 비롯해 영아 시절의 사연을 위주로 선정해서 각각 '승주의 새벽누리'와 '유진이의 고고성'이라고 명명했다. 그리고 세 번째부터 여섯 번째까지의 담에 수용되는 글의 내용이나 성격을 감안해서 '소란한 파랑새 둥지', '깨우침과 터득의 날갯짓', '천방지축의 널뛰기', '밑절미와 울타리'라는 이름을 붙였다.

아이 기르기는 어렵지 않은 고상한 소일거리 중의 하나라고 생각하며 별다른 고민을 하지 않았다. 그런 단견이 얼마나 큰 오산이었던가를 깨닫는데 그리 긴 세월이 필요하지 않았다. 그 옛날 멋모르고 두 아이를 키우던 신실치 못한 경험이 되레 덫이 되기도 했다. 그런가하면 쓰잘 데 없는 가치관이나 얼치기 상식이 앞을 가로막는 부작용에 끌탕을 치기도 했다. 이로 말미암아 돌발하는 시련이나 시행착오와 맞닥뜨릴 때마다 평소에 미덥지 못하다고 사시(斜視)의 시각으로 바라보며 뜨악해하던 젊은 부부에게 간절히 도움을 청하며 옹졸했던 나 자신이 어처구니없어 쓴웃음을 짓기도 했다.

나는 교육철학이나 유아교육에 문외한으로 그 분야엔 맹탕에 가깝다. 따라서 어린아이의 발달 단계나 교육 과정에 대해 청맹과니인 처지이기에 손주와 함께 허둥대며 겪은 온갖 경험을 순리대로 갈래지어 합당하게 기술할 주변머리가 못 된다. 하지만 첫째로 나같이 준비 안 된 수많은 조부모가 손주를 맡아 기르며 겪게 마련인 어려움이나 시행착오를 덜어낼 지혜나 담론의 단초를 제공한다거나, 둘째로 내가 겪었던 생생한 경험을 온새미로 공유할 수 있다면 수월찮은 보탬이 되리라는 주제넘은 생각이 이 책의 출간을 부추겼다. 얼떨결에 아주 평범한 손주를 기르고 있지만 긴 호흡의 관점에서 생각할 때 잃은 것보다 얻은 기쁨과 보람이 훨씬 컸다. 그러므로 생의 이모작 한 모서리의 농사는 분명 풍년에 가깝다고 읊조리며 태평가를 구가해도 흉하지 않지 싶다.

癸巳年 初冬

한 판 암

목차

3부 소란한 파랑새 둥지

4부 깨우침과 터득의 날갯짓

5부 천방지축의 널뛰기

6부 밀절미와 울타리

1부

손주의 새벽누리

병술의 첫 해돋이 / 큰아들의 첫아이와 나 / 우직한 사랑 / 며느리의 임신 / 먹순이

/ 실낱같은 희망과 축복 / 아들과 손주의 첫 상면 / 보름주기의 만남 / 백일잔치 들여다보기

아이 어르기와 기원 / 산정에서 정해의 첫 해돋이 / 희망이와 사랑이

병술의 첫 해돋이 

희뿌연 구름이 동녘 하늘을 덮고 있어 알현하기 어려울 것 같다는 잔망스러운 생각이 언뜻언뜻 스쳤다. 게다가 예상 시간보다는 대략 십 분이 지난 여태까지 용안을 드러내지 않아 새해 첫날부터 헛걸음이 아닐까 하는 조바심에 편치 않았다. 여명이 푸르스름한 새벽을 여는 순간에 해맞이객들의 간절한 염원이 올곧게 전해졌던가. 내 생전 처음으로 정월 초하루 새벽에 해돋이를 맞이하며 소원을 빌러 나섰던 길에서 이글이글 타오르는 붉은 태양의 웅장한 자태를 대하는 숨 막히는 순간이었다.

영롱한 서기를 내뿜으며 붉고 힘차게 솟아오르는 병술년(丙戌年)의 첫 해돋이는 예상보다 한발 늦었다. 그렇지만 당당하고 도도한 기풍을 과시하며 탄성을 자아내게 하는 황홀경을 연출했다. 일거에 동녘 하늘과 온 누리를 붉게 물들이며 바닷물을 펄펄 끓어 요동치게 만드는 괴력에 넋을 잃을 지경이었다. 주위에 일출을 학수고대하며 웅성대던 무리의 숨소리마저 멎었다. 아마도 저마다 간절히 빌고픈 소원을 차례로 정리하면서 경건하게 마음을 가다듬고 침을 꼴깍 넘기려는 찰나였지 싶다.

무언가 간절히 원하는 내용을 빌어야 된다고 생각했다. 소원을 빌려는 마음에서 자세를 바로잡았다. 그리고 가족들을 떠올리며 실수 없게 줄줄이 아뢰리라고 별렀다. 어찌 된 일인가. 생각을 거듭해도 빌어야 할 줄거리는 떠오르지 않고 머릿속은 백치의 그것처럼 하얗게 변했다. 순간적으로 어리둥절했다가 겨우 정신을 가다듬었다. '며느리가 무사히 출산하고, 가족 모두 건강하고 자기 일을 열심히 하면서 살자.'가 거룩한 태양을 보며 기원했던 모두였다.

아마도 젊은 시절이었다면 빌어야 할 내용도 많고 복잡했지 싶다. 그런데 그 아침에는 그렇지 않았다. 가장으로서 울타리 안의 가족과 화합이 먼저 떠올랐다. 칠칠치 못한 가장이라도 하늘처럼 믿고 떠받들며 신뢰하는 가솔들을 먼저 떠올림은 내 어깨에 지워진 짐과 천륜 때문이었으리라.

생각해 보면 두 아이는 세포 분열을 계속하여 완전한 인간으로 독립하려면 아직도 까마득하다. 그러니 호오(好惡)를 불문하고 가족의 안위는 내 몫으로써 안고 가야 할 숙제일 뿐이다. 따라서 아직은 가솔들의 천국인 가정이라는 배를 몰고 녹록치 않은 세상을 항해해야 할 선장인 동시에 영주의 자리를 지켜야 한다.

여태까지 섣달 그믐날의 해넘이나 설날 아침의 해돋이를 찾아 나섰던 경험이 없다. 을유년(乙酉年)의 섣달그믐인 어제도 이전과 별반 다르지 않게 자정까지 어정대다가 보신각에서 타종하는 '제야의 종소리'를 중계하는 텔레비전을 시청하다가 잠자리에 들었었다. 그런데 새벽에 언뜻 무언가 새해의 소망을 빌고 싶다는 생각이 떠올라 잠자리에서 일어났다.

아내가 깰세라 조용히 침대에서 빠져나와 방문을 닫고 길 나설 채비를 마쳤어도 여섯 시 전이었다. 어두워 길을 나서기 마땅치 않아 한참을 거실에서 우두커니 앉아서 기다렸다. 얼마를 그렇게 있다가 자동차 도로를 따라 묵묵히 걷다가 천천히 산길로 접어들 요량으로 집을 나섰다. 그렇게 가로등이 켜있는 임도(林道)를 한 시간 남짓하게 걷다가 병술년의 첫 해돋이는 바닷가에서 맞이하는 게 좋을 성싶어 서둘러 길머리를 틀었다. 산 정상을 향하다가 바닷가로 길머리를 바꿨기 때문에 결국은 '꿩 대신 닭(치지미포(雉之未捕 : 꿩은 잡지 않았으나) / 계가비수(鷄可備數 : 닭은 몇 마리 준비할 수 있다.)'을 취한 꼴이 아니었는지.

내가 병술년 첫날 아침에 해돋이를 맞이한 언덕은 마산 도심에서 비켜난 가포에 위치한 '마산 기상대' 앞 둔덕의 해안을 휘돌아 개설한 전망 좋은 둘레길이었다. 도심에서 가까워도 도린곁*이라서 보통 때는 혼자 일출을 즐기기 제격이었는데 그 아침엔 당최 딴판이었다.

많은 인파 속에서 조용히 빌었던 이름 없는 가장의 소원이 어딘가에 곱게 아로새겨져 있을지 모르겠다. 비록 흔적 없이 사라졌다 해도 그 아침의 기원 그대로 우리 가족 모두 건강하고 제 몫을 거뜬히 하는 한 해가 되었으면 좋겠다. 하기야 지난해 조물주의 축복으로 며느리가 잉태한 생명이, 이번 정월에 태어나리니 우리 가정에 축복과 행운이 떼를 지어 몰려올 징조이며 서광일지어다.

* 도린곁 : 사람이 별로 가지 않는 외진 곳

월간 한맥문학, 제18권 제4호, 통권 187호, 2006년 4월호

(2006년 1월 2일 월요일)

큰아들의 첫아이와 나

녀석은 나를 '할아버지'로, 나는 녀석을 '손주'라고 호칭해야 하는 조손 관계이다. 신은 또 하나의 천륜을 흔쾌히 허락하여 큰아들 부부 사이에 첫 번째 생명의 탄생이라는 은총을 베푸셨다. 불과 반 시간 전에 태어난 녀석과 역사적인 만남의 순간이었다. 신생아실의 투명한 유리 창문을 사이에 두고 안쪽에는 녀석이 바깥에는 우리 내외와 녀석의 작은 이모인 사돈처녀가 함께 잔뜩 긴장하고 조우를 기다렸다. 간호사가 요람에 누워있던 녀석을 안고 창가로 다가와 밖에서 잘 보이도록 세심한 배려를 했다.

녀석도 이 세상에 와서 처음 맞는 조손의 해후를 확인하고 싶었던가. 간호사 품에 안겨 눈을 뜨려고 안간힘을 쓰다가 결국 왼쪽 눈을 순간적으로 뜨고 창밖에 서 있는 우리를 둘러보고 이내 감았다. 그리고 연신 웃는 표정을 지으며 기껍다는 듯이 입을 오물거렸다. 그런 행동마저도 힘겨웠던가. 갑자기 입을 한껏 벌리고 앙앙거리며 울음을 터뜨리는 것으로 자기의 존재를 알리며 첫 상견례를 가름했다.

스치듯 언뜻 마주했던 처지에 어찌 아이의 세세한 생김새를 정확히 헤아릴 수 있을까. 그래도 첫눈에 보이는 느낌은 제 아비를 줄여서 복사한 축소판이었다. 사람들은 우리 집에 두 아들 얼굴의 외형적인 모습은 부모가 서러워 할까봐 편을 지어 빼닮았다고 얘기한다. 가만히 생각해 보면 큰아들 얼굴은 아내의 판박이이고, 작은아이는 영락없는 내 얼굴 그대로이다. 그러니 녀석은 할머니와 제 아비의 얼굴을 적당히 섞어 닮은 모습이었다.

녀석은 병술년(丙戌年) 정월 스무날(음력 을유년(乙酉年) 섣달 스무하룻날) 신시(申時: 하오 4시 22분)에 이 세상에 왔다. 그러고 보니 나는 정확히 한 갑자(甲子) 전의 을유생이다. 그러므로 녀석과 나는 예순 한 살이라는 나이 차가 있다. 그리고 이름은 미리 지어두었던 '승주(昇周)'로 부르겠다고 제 어미가 결정했다. 한편, 씨족의 갈래는 청주한문(淸州韓門)의 공안공(恭安公) 할아버지 36대손(代孫)으로서 아직 항렬에 따라 지은 이름은 없다. 그리고 나를 '할아버지'라고 부를 첫 아이이기 때문에 우리 가계의 장손이며, 족보에 올라있는 아비 이름은 '종권(宗權)'이다.

하늘의 축복도 너그럽기 그지없는 징조가 확연했다. 소한에 비해서 따스하게 마련이다. 하지만 대한이기에 꽤나 매서운 날씨이리라는 예상을 뒤엎고 푸근하고 봄날같이 안온함이 가득한 은총 속에 고고한 탄생을 알리며 이 세상에 와준 도령이다. 위로는 하늘의 축복이 누리를 감쌌고, 땅 위에서는 온 가족의 뜨거운 사랑 속에 편향되거나 모남이 없는 평화로운 영지에서 태어났기에 천성이 온화한 품성을 지니리라.

원래 큰아이 부부는 함께 밖에 나가서 공부를 하다 지난 여름방학에 귀국해서 임신을 확인하고, 며느리는 국내에 남아 출산하기로 했다. 임신했더라도 파리로 가서 공부하다가 출산하라고 권했다. 요즘 원정출산도 거리낌 없이 하는 시대인데 자연스럽고 흠이 될 일이 아니기에 말이다. 그러나 아들 내외는 완강했다. 내 나라에서 낳아 한국인으로 키우겠다고 우겼다. 결국, 어쭙잖은 외국인으로 만들기 싫다고 주장하는 아들 부부의 뜻에 맡겼다.

요즘 출산 자리에 남편이 함께하는 게 보편적인 현상이란다. 그런데 며느리는 시어머니와 함께 병원에서 손주를 낳았다. 따라서 섭섭함은 물론이고 한편으로는 여유가 없는 처지가 서러웠으리라. 그러나 어찌할 것인가. 결혼이나 유학을 비롯하여 임신과 출산을 자기들 스스로 판단하여 택한 길이었다. 어제 아들 녀석이 며느리에게 전화를 했더란다. 전화에서 '무능한 남편이라서 출산 때 옆을 지켜주지 못해서 미안하다.'고 했다는 며느리의 전언이었다. 그 얘기를 들으며 나도 가슴이 아팠다. 경제적인 어려움이 따르더라도 출산 때 귀국토록 길을 마련해 줄 것을 하는 아쉬움 말이다.

아내와 며느리 두 여인을 생각해 본다. 그러면서 누군가 '환갑이 되면서 철이 들기 시작한다.' 라고 말했던 사실을 곰곰이 반추한다. 그 옛날 신혼 시절 단독주택의 문간에 붙어있는 단칸 셋방에서 큰아이를 임신하고 연탄을 갈거나 시장을 봐 오는가 하면, 차디찬 수돗물에 빨래를 하며 집안일을 몽땅 맡았던 아내를 당연한 것으로 여기고 도와줄 생각을 못할 정도로 미욱했다.

오늘의 며느리를 넘겨다본다. 남편과 함께하지 못한다는 사실을 제외한다면 시어머니와 비교하면 격세지감이다. 며느리는 임신을 이유로 밥을 하고 빨래를 하며 가사를 돌볼 의무이자 권리에서 완전히 자유로웠다. 임신 초기는 입덧을 이유로 후기에는 몸이 무겁다는 핑계로 면책권을 부여하지 않았던가. 거기다가 물질적으로도 풍요롭고 편리하기까지 한 세상이다. 젊은 시절 아내가 임신으로 어려웠을 때 조금이라도 도움을 줄 지혜와 슬기로움이 내게는 왜 없었을까.

저희 부부 사이 사랑의 결실이 이 세상에 오는 숭고하고 축복된 순간을 혼자 맞아야 하는 며느리의 심정이나 그 순간에 이국에 머문 아들의 마음은 엇비슷했을 것이며 결코 편치는 않았을 게다. 또한 갓 탄생한 손주 역시 본능적으로 아비를 보고 싶다는 욕망이 도사리고 있을지도 모르겠다. 그렇다손 치더라도 더 멀리 그리고 더 높은 비상을 위하여 자신들이 택한 길이기에 슬기로움을 잃지 않기를 기원한다. 진정 하늘의 상서로운 은총은 물론이고 가족의 한결같은 사랑과 축복 속에 태어난 장손에게 행운이 함께하고 건강하게 자라서 동량으로 우뚝 서기를 발원한다.

한맥문학동인사화집, 제7호, 2006. 11. 10

(2006년 1월 21일 토요일)

우직한 사랑

아내는 보름 남짓 토끼 모양이 새겨진 네모난 헝겊 조각을 이어 붙여 솜을 넣고 누벼가며 만드는 유아용 이불인 퀼트(quilt)에 몰입하고 있다. 이 때문에 거실 한쪽에는 추석 연휴는 물론이고 입때까지도 미완성의 누비이불이 펼쳐져 있다. 집안일을 하거나 나들이 시간을 제외하면 돋보기를 걸치고 한 땀 한 땀 누비기 삼매경 상태지만 미간에는 뜻 모를 미소가 가득하다. 그렇게 이불 만들기에 모두 걸기를 하는 관계로 점심시간이라고 일러줘도 시큰둥한 채 라면이나 끓여 먹으라며 무관심으로 일관하기도 했다.

왜 그다지도 우직한 짓을 할까. 요즘 시장이나 백화점에 가면 맞춤에 버금가는 양질의 저렴한 물건을 구미에 맞춰 구입할 수 있는데 말이다. 그 옛날 대갓집 마나님처럼 울안에 갇혀 지내며 길쌈이나 바느질이 유일한 취미나 낙으로 여기는 처지가 아님에도 공연히 사서 고생을 하는 꼴이다. 문제는 비경제적이고 비합리적인 이불 만들기가 이번이 처음이 아니라는데 있다.

지난봄의 일이다. 정월에 손주인 '승주'가 태어나고 봄과 여름에 걸쳐 덮을 솜이 얇고 조그만 이불을 만들었던 경험이 있다. 그 당시는 지금과 같은 유형의 이불이라고 해도 작고 솜이 한 겹으로 얇아 한결 고생을 덜 했다. 하지만 솜을 두 겹으로 하여 두껍고 지난번보다 훨씬 커서 누비는데 애를 먹고 있다. 거기다가 골무를 끼지 않는 관계로 바늘에 찔려 손끝에 핏방울이 맺는 경우가 허다하고 손끝이 벌집처럼 구멍이 났다면서 애꿎게 나를 붙들고 하소연을 하기도 한다. 그러면서도 미소가 가득한 평화로운 모습을 잃지 않고 계속하기 때문에 심중을 정확히 헤아릴 재간이 없다. 그렇지만 며칠만 더 작업하면 마무리 단계에 이를 듯하다.

때로는 적당히 마음을 전하고 생색을 내도 탓하지 않으련만 아내의 사랑 법은 유별나다. 그런 아내를 생각해본다. 어린 손주가 덮을 이불을 구입한다면 아름다운 생김새나 기능 면에서 더 쓸모가 있을법하다. 그럼에도 불구하고 천을 사다가 일정한 모양으로 자르고 다시 붙이고 솜을 놓고 밤을 지새우며 바늘 끝에 온 신경을 집중하는 번거로움을 기꺼이 자초하며 감내한다. 그리고 지성으로 누빈다는 사실은 거기에 사랑과 정성을 비롯하여 혼을 불어넣는 행위일지도 모른다.

아내가 누비이불을 만드는 모습을 넌지시 넘겨다보면서 옛 부녀자들을 떠올린다. 민초들의 아녀자는 삶을 위해서 저잣거리나 논밭으로 내몰려 농사를 짓거나 생활 전선의 고달픔에 찌든 생이었다. 하지만 사대부집 마나님들에게는 드높은 담장 안쪽의 규방에서 매만지던 바느질은 어떤 의미를 담고 있을까. 단정할 수 없지만 시간을 보내는 즐거움이면서 때로는 한을 삭이는 방법이지 싶다. 그런 사회 환경이 조선 시대에 규중수필(閨中隨筆)의 잉태를 부추기는 계기가 되지 않았을까. 그 대표적인 수필의 예가 '조침문(弔針文)'과 '규중칠우쟁론기(閨中七友爭論記)'이다.

문학을 하는 선비에게는 붓과 먹 그리고 종이와 벼루라는 '문방사우(文房四友)'가 있다. 이 문방사우를 모델로 해서, 바느질에 쓰이는 일곱 가지를 '부녀자가 거처하는 안방의 친구'로 정의하여 '규중칠우쟁론기'라는 작품이 탄생된 듯하다. 이는 바느질에 필요한 일곱 가지를 의인화(擬人化)시키고 있다. 바늘(세요각시: 細腰閣氏), 자(척부인: 尺婦人), 가위(교두각시: 交頭閣氏), 인두(인화부인: 引火婦人), 다리미(울낭자: 蔚娘子), 실(청홍흑백각시: 靑紅黑白閣氏), 골무(감투할미) 등이 바로 그것이다.

그 줄거리는 하찮은 일에 자신의 공을 함부로 내세우거나 잘난 체하는 이들을 은근히 비틀어 꼬집고 있다. 그리고 서로 돕는 상생의 지혜가 요구된다는 내재적 교훈을 웅변한다. 그러나 직설적이고 표피적인 느낌은 미미한 공을 내세우면서 서로 헐뜯고 시기하며 밀고 당기는가 하면 작은 무리의 파벌을 형성하는 어리석음을 꾸짖는 풍자적 색채도 짙다. 진솔하게 살라는 일깨움을 넌지시 일러주려는 의도가 담겨있는 '규중칠우쟁론기'가 아닐까.

어느 모로 생각해도 날밤을 꼬박 밝혀가며 손주의 이불을 만들어 덮어준들 누구에게 자랑하거나 생색을 낼 일이 아니다. 그런 세속적인 평가를 거뜬히 초월했는지 아내는 이불 만들기에 초지일관 변함이 없다. 따지고 보면 얄팍한 계산이나 적당한 체면치레를 하면 최소한의 의무와 예를 갖춘 것으로 치부하는 게 이즈음 세태이다. 그렇지만 천륜은 세속의 천박함을 받아들이지 않는가 보다.

적당히 돈을 주고 사온 이불로 할머니 도리를 했다고 말할 수 없는 이면에는 어떤 의도가 담겨있을지 궁금하다. 아마도 거기에는 물질적인 이해타산이나 겉치레로 가름하지 않을 원초적이며 우직한 사랑이나 정성이 도도히 흐를 것이다. 아내가 손주의 이불을 만드는 따스한 모습이 그렇게 비친다. 이 뜨겁고 경건하게 느껴지는 사랑의 표현법은 추석을 맞이해도 쓸쓸하기 짝이 없는 둥지에 훈훈한 기운이 돌게 하는 실마리가 되었다.

2006년 10월 10일

며느리의 임신

사나흘 전인 칠월 열하룻날 초저녁이었다. 석간신문을 펼쳐 들고 뒤적이는데 전화벨이 요란하게 울렸다. 집에 걸려오는 전화는 일단 아내가 받는 것이 불문율처럼 되어 있는데도 그럴 낌새가 전혀 없었다. 웬일인가 싶어 사방을 두리번거리며 분위기를 살피니 아내는 반신욕을 하는 눈치였다. 수화기를 들었다.

"여보세요."(단 한마디에 매구같이 내 목소리를 갈파했나 보다)

"아버님! 전데요."

가녀린 며느리 목소리다. 좋은 일이 있었는지 목소리가 무척 밝아 달뜬 분위기라는 사실을 어림할 수 있었다.

"그래 별일 없니?"

"예! 아버님…, 그런데 오늘 병원에 갔었어요."

"응! 그랬구나. 그런데 너나 태아 모두 건강하다고 하더냐?"

"그럼요!"

"그런데 아버님, 병원에서 태아의 건강상태를 체크 하고 진료비를 신랑이 지불해서 기분이 엄청 좋았어요."

그동안 입덧으로 제대로 먹지 못했다. 그런데 오늘은 신랑이 저녁을 사 줘서 기분 좋게 먹었다며 수다를 떨었다. 며느리나 아들이 아직 학생이라서 노상 주머니 사정이 궁하다. 그럼에도 불구하고 만만치 않은 진료비와 저녁값을 선뜻 지불했던 남편의 모습이 인상 깊었던가 보다.

큰 아이가 결혼을 한 지는 몇 년이 지났다. 하지만 아들 부부가 함께 공부한답시고 밖에 나가 있었던 관계로 출산 문제는 관심 밖이었다. 그런데 이번 방학에 돌아와 우연히 검사를 받고 임신을 확인했었다. 그러니까 지난 오월 마지막 월요일 오전이었다. 친정에 잠시 다니러 갔던 며느리한테서 연구실로 전화가 왔다.

"아버님! 전데요."

"'응! 그래 별일 없고?"

"그런데 전화를 다 하고 웬일이니?"

"저, 지금 산부인과에 와 있는데 임신했대요."

"기쁘시지요."

"저는 지금 매우 기쁘거든요."

"축하해 주세요."

"응! 나도 매우 기쁘구나. 그리고 축하한다."

"네 어머니와 남편도 매우 기뻐할 것이다."

"연락했니?"

"아니요."

"아버님께 먼저 전화 드린 거예요."

"조금 후에 집으로 전화 드리려고요."

참으로 요즘 아이들은 망설임이 없고 당돌할 정도로 직선적이다. 아마도 옛날이라면 민망스러워서 시아버지에게 임신 사실을 쉽게 알리지 못했을 게다. 그런데 임신 소식을 시아버지에게 제일 먼저 전화를 하는 용기는 요즘 젊은이들의 특징을 고스란히 드러낸다.

전화를 받으며 당황했다. 이런 경우에 며느리에게 어떤 말로 얼마만큼의 축하를 해 주어야 되는지 전혀 모르는 백지상태였다. 자칫하면 며느리에게 결례를 범할 수도 있다는 우려 때문에 적당히 묻는 시늉을 하다가 서둘러 통화를 마쳤다. 그런데 엄청 서운했던가 보다. 며칠 뒤에 아내에게서 들으니 아버님은 크게 기뻐하지 않아 몹시 서운했다고 하더란다. 사실은 표현이 서툴러 의사 표시를 제대로 못 했을 뿐인데 말이다.

대부분의 경우 임신에서 입덧은 필수적인 과정이지 싶다. 아직도 며느리는 그로부터 자유롭지 못해서 링거까지 맞아야 하는 딱한 처지이다. 원래 가냘픈 체구인데 임신 이후에 체중이 많이 줄었단다. 유월 하순 어느 날 퇴근해서 집에 갔더니 아들 부부는 외출을 했다고 했다. 얼마나 지났을까. 두 아이가 싱글벙글하며 돌아왔다. 그렇지 않아도 입덧으로 얼굴이 반쪽으로 변한 며느리가 안쓰러웠다. 그러던 차에 모처럼 밝은 모습에 나도 덩달아 기분이 좋았다. 밖에서 무슨 일이 있었느냐고 물었더니 맛있는 것을 사 먹었다는 얘기였다. 무엇을 먹었느냐고 물으니 '어묵'이라면서, 이어지는 며느리 대답이 가슴을 아릿하게 했다.

"아버님!, 태아가 효자인가 봐요."

하기에 왜냐고 물었더니 며느리의 대답이 가관이었다.

"엄마 아버지가 '백조'와 '백수'인줄 알고 싼 것만 찾아요."

"길거리 포장마차에서 어묵 먹었는데 천 오백 원 들었어요."

순간적으로 뇌리에 스쳤다. 아이들은 이미 가정을 꾸렸고 이제 부모가 되려고 한다. 그러므로 나름대로 자기들의 영역이 필요하다는 생각이 들었다. 아무리 무능하지만 아내가 입덧을 하는데 무언가 즐기는 것을 사서 먹일 수 있는 여건은 당연히 필요하리라. 그럼에도 불구하고 현실은 그렇지 못하니 얼마나 막막할까. 그런 이유에서 며느리가 원하는 최소한의 것을 들어줄 수 있게 얼마간의 용돈이라도 아들 손에 넌지시 쥐어 주어야 하겠다.

칠월 초순에 이르면서, 기르는 애완견이 병으로 병원을 매일 오가야 했고, 아내도 서울에 며칠 다녀올 일이 발생했다. 그런데 며느리가 함께 있으면 끼니마다 밥을 해 먹이기도 난감한 형편이었다. 그렇다고 며느리가 밥을 하고 음식을 장만할 형편이 아니기에 친정으로 보냈다. 그런데 그 이후 애완견의 병이 깊어져 참혹한 몰골이 되어 사경을 헤맸다. 임신한 며느리에게 그 험한 꼴을 보일 수 없어 입덧 때까지도 친정에 머물도록 일러두고 있다.

칠월의 첫 번째 일요일이었다. 아들이 친정에 머무는 며느리를 찾아가겠다고 했다. 아이에게 얘기했다. 네가 아무리 어렵더라도 입덧으로 고생하는 아내에게 좋아하는 음식을 대접하라고 일렀다. 그리고 내 용돈을 절약해 모은 봉투를 건넸다. 거기에는 아들이 남편으로서 최소한의 예의를 갖추어야 한다는 당위성과 아울러 내 마음을 간접적으로 더하고픈 소망이 담겨있었다.

처가를 찾아간 아이는 먼저 산부인과에 가서 며느리와 태아의 건강을 체크 하고 링거도 맞히고 진료비를 지불했었나보다. 게다가 제 아내의 친구 부부를 초대하여 함께 저녁 식사를 대접했단다. 그런데 순진한 것인지 아니면 바보인지 며느리에게 자초지종을 미주알고주알 털어놓았음이 명백하다. 그러기에 며느리는 나의 마음 씀씀이가 각별하게 여겼는지 고맙다는 전화를 했다. 그러려니 했는데 나중에 아내에게 들으니 시어머니에게도 신이 나서 전후 사정을 장황하게 아뢰더란다. 무엇보다 제 남편이 친구 부부에게 밥 한 끼 대접한 게 그리도 흐뭇했던 모양이라고 했다.

동네방네 떠들고 다니며 누구를 만나도 할아버지 될 거라고 자랑하고 싶은 지금이다. 이런 기쁨을 안겨준 며느리가 사랑스럽고 한량없이 고맙다. 아직 모든 것을 부모에게 의존하는 처지이다. 하지만 너희에게는 원대한 꿈이 있지 않으냐. 희망이 넘치는 양양한 미래를 함께 하라고 신의 축복이 내려준 태아 또한 일생일대의 최대의 축복이기에 우리의 삶은 행복함이어라.

2005년 7월 14일 목요일

먹순이

먹성이 좋은 여자가 복스럽게 음식을 먹으면 예쁘다는 의미를 담아서 '먹순이'라고 부르던가. 이런 대원칙을 전제로 한다면 우리 집에도 갑자기 이름을 고쳐 불러야 할 먹순이가 생겼다. 뱃속에 먹보가 들어앉았는지 간식거리를 자주 찾고 하루 세 끼 식사라는 불문율은 쓸데없는 휴지 조각이 된 지 오래이다. 띄엄띄엄 몇 해를 지켜본 모습과 판이하여 신기하다.

어떤 며느리도 신혼 초에는 서먹서먹한 시부모 앞에서 예쁜 모습을 보이려고 노심초사할 것이다. 그래서 모든 새댁이 요조숙녀인체 조신한 몸가짐을 위하여 행동거지를 조심하게 마련일 게다. 한편, 음식을 먹을 경우 예쁜 모습을 보이려고 애쓰며 우아한 자태와 고상한 행동을 하려고 조심하리라. 하지만 임신을 하면 절제된 이성보다는 본성의 지배를 철저히 받으며 자연의 섭리에 순응하기 마련인가보다.

어제 추석에는 구름의 심통으로 휘영청 밝은 달을 보지 못하고 일찍 잠자리에 들었다. 그리고 새벽 다섯 시 무렵에 등산을 하려고 눈을 떴지만 너무 어두워 누운 채로 희미한 천장을 응시하고 있었다. 그런데 반쯤 열어 둔 방문 사이로 형광등 불빛이 스며들고 달그락거리는 소리가 났다.

아내가 성당에 가려고 준비하는 것으로 생각을 하다 월요일이기에 그도 아닐 것이라는 생각을 했다. 그렇게 한참을 지나자 전등이 꺼졌다. 한동안 그렇게 누워 눈만 멀뚱거리다가 일어나 방을 나섰다. 거실에서 잠자는 며느리가 깰세라 조심스레 발길을 옮겼다. 평소 이 시간이면 누가 업어 가도 모를 정도로 깊은 잠에 빠졌기에 의례적으로 신경을 썼다. 그런데 웬일일까. 그때 며느리도 일어나 주방 쪽으로 걸어오는 모습이 어렴풋하게 보였다. 엉겁결에 물었다.

'이 시간에 웬일이니?'

말을 건네며 순간적으로 애가 배탈이라도 난 게 아닌가 하는 걱정이 되었다. 그런데 엉뚱하기 짝이 없는 대답에 허를 찔렸다.

"예! 사과가 하도 먹고 싶어서 일어났어요."

얼마나 어이가 없던지!

자초지종을 들어보니 보통의 경우라면 황당한 일이었다. 깊은 잠에서 깨어 비몽사몽에 사과가 몹시 먹고 싶더란다. 그래서 일어나 사과를 찾아 깎아 먹기 시작했던 게 새벽 네 시 반이었다던가. 그렇게 먹던 사과의 반 개를 남겨 두었던가 보다. 그런데 남겨둔 반쪽의 사과가 눈에 아른거려 잠이 오지 않아 다시 일어났다는 고백이었다. 조심해서 천천히 먹으라고 이르고 산길을 걸으려고 아직도 어둠이 짙게 깔렸는데도 집을 나섰다.

내게 미주알고주알 아뢰지 않았어도, 평소에 며느리 몸무게는 사십 몇 킬로그램으로 알고 있다. 가녀리고 작은 체구 때문일까 아니면 시부모 앞이기 때문인지, 한 번도 음식을 탐하거나 지나치다 싶을 정도로 먹으려고 했던 경우가 없었다. 그런 까닭에 기회가 있을 때마다 밥을 많이 먹고 살 좀 찌라는 얘기를 수없이 반복했다. 하지만 그것은 언제나 일방적인 짝사랑일 뿐이었지 '쇠귀에 경을 읽는' 격이었다.

설상가상이라고 했다. 입덧으로 고생을 하면서 피골이 상접하여 바라보기 민망할 지경에 이르기도 했다. 주위에서 들어보면 모두들 쉽게 넘기기도 하는 모양인데 며느리는 그렇지 못했다. 물을 제외한 대부분 음식을 넘기지 못했던 관계로 너무 허약해져서 링거를 맞기도 했었다. 또한 얘기를 들으니 너무도 힘들어 제 남편을 붙들고 눈물을 흘리며 하소연하기도 했었단다. 그렇게 힘든 관문을 어렵게 통과할 마지막 무렵에는 너무 야위어 웃을 경우 일그러져 매우 안쓰럽다.

며느리의 입덧을 옆에서 지켜보면서 부모가 된다는 사실이 저렇게 큰 희생과 대가를 치러야 하는가 하는 생각이 들었다. 아무리 생각해도 지난날 아내가 두 아이를 임신하여 입덧을 할 무렵 아무것도 모르고 넘어갔던 철부지가 분명했다. 그 당시 아내가 얼마나 어렵고 힘들었을까. 그때 아내가 무엇을 어떻게 도와주기를 원하는지 생각해본 적이 전혀 없으니 어처구니가 없다. 지금 돌이켜봐도 미안하고 쑥스러울 뿐이다.

며느리의 입이 짧다고 생각해 왔었다. 하지만 입덧이 끝난 이후의 모습은 이전과 견줄 수 없을 만큼 판이하다. 시어머니가 저녁을 짓고 있는데, 배가 고프다고 어린아이처럼 보채기도 한다. 그런가 하면 간식을 찾아 주방 쪽을 어슬렁거리기를 주저하지 않으며 배가 고프다는 하소연도 서슴지 않는다. 그러면 시어머니는 간식을 챙겨주기도 하고 때로는 새참이나 때 이른 밥을 차려준다. 그러고 나서 나머지 식구들의 식사를 준비하는 경우를 종종 넘겨다보며 피식 웃는다.

시어머니가 밥상을 차려 줘야 하는 며느리로 매도할 법도 하다. 우리 집 사정을 잘 모를 경우라면 그런 오해를 할 개연성이 다분하다. 결혼을 하고 몇 해 되었지만 부부는 외국에 나가 있다 방학에 잠깐 귀국했다가는 철새처럼 떠나간다. 그래서 우리 집 살림살이 사정을 모르기 때문에 시어머니가 계속하여 주관하는 쪽이 편하다는 계산에 연유한 현상일 뿐이다.

태아의 두뇌 발달에 견과류가 좋다고 한다. 식탁 위에 놓여 있는 호두와 잣이 담겨있는 통들을 시도 때도 없이 들이밀었다. 나와 아내가 경쟁적으로 그렇게 한다. 아마도 거기에는 우리가 늙어서 기댈 가능성이 가장 큰 며느리에게 미리 환심을 사려는 불손한 마음이 깔려 있는지도 모를 일이다.

내가 그 견과류가 담긴 통들을 대령하면 체면치레로 겨우 몇 개 집어먹는 시늉을 하고 제자리에 가져다 놓기 일쑤다. 그런데 어찌하랴. 전혀 낌새를 차리지 못한 아내가 또다시 동일한 통들을 가져다가 며느리의 코앞에 들이미는 해프닝도 자주 발생한다. 이런 세례에는 숨겨진 또 다른 두 가지가 있으니 그를 무엇으로 설명해야 할까.

지극 정성으로 권하는 견과류는 누구를 좋게 하려고 권하는가. 따지고 보면 산모를 위함이 아니고 태아에게 좋다고 하기 때문인 셈이다. 너무도 속이 뻔히 들여다보여 낯이 간지러운 일임에도 계속하는 우리 부부는 진정 누구인가. 한편, 그 견과류들의 출처에 대한 일화이다. 그것들은 사돈댁에서 보낸 것이다. 다시 말하면 며느리 친정에서 보내줬다.

진정 사려가 깊은 시부모라면 따로 준비해 두었다가 줬어야 도리에 맞는다. 그런데 얼굴 두껍게도 사돈댁에서 보내온 것을 가지고, 무슨 큰 시혜라도 베푸는 듯이 권유하는 꼴을 들킨다면 어찌 생각할까. 또한 당사자인 며느리는 무슨 생각을 할지 모르겠다. 그래도 말없이 잘 받아먹는 먹순이가 그저 고맙고 기특하다. 이제는 먹순이가 무엇을 가장 먹고 싶어 하는지 살폈다가 원을 풀어 주라는 얘기를 아내에게 살짝 일러두어야겠다. 그 이면에는 뱃속에서 분주히 태동한다는 먹보(태아)를 먼저 생각한 의뭉스러움이 깔렸을지도 모르겠다.

2005년 9월 19일 월요일

실낱같은 희망과 축복 

아내로부터 전화 오기를 기다린 시간은 불과 다섯 시간 남짓했다. 짧은 시간임에도 불구하고 억겁을 어두컴컴한 나락으로 추락해서 시달리다가 갑자기 대명천지로 튀어나온 기분이다. 너무도 절실하고 두려워 일터에서 안절부절 못하고 있지만 정신은 온통 전화기에 쏠려 있었다. 그런데 야속하게도 오늘은 왜 그리도 다른 전화가 많이 걸려오던지 짜증스러웠다. 한낮을 훌쩍 넘겨서 아내가 전화로 알려온 메시지이다.

'모든 게 정상 이래!' 그 말을 들으며 나의 첫마디는 '오! 신이여 감사합니다.'였다. 아마도 '무슨 암호를 주고받는 것이 아닌가.'라고 여겨질 수도 있겠다. 이 전갈은 신이 우리 가정에 내려주는 행운과 평화의 복음이다.

어쩌면 엄청난 아픔과 상처를 몰고 올 수도 있었던 개연성을 배제하기 어려운 상황이었다. 그런데 며느리가 임신한 태아가 정상이라니 축복이며 크나큰 은총이다. 돌이켜 보면 지난 마흔여덟 시간 정도 우리 집은 침울하고 먹구름이 뒤덮은 세상처럼 무거운 분위기가 짓눌렀다.

그저께 일이다. 그날 나는 사랑니 네 개 중에서 유일하게 남아있던 하나가 심한 통증을 일으켜 치과에 가서 과감히 빼버렸다. 따지고 보면 별스러운 일도 아닌데도 점심을 거른 상태에서 집으로 향했다. 개선장군이 전장에서 겪었던 무용담처럼 발치(拔齒) 과정을 부풀려 주워섬기며 얘기해도 분위기가 냉랭했다.

천치가 아니기에 무겁게 가라앉은 분위기를 감지하고 슬그머니 입을 닫고 숨을 죽이고 있었다. 그런 분위기에 주책없이 음식을 씹어 넘기기 어려우니 죽을 끓이라는 주문을 했었다. 낮에 발치했기 때문에 흰 쌀죽도 넘기기 버거워 쩔쩔맸다. 그런데 아내마저도 먹기 싫은 밥을 앞에 놓고 마냥 해찰하는 아이처럼 보였다.

심상치 않은 분위기를 반전시킬 요량으로 몇 마디 실없는 농(弄)을 던져 봐도 묵묵부답으로 시큰둥했다. 괴이하다는 생각을 하며 가라앉은 분위기에서 식사를 마치고 석간신문을 뒤적이고 있었다. 설거지를 마친 아내가 소파에 앉는 낌새를 직감하고 눈을 들어 주위를 살피니 며느리는 자기 방에 들어갔는지 보이지 않았다.

아내는 앉자마자 속내를 간파할 수 없이 묘한 눈짓을 하면서 자기 방으로 가자고 신호를 보냈다. 정말 모를 일이다. 부부라고 해도 텅 빈집에서도 소 닭 보듯 한 사이가 아니었던가. 그런데 오늘따라 해괴하고 은밀한 신호를 보내는 속내를 헤아릴 재간이 없었다. 조용히 문을 닫았다. 터무니없이 얼토당토않았던 내 상상은 여지없이 깨졌다. 아내는 누군가가 들을세라 조용하면서도 비감한 목소리로 청천벽력 같은 얘기를 했다.

놀라지 말라는 당부부터 했다. 그날 오후에 벌어졌던 일의 자초지종을 떨리는 목소리로 털어놨다. 점심시간 조금 지나서 며느리가 다니는 산부인과에서 전화가 왔더란다. 일전에 받았던 검사 결과가 태아에게 아주 치명적인 영향을 미칠 수도 있는 의증(疑症) 징후가 나타났다고 하더란다. 그러므로 빠른 시일 내에 정밀검사를 하라는 조언까지 있었다고 했다. 그런 얘기를 전해 듣고 며칠 기다릴 느긋한 시어머니가 있을까.

미루어 짐작건대 아내는 엉망진창의 혼란에 휩싸인 채 친정에 머물던 며느리를 긴급 호출해서 정밀검사를 받게 했던 것 같다. 얘기를 들려주며 얼굴이 하얗게 질리다 못해 넋이 나간 모습이었다. 순간적으로 하늘이 무너지는 듯했다. 하지만 가장인 내가 흔들리거나 이성을 잃으면 안 될 것 같았다. 의연하게 대처하며 우선은 모르는 척 넘기고 다음 날 일찍 일터에 나가서 관련 내용에 대한 의학적 지식을 알아보기로 작정했다. 그러면서 실낱같은 희망이라도 있다면 결코 끈을 놓지 말자고 나 자신에게 다짐을 거듭했다.

그날 밤 우리 가족은 하나같이 뒤척이며 잠을 설치다가 아침을 맞았다. 서둘러 일터에 나와서 위험신호가 나타났다는 증상에 대하여 인터넷을 뒤져봤다. 그리고 연이 닿는 의사들에게 전화 자문을 통하여 나름대로 초보적인 지식을 얻었다. 그렇게 알게 된 상식에 따르면 정밀검사에서도 그 증상이 틀림없다면 그것은 신의 영역이기 때문에 불가항력이라는 결론을 내렸다.

소용이 닿을만한 자료를 집에 가지고 와서 며느리나 아내가 읽어보도록 건네주었다. 그리고 만일 최악의 사태를 맞더라도 겸허하게 받아들이는 지혜로움을 잃지 말자고 위로했다.

오늘 아침 일터에 나오기 위해서 집을 나서는데, 어깨가 축 처진 채로 며느리가 잘 다녀오라는 인사를 했다. 측은하여 눈물이 왈칵 쏟아지려고 했다. 이를 악물고 힘내라고 등을 다독여 주고 서둘러 엘리베이터 속으로 몸을 숨겨야 했다.

생각해 보니 며느리가 임신한 태아가 정상이라니 무조건 행복하다. 그러나 한편으로 생각하면 어른들의 얼을 빼놓을 정도로 놀라게 한 녀석이 괘씸했다. '이 녀석아! 아무리 네가 존귀하더라도 어른들을 놀리는 버릇은 반가의 도령으로서 맞춤한 행동이 아니라는 사실을 명심해야 하느니라.' 그래도 밉지 않으며 아주 귀엽고 예쁠 것으로 여겨지는 너와의 만남을 우리 모두는 기도하는 심정으로 손꼽아 기다릴 것이다.

2005년 8월 24일 수요일

아들과 손주의 첫 상면 

손주 '승주'가 오늘 새벽 비행기로 프랑스 파리를 향해 떠났다. 태어나 18개월 지난 아이에게 무리가 따르는 여정이다. 그렇지만 아비와 첫 상면을 위해 벼르던 길이라서 흔쾌히 허락했다. 비행기의 밀폐된 공간에서 어미 품에 안겨 먼 길을 오가야 할 환경에 잘 적응하고 탈이 없기를 빌 뿐이다.

재작년(2005년) 파리에서 머물던 큰아들 부부가 여름방학을 맞아 귀국했었다. 그 여름 며느리는 임신으로 파리행을 포기하고 국내에 남고, 아들만 다시 출국을 했다. 그리고 지난해(2006년) 정월에 며느리가 출산했는데도 학업 문제로 귀국하기 어려운 형편을 감안하여 모자가 나선 길이다. 아들 내외는 햇수로 삼 년 만에 재회하는 셈이다. 그리고 '승주'는 태어나 일 년 반을 지나고 아비와 첫 상면을 할 참이다.

아들 내외가 택한 삶의 길이라도 오래 떨어져 있어 신경이 쓰였다. 거기다가 아비가 되었음에도 불구하고 아무것도 할 수 없는 아들의 처지를 생각하면 더더욱 편편치 않았다. 시부모의 속내를 족집게 도사처럼 간파했었는지도 모른다. 며느리는 출산 직후인 지난해 봄 학기부터 특수학교에서 아이들을 가르치며 손주를 양육하고 있다.

훗날 기회가 닿으면 아내와 함께 여행을 할 요량으로 항공사의 마일리지를 차곡차곡 여투어 두었었다. 그런데 지난달 중순경이었다. 며느리가 나의 누적 마일리지를 이용하여 파리를 다녀왔으면 좋겠다는 의견을 피력했다. 남편에게 아들을 보여주려는 곱디고운 마음을 매정하게 내칠 명분이 없었다. 이렇게 나의 항공 마일리지를 죄다 며느리와 손주에게 자의 반 타의 반으로 헌납했다.

여름방학에 며느리가 아이를 데리고 가서 남편과 만나고 싶다는 얘기를 아내를 통해서 언젠가 들었다. 그런 때문인지 며느리가 아이에게 '아빠'라는 단어를 강조하거나 거실 벽에 걸려 있는 가족사진 중에 제 남편을 가리키며 '아빠'라고 열심히 가르쳤다.

보통 부부라면 신접살림을 차리고 신혼의 꿈을 한껏 즐길 세월이다. 그런데 친정과 시댁을 오가며 더부살이하는 현실을 생각하면 콧등이 시큰하다. 흔히들 젊어서 고생은 사서도 한다고 했다. 나름대로 내일을 꿈꾸며 자신들이 택한 길이기에 짐짓 모르는 척하고 넘겨도 가끔은 안쓰럽다.

6 · 25 전쟁 때 봤던 이웃의 얘기이다. 전쟁이 발발하고 얼마 후 이웃에 사는 새신랑이 군에 입대했다. 남편의 입대 뒤 몇 달 뒤에 그 새댁은 아이를 출산했다. 아비의 얼굴을 모르고 자란 아이가 다섯 살 때인가 제대하고 돌아온 아버지를 '아저씨'라고 부르며 따라다니던 철부지에 대한 기억이 여태까지 생생하다. 그 지경은 아니더라도 '승주'가 제 아비가 낯설어 멈칫멈칫 주저하거나 외면한다면 낭패라는

생각을 하면서 어이없어 피식 웃음이 터진다.

배움에 어찌 끝이 있으랴마는 청운의 꿈을 위하여 펼쳤던 과정을 마무리하고 돌아와 가정을 꾸리며 가솔을 거느렸으면 좋겠다. 유수 같은 세월을 실감한다. 어저께 떠난 것 같은데 어느덧 밖으로 나가 머문 지 열 개의 성상(星霜)이 가까워온다. 나름대로 아들 부부와 손주는 먼 길을 오가는 애틋한 만남이 행복일지도 모른다. 그럼에도 오래된 나의 잣대로 왈가왈부하는 자체가 오지랖 넓은 짓이지 싶다.

대략 보름 남짓한 기간에 파리의 단칸 셋방에서 비좁게 마주앉아 오순도순 얘기꽃을 피울 오붓한 정경을 그려본다. 무더운 여름에 게딱지만한 공간에서 선잠으로 밤을 지새울 터이다. 하지만 몇 해 만에 재회하는 부부의 기쁨과 손주가 세상에 태어나 처음으로 아비를 대면하면서 느끼는 포만감과 행복은 무엇과도 견줄 수 없으리라. 머나먼 여정에서 큰아들 부부와 '승주'가 행복을 한껏 누리고 사랑을 확인하는 숭고한 가족애가 넓고 깊어지기를 바랄 뿐이다.

2007년 7월 25일 수요일

보름주기의 만남

격주마다 금요일 저녁 시간의 약속은 나라님이 청해도 단호하게 사양한다. 이 시간대에는 언제나 '승주'를 만나기로 한 무언의 약속을 지키려고 부리나케 달려가 영접해야 하기 때문이다. 태어난 지 백일에 이르지 않은 승주가 평소에는 어미와 외가에서 지낸다. 결코 며느리를 소박 놓았거나 모자가 탐탁하지 않아 내친 게 아니다. 어미인 며느리의 선택으로 불가피한 별거이다.

하기야 우리 가족의 이산과 별거는 좀 심한 편이었다. 원래 나와 아내는 마산을 지키고 있고, 큰 아이 내외는 공부를 핑계로 파리에 거주했다. 그리고 작은 아이 역시 공부를 빌미로 캐나다에 머물고 있다. 그런데 지난 여름방학에 큰아이 내외가 귀국했을 때 며느리가 임신을 했다. 그래서 아들만 파리로 돌아가고 며느리는 국내에 남아 있다가 올해 정월에 출산했다.

승주가 어느 정도 몸을 가누기 시작하고 어미가 몸을 추스르면 출국하여 중단했던 공부를 할 것으로 지레짐작했다. 하지만 며느리는 당분간 아이를 국내에서 키울 예정이라고 했다. 그동안 집에서 출퇴근하기 어려울 정도로 멀리 떨어진 어느 학교에서 일을 하겠다는 결정을 했다. 이 때문에 출퇴근이 용이한 친정에서 기거하면서 시작된 별거이다. 우리 식구는 모두 여섯인데 현재 마산과 며느리 친정에 각각 둘 씩, 파리와 밴쿠버에 하나씩 거주하는 관계로 네 군데로 흩어져 삶을 꾸리는 이산가족이다.

요즘 학교는 격주마다 토요일이 휴무이다. 며느리의 토요일 근무가 없는 주일의 금요일 저녁에는 모자가 마산으로 와서 지내다가 일요일 오후에 돌아간다. 오가는 길은 아이의 외가 피붙이들이 승용차를 태워 주거나 며느리가 직접 운전을 하기도 한다. 그런데 어린 아이를 태우고 며느리가 직접 운전을 하는 것은 위험하다. 그 때문에 가능한 우리 내외가 직접 데리고 오기로 했다.

지난 금요일 저녁 무렵에도 승주를 찾아가서 품속에 안고 왔다. 나는 아이를 안는데 매우 서툴다. 그래서 아이를 품에 안기 시작할 때부터 팔과 어깨에 힘이 잔뜩 들어가 옆에서 보면 엉거주춤하고 뻣뻣하여 로봇 같다는 지적을 받기 일쑤이다. 그 때문이던가. 아이는 내가 안았다 하면 불편하여 칭얼거리고 나는 나대로 힘겨워 온몸이 진땀으로 범벅이 돼도 마음은 한량없이 가볍고 행복하다. 손주를 데리고 오가는데 대략 한 시간 안팎이 소요된다. 그때 차 안에서 품에 안고 얼마나 긴장을 하고 용을 썼던지 며칠이 지난 지금도 어깨가 결리고 팔이 욱신거린다.

'고슴도치도 제 새끼는 함함해 보인다.'고 했다. 하물며 사람의 경우는 어떻겠는가. 핏줄이기 때문인지 어느 모로 뜯어봐도 틀림없는 귀골선풍의 도령으로 반듯하다. 이 세상 어떤 아름다움을 야들야들한 꽃잎 같은 입술에서 방긋방긋 피어나는 순진무구한 천사의 미소에 견줄 수 있으랴. 예로부터 처자식을 자랑하면 팔불출이라고 일컬었다. 이를 미루어 생각할 때 손주를 들먹임은 구불출의 반편쯤으로 불릴 것 같다.

정말 모를 일이다. 승주는 울어도 예쁘고 칭얼거려도 귀엽다. 또한 제멋대로 몸부림치거나 감당하기 어려운 소갈머리를 보이며 나부대도 밉상스럽거나 눈에 거슬리는 미운털이 없어 보인다. 거기다가 잠든 평화로운 자태가 천사의 모습이고, 우유를 내치려는 행위나 잠투정이 짜증스럽거나 밉지 않고 귀엽다. 한편, 흡족할 경우에 끝없이 되풀이하는 옹알이나 고운 꽃잎 같은 두 입술 사이로 방싯거리는 미소는 모든 시름이나 고뇌를 초월한 경지의 아름다움이고 평화의 상징이다.

손주가 집에 도착하면 할머니인 아내는 하늘 같은 나를 매몰차게 밀쳐내면서 등을 돌리고 녀석과 다른 방에 소꿉살림을 차린다. 이때 며느리 역시 또 다른 방으로 쫓겨나 구경꾼으로 내몰려 독수공방의 어정쩡한 처지로 전락한다. 그렇게 아내와 녀석이 2박 3일의 밀월을 시작하면 나는 선택의 여지없이 기껏 기저귀나 옷 나부랭이를 찾아다 대령하는 초라한 잡역부 신세로 전락한다. 이쯤 되면 손주와 희희낙락 지지고 볶으려던 내 꿈은 물거품이 된 셈이니 변명할 수 없이 '닭 쫓던 개 지붕 쳐다보기' 격인 축계망리(逐鷄望籬)의 처지가 된다.

어쩌면 아내의 이런 엄청난 변신을 교묘히 조종하는 실체는 며느리일지도 모른다. 왜냐하면 격주마다 금요일 밤부터 일요일 오전까지 외형적으로 손주를 시어머니에게 독차지한다는 만족을 안겨주면서 속으로는 며느리 자신은 보너스 휴가를 얻는 격이기 때문이다. 그런 측면에서 며느리는 시어머니 훈련을 잘 시키는 탁월한 조련사라고 해야 할까 보다.

간단치 않은 셈을 부지런히 해봐도 허허실실 남는 장사는 며느리이다. 그리고 신바람 난 아내는 앞으로 남지만 결국은 손해 보는 장사에 옥셈을 하는 꼴이다. 그런 까닭에 아내는 두드려 보면 빈 깡통이며 알곡이 없는 빈 쭉정이에 취하는 꼴이 아닐까. 그런 장단에 나는 하찮은 심부름꾼으로 내몰려도 질시를 하거나 불편한 심기를 드러내지 못하고 헛기침만 해대는 할아버지가 되어야 겨우 체면치레를 한다. 하기야 할아버지로서 존경을 받으려면 먼저 모든 걸 내려놓을 줄 알아야 한다. 예로부터 '존경을 받으려면 먼저 겸손하라.'는 뜻으로 '욕존선겸(欲尊先謙)'이라고 이르지 않던가.

아내가 어린 왕자의 전속 보모이며 하녀로 신분이 추락하고, 그녀의 지아비인 나는 머슴쯤으로 격하돼도 우리만 손주가 있는 것 같은 기분에 취해 구름 위를 겅중겅중 걷는 듯 하고 세상은 온통 보랏빛이다. 그런 까닭에서 어제와 오늘 그리고 내일을 막론하고 벌어진 입을 다물지 못해 귀에 걸릴 지경인 우리는 진정 천치 같은 할아범이며 할멈이 아닌지 모르겠다.

2006년 4월 26일 수요일

백일잔치 들여다보기 

큰손주인 승주가 지난 정월 스무날 이 세상에 왔기에 오늘(사월 스무아흐레)이 백일이다. 어저께 고고성을 울린 것 같은데 벌써 백일로 세월이 빠름을 실감한다. 하기야 녀석이 얼굴을 찡그리거나 방실방실 웃고 깔깔거리면서 옹알이를 하는가 하면 어미를 확연히 구별하는 신기한 변화에 넋을 잃고 있다가 세월의 흐름을 잊었었나 보다.

백일에 대해 기억하는 것은 한결같이 희미하고 아른아른하다. 자료를 뒤져가며 백일에 한발 가까이 다가가 그 의미를 새겨 봤다. 예로부터 지역이나 생활 여건에 따라 다소의 차이가 있어도 백일을 중하게 여기며 축하하는 습속이 뚜렷했다.

그 바탕에는 크게 두 가지 의미가 응축되어 있다. '치성을 드리고 음식 잔치를 베풂'으로써 첫째로 아이의 탄생을 허락하고 지성으로 보살펴준 삼신에게 감사하는 경배의 성격을 지녔다. 둘째로 아이가 오래 살기를 간절히 원하는 '장수', 복이 깃들기를 비는 '초복(招福)', 액땜을 기원하는 '제액(除厄)'의 뜻이 담겨있다.

아이가 태어나고 '세이레'인 삼칠일까지는 주로 출산에 관련된 신이나 조상의 음덕에 감사하며 신생아를 보호하고 산모를 배려한 의례적 성격을 띠는 금기사항에 관련된 행사가 치러진다. 이에 비해서 백일은 순수하게 아기를 중심으로 축복하는 잔치이다. 따라서 백일잔치의 의미는 '신에 대한 고마움'이나 '장수와 발복의 기원' 그리고 '은혜에 고마움과 발원' 등의 범주로 나뉜다.

'신에 대한 감사'는 다음과 같은 두 가지 측면의 의례에서 엿볼 수 있다.

첫째로 '삼신풀이' 의식이다. 아이가 태어나 백일이 되는 날 할머니나 산모가 아침에 쌀밥과 미역국을 비롯하여 백설기 같은 음식상을 차린다. 이는 삼신할머니에게 그동안 잘 보살펴 줘서 감사하다는 고마움을 표하면서 장수와 복을 염원하는 의식이다. 이렇게 차려진 상의 음식은 산모가 먹는다.

둘째로 '색동옷 입히기' 의식이다. 아이가 출생 이후부터 입때까지 무색인 흰옷만 입히다가 백일에 처음으로 색동옷을 입혀서 어른들이 안아보게 하는 습속이다. 의술의 수준이 형편없었던 옛날에는 질병으로 아이들을 잃는 불행한 경우가 허다했다. 그런데 백일이 되면 어느 정도 그런 위험에서 비켜섰음을 뜻하는 관계로 안도한다는 의미도 담겨있다.

'장수와 초복의 기원'을 비는 습속의 특징 또한 두 가지 의례를 통해서 알 수 있다.

첫째로 떡을 통한 기원이다. 먼저 '백설기 떡 잔치'이다. 백설기를 만들어 집안 친척이 모여서 나누어 먹었는가 하면 이웃과도 나눔으로써 선덕(善德)을 널리 베푼다. 생활 형편이 넉넉한 집에서는 백일에

떡 잔치를 푸짐하게 했다. 이 경우 우선 떡은 백설기(흰무리), 수수팔떡, 인절미, 송편 등이다. 여러 떡 중에서 '백설기'는 장수와 정결 그리고 신선하라는 기원을 담고 있다. 이에 비해서 '수수팔떡'은 부정을 막아주고 부정살(不淨殺)을 제거한다는 주술적 의미를 내포하고 있다. 한편, '인절미'는 끈덕지며 여물라는 기원을 담는다. 아울러 '송편'은 속이 가득 차라는 의미에서 '속을 넣은 송편'과 염원하는 바가 여물게 채워지기를 바라는 의미에서 '속이 빈 송편'을 만들어 주기도 했다.

둘째로 주위에서 '백일 선물'을 주고받는 습속이다. 백일 떡을 얻어먹은 사람들은 쌀, 실, 옷, 포대기, 반지, 밥그릇, 수저와 같은 답례 선물을 보내면서 함께 기뻐하고 명과 복을 축원했다.

마지막으로 '감은(感恩)과 발원(發願)' 습속 역시 두 거지 의례를 통해서 파악할 수 있다.

첫째로 '배냇머리 깎기' 습속이다. 백일에 배냇머리를 잘라 곱게 묶어 간직해 두었다가, 성년식 날* 아이에게 돌려주어 평생 간직하게 하고 일생토록 어버이 은혜를 잊지 않도록 하려는 뜻이 담겨있다.

둘째로 '아명 지어 부르기' 습속이다. 통상적인 이름은 출생신고를 하면서 이미 정해진다. 그런데 아이에 대한 느낌이나 생김새를 비롯하여 행동의 특성에 따라 아명을 지어 불렀다.

그 옛날 열악한 위생환경과 질병으로 인해서 신생아들의 상당수가 탄생 직후에 생명을 잃었었다. 이 시절에 태어나 위험한 시기를 넘기고 백일을 맞았다는 사실은 축복이며 경사로움이었다. 그러므로 백일에 아이에게 축복을 해주고 오래 오래 행복하게 살며 모든 액운이 비껴가기를 기원하려는 간절한 심정은 진솔한 염원이었다.

오늘날은 생활환경이 옛날에 견줄 수 없을 만큼 좋아졌고 의술이 발달하여 신생아들의 생명을 위협하는 요소들이 거의 사라져 건강하게 자란다. 이렇게 문명이 발달한 요즘에도 신생아들이 맞이하는 백일은 모두의 축복을 듬뿍 받는 날로서 꿈과 희망을 빌어주는 풍습은 예와 다를 바 없다.

'승주'의 백일을 맞아 앎이 짧고 얇은 때문에 다양한 자료를 접하며 이날 행하는 잔치와 의미를 깨우쳤다. 그리고 새삼스럽게 녀석을 이 세상에 보내준 조물주가 진정으로 고맙다. 아울러 아무 탈 없이 무럭무럭 자라 건강하고 구김살 없는 맑은 영혼을 소유하며 세상을 바르게 보는 올곧은 눈을 가졌으면 좋겠다.

* 성년의 날 : 매년 오월 셋째 월요일은 대통령령으로 지정된 '성년의 날'이다. 만 20세가 되는 젊은이를 대상으로 국가청소년위원회에서 행사를 주관한다. 조선 시대에도 '가례(家禮)'를 통하여 성년이 된 남녀에게 성년례를 치렀다. 이 자리에서 성년이 된 남자에게는 모자를 씌워 준다는 뜻에서 '관례(冠禮)'라고 했다. 한편, 여자에게는 비녀를 꽂아 준다는 의미에서 '계례(笄禮)'라고 호칭했다.

월영지의 숨결, 졸저(拙著). 해드림출판사, 2010. 11. 15

(2006년 4월 29일 토요일)

아이 어르기와 기원 

어린 시절 어른들로부터 들어왔던 '아이를 어르던 말'을 자식이나 손주에게 스스럼없이 되풀이했다. 그에 담긴 심오한 뜻과 간절한 기원이 담겼다는 사실을 헤아리지 못하고 앵무새처럼 중얼거리기에 급급했다는 고백이 진솔한 표현이다. 이런 사실을 뉘우치면서 '배움에는 끝이 없다'는 뜻의 '무학지경(無學止境)'이라는 말을 새삼스럽게 되새겨 보며 당혹스러웠다.

누구나 아이들의 관심을 이끌거나 해맑은 웃음을 기대하고 '깍꿍'(각궁 : 覺躬 : '자신을 깨달아라.'에서 유래함)이라고 해봤으리라. 그 외에도 '도리도리'와 '지암지암(잼잼)'을 비롯하여 '곤지곤지' 같은 말을 주워섬기면서 특정한 행동을 따라 하게 했던 경험이 있지 싶다.

요즘 아이들은 겨우 거동하면서부터 어린이집이나 유치원에 보내며 다양한 놀이를 위시하여 영어 등에 모두 걸기를 하는 경향이 강하다. 흔히들 장래를 핑계로 사리를 판단할 능력을 갖추기 이전에 버거운 교육 공해의 심연으로 내모는 현실이다. 이렇게 각박한 오늘에 비해 선조들의 교육 철학은 어디에 바탕을 두고 있을까.

우리 조상들은 인간의 존엄성을 근간으로, 하늘의 이치를 깨우치고, 자연의 섭리를 거스르지 않으며, 인간의 도리인 인륜의 참뜻을 받드는 품성에 이르도록 교육하려고 애썼다. 그 한 가지가 예로부터 전해온 단동십훈(檀童十訓)이다. 이는 단군 이래로 전해오는 것으로 아이들을 기르면서 가르쳐야 할 열 가지 덕목이다.

단동십훈은 제1훈(第一訓) 불아불아(弗亞弗亞), 제2훈 시상시상(詩想詩想), 제3훈 도리도리(道理道理), 제4훈 지암지암(持闇持闇), 제5훈 곤지곤지(坤地坤地), 제6훈 섬마섬마(西摩西摩), 제7훈 업비업비(業非業非), 제8훈 아함아함(亞含亞含), 제9훈 짝짜꿍짝짜꿍(작작궁 작작궁 : 作作弓 作作弓), 제10훈 질라라비 훨훨의(지나아비 활활의 : 支羅阿備 活活議)이다. 이 중에서 제3훈과 제4훈을 비롯하여 제5훈과 제6훈 그리고 제7훈과 제9훈 등은 그 본래의 뜻이나 의미를 알고 모름을 막론하고 아이를 키우면서 누구나 입에 올렸던 경험이 있음직하다. 먼저 익숙한 내용부터 다가가 본다.

우선 제3훈의 '도리도리'이다. '아이의 머리를 좌우로 돌리는 행동'을 하라고 이르면서, 어른이 '도리도리'라고 말하며 행동을 따라 하게 한다. 이는 세상의 섭리를 두루두루 터득하여 '올바른 도(道)의 이치를 깨우치라는 의미'의 염원을 담고 있다.

제4훈인 '지암지암'은 '아이의 양손을 앞으로 내놓고 손가락을 쥐었다가 폈다하는 행동'을 되풀이하도록 하면서, 어른이 '지암지암'이라고 말하며 따라 하게 한다. 이는 무궁무진한 진리는 단박에 깨닫거나 터득하기 어려운 까닭에 천천히 두고두고 깨달으라는 의미와 세상만사는 쥘 줄 알면 놓을 줄도 알아야 한다는 뜻을 함축하고 있다. 줄

여서 '잼잼'이라고도 한다.

제5훈인 '곤지곤지'는 '오른손 집게손가락으로 왼쪽 손바닥을 찧는 동작'을 하도록 하고, 어른이 '곤지곤지'라고 말하면서 행동을 따라 하도록 유도한다. 이는 사람이 하늘의 뜻을 헤아릴 수 있도록 천리를 터득하면 사람이나 만물이 뿌리내리고 있는 땅의 이치도 깨달아 천지간의 무궁무진한 조화를 알게 된다는 의미가 담겨있다.

제6훈인 '섬마섬마'는 '앞으로 곧게 뻗어 수평을 이룬 어른의 한쪽 손바닥 위에 아이의 두 발을 올려놓은 상태로 세우고, 바로 서도록 균형을 맞춰주면서 '섬마섬마'라고 하며, 바르게 홀로 서는 연습을 시키는 행동이다. 세상은 독립하여 홀로 서서 살아야 한다는 숭고한 의미이며, '섬마섬마' 대신에 '따로따로'라고 말하기도 한다.

제7훈인 '업비업비'는 '아이들의 행동을 제지할 목적으로 경고하거나 강제로 억제를 하겠다는 암묵적인 의도가 내포된 말이다. 그리고 성장한 뒤에도 언제나 상궤를 벗어나거나 참에 어긋나지 않도록 일깨우기 위한 표현이다. 요즈음 아이들이 위험한 행동을 하려고 하면 경고의 뜻으로 '에비에비'하는 말은 '업비업비'가 변용된 예이지 싶다.

제9훈인 '짝짜꿍짝짜꿍'은 '양 손바닥을 마주치며 소리 내는 동작'이다. 하늘과 땅의 조화 속에 하늘에서 땅으로 내려오고(弗), 땅에서 신이 되어 하늘로 올라가는(亞) 이치를 깨우침을 말한다는 맥락에서 '박수를 친다.'는 뜻이다.

한편, 아이를 키우면서도 쉽게 입에 올릴 기회가 없거나 조금은 낯선 내용에 대해 그 진정한 참뜻을 넌지시 들여다본다.

제1훈인 '불아불아'는 '어린이의 허리를 잡고 세워 좌우로 기우뚱기우뚱하면서, '불아불아'라는 말을 들려주는 행동'을 뜻한다. 이는

'아가 아가, 우리 아가, 세상을 밝히는 빛나는 존재가 되어라.'라는 뜻을 담았다. 그리고 '남에게 뒤지지 말고 으뜸이 되거라.'라는 간절한 희망까지도 담고 있다. 일부 지방에서 '불무불무'라고 변형해서 사용했다. 한편, 여기서 '불(弗)'은 '하늘에서 땅으로 내려온다.'는 의미이고, '아(亞)'는 '땅에서 하늘로 올라간다.'는 뜻이다.

제2훈은 '시상시상'으로 '어린이를 앉혀 놓고 앞뒤로 끄덕끄덕 흔들면서, '시상시상'이라고 흥얼대는 행동을 한다. 이는 거두절미하고 '아이의 몸은 비록 작고 연약하지만 그 속에 우주의 원리가 담겨 있다. 따라서 귀하게 대해야 한다.'는 뜻에서 하늘의 이치나 삼라만상의 섭리에 따라야 함을 일깨우기 위한 바람을 담고 있다.

제8훈인 '아함아함'은 '손바닥으로 입을 막으며 소리를 내도록 하는 행위'로서, 손으로 입을 가리면 입이 한자로 '아(亞)'자 형태가 된다는 견해이다. 여기서 '아(亞)'자는 역시 한자로 '십(十)'의 모양이 된다. 이는 진리를 뜻하는 관계로 '진리를 따르라.'는 의미가 된다. 한편으로는 평소 삶에서 '입을 조심하라.'는 뜻도 포괄한다는 견해이다. 요즘에 아이들이 입에 손바닥을 댔다가 떼기를 반복하면서 '아 아 아 아……'라고 소리 내는 놀이가 이의 변형이 아닐까.

제10훈인 '질라라비 훨훨의'는 '나팔을 불며 춤추는 동작'을 말한다. 이는 '우주의 모든 이치를 터득하고서 지기(地氣)를 받아 탄생한 아이를 축복하고 행복하게 살라는 축원이 담겼다.'는 얘기이다.

조석으로 급변하는 현대문명의 지배를 받는 오늘날, 세속의 경쟁에서 우위를 점유하려는 얄팍한 교육의 목표가 우리 사회의 구두선이 되고 있다. 이런 연유로 거룩한 하늘의 이치나 자연의 섭리에 대한 심오한 성찰보다는 패스트푸드(fast food) 같은 빠른 외양적인 교육효과에 목을 매고 있다. 이런 판국에 슬로푸드(slow food) 같이 느림의 미학을 생명으로 하는 '단동십훈' 같은 케케묵은 교육철학을 곁눈질하는 것은 시류에 뒤처진 낙오자의 부질없는 오기처럼 보이지 않을까.

문학세대, 2009년 3호(통권 11호), 2009년 6월 12일
월영지의 숨결, 졸저(拙著). 해드림출판사, 2010. 11. 15
(2008년 10월 7일 화요일)

산정에서 정해의 첫 해맞이 

새해 첫날 아침에 얼마나 당당하고 거룩한 태양을 보내주려는지 예정 시간보다 지연되는 것으로 볼 때 산고가 예사롭지 않은 게다. 방송에서는 아침 일곱 시 삼십칠 분에 일출한다 했는데 감감무소식이었다. 산정(山頂)에서 동쪽 바닷가를 응시하던 수백의 해맞이객들이 숨이 멎은 듯 미동도 없이 고요한 정적이 지속되었다. 그렇게 동녘을 뚫어지라 응시하던 이들의 시야에 구름을 헤집고 얼굴을 내밀면서 붉게 타오르기 시작한 태양이 휘황찬란한 섬광을 발산하는 장관이 펼쳐졌다.

갑자기 사람들이 술렁이기 시작했다. 그런 가운데 태양은 점점 커지면서 절반까지 모습을 드러내는데 불과 이분 정도의 시간이 소요되었다. 숨을 죽이고 있던 사람들의 환호와 탄성이 순간적으로 증폭되면서 거대한 메아리로 변하여 멀리 퍼져나갔다. 또한, 모두가 하나로 어우러져 쳤던 우렁찬 박수 소리와 찬란한 태양의 불가사의한 힘이 채 가시지 않았던 어둠을 완전히 걷어냈다.

그로부터 다시 찰나의 시간이 지나면서 이글거리는 태양은 장엄하고 황홀한 빛을 발하며 자비로운 선지자처럼 대지를 비추고 감싸 안았다. 게다가 붉고 샛노란 비단을 펼치듯 해수면을 물들이며 펄펄 끓어오르게 하는 것으로 착각을 불러일으키는 변화무쌍한 조화를 부리며 온 누리를 두루 아울렀다.

돼지의 해인 정해년(丁亥年) 첫날 동녘에 태양이 힘차게 솟구치던 순간 나는 마산 남쪽 바닷가에 자리한 청량산의 정상(323m)에 수많은 인파 속에 파묻혀 있었다. 더 많은 축복과 행운을 안고 지구촌에 강림하려는 속셈인지 예상보다 늦게 신비한 모습을 나타내는 도도함으로 일관했다. 대략 아침 일곱 시 사십일 분경에 모습을 드러내기 시작하면서 완벽하게 떠오르는데 사분 정도가 소요되었다. 거대한 태양이 솟아오르며 서기와 영롱한 빛을 발하면서 무한한 품에 대지를 껴안는 순간에 내 소망을 빌었다.

올해는 우리 집에 거룩한 새 생명이 탄생하는 축복이 내릴 예정이다. 작은 며느리가 잉태한 '콩이'가 꽃이 피고 녹음이 우거지는 늦봄에 출생될 것임을 이르는 말이다. 그런데 작은아이 부부는 밖에 나가 있어 이역만리 낯선 타국에서 출산해야 한다는 사실 때문에 은근히 걱정이다.

그런 까닭에서 올해는 무엇보다도 먼저 '콩이'를 무탈하고 건강하게 보내 달라고 빌었다. '콩이'는 작은아이 내외가 아주 작은 새 생명이라는 의미로 지어 부르는 태명이다. 그런데 '콩이'의 외가에서는 돼지의 해에 태어날 복덩이라는 의미에서 '복실이'라고 부른다고 했다.

한편, 두 번째 기원은 지난해 큰아이 부부가 낳은 큰손주 '승주'가 건강하게 무럭무럭 자라게 해달라는 염원이었다. 세 번째는 큰아이와 작은아이가 각기 제 본분에 충실하기를 비는 기원이었다. 너무 많은 소원을 줄줄이 주워섬긴다면 신도 헷갈릴 것 같아 이쯤에서 접었다. 이 때문에 가족 모두가 건강하게 지켜 달라는 바람은 입속에 맴돌다 사라졌다.

여태까지 살아오면서 늘 밋밋하게 새해를 맞았었는데, 손주가 생기기 시작했던 병술년(丙戌年)인 지난해부터 해맞이를 하면서 소원을 빌었다. 하지만 예순세 해를 살아오면서 산 정상에 올라와 새해 원두의 해맞이를 하며 소원을 빌었던 경우는 없었다. 이렇게 첫 새벽에 집을 나서 산꼭대기를 찾아 해돋이 순간에 소원을 빌었던 이면에는, 좀 더 절절한 지극정성으로 간곡하게 빌어야 효험이 커질 것이라는 미련 때문에 그리했다.

깜깜한 새벽 손전등으로 길을 비추며 집을 나섰다. 집에서 나설 때는 적막강산을 홀로 걸었던 관계로 으스스하고 무섭기까지 했다. 그래서 연이어 헛기침을 해대며 반 시간 정도 걸어 산길 초입에 들어서니 여러 동네에서 모여든 이들이 무리를 이루고 줄지어 산을 오르고 있었다. 그런 특이한 모습을 어찌 보면 야음(夜陰)을 이용하여 멀리 달아나려는 피난민 행렬 같기도 했고, 야반도주하는 군상 같기도 했다.

애초에 집을 나설 때는 나무가 울창한 산속을 혼자 걸으면 무섭겠다고 생각했다. 그런데 산을 오르는 행렬은 끝없이 이어지는 상상외의 상황이 벌어져 내심으로 몹시 놀랐다.

지난해인 병술년 첫날에는 마산 기상대 옆 언덕길에서 해돋이를 보면서, '승주'를 건강하게 보내달라고 천지신명께 빌었었다. 그런데 올해 정해년에는 청량산 정상에서 '콩이'를 곱고 아름다운 인연으로 맞게 해달라고 빌었던 기원이 가장 우선하는 소망이었다. 그러고 보니 지금까지 살아오면서 새해 첫날 해맞이를 하면서 간절하게 소원을 빌었던 두 번의 경험은 모두 손주의 탄생과 맥이 닿아있었다. 그렇다면 쥐의 해(戊子年)인 내년 첫날에도 같은 소원을 빌어야 하는 것은 아닌지 모르겠다. 논리적으로 따져 볼 때 그 해답은 큰며느리가 쥐고 있을 법하니 주책없다고 하더라도 넌지시 운을 떼어볼까.

馬山文學, 제31집, 2007. 11. 22

mygrand.tistory.com/344

(2007년 1월 1일 월요일)

희망이 와 사랑이

저 승주와 유진이는 사촌이고요. 할아버지 할머니는 저희를 '금쪽 같은 손주'라고 얘기하지요. 그게 정말인지 저희 둘이서 함께 울고 칭얼대거나 집 안 구석구석을 헤집고 다니면서 난장판으로 만들어도 허허거리며 너털웃음을 짓기만 하시고 야단을 치는 법이 별로 없답니다. 그렇다고 저희가 매일 난리굿을 피우는 무례한 악동은 아니랍니다. 저는 평소에 외가에 살면서 엄마가 학교를 쉬는 주일의 금요일 늦게 할아버지 집에 와서 사촌 동생인 유진이와 죽이 맞아 말썽을 피우며 놀다가 일요일에 늦게 다시 외가로 돌아가기 때문이지요.

할아버지의 꼼꼼한 기록을 넘겨다보니 저는 지난해 정월 마산에서 태어났지만 음력으로 따져 을유생(乙酉生)인 때문에 '닭띠'라고 적혀 놓았어요. 한편, 금년 사월 캐나다 밴쿠버에서 태어난 사촌인 유진이는 정해생(丁亥生)으로 '돼지띠'라고 하네요. 거기다가 우리들는 씨족의 갈래로서 청주한문(淸州韓門)의 공안공(恭安公派) 할아버지 36대 손이라는 어려운 내용도 보이는데요. 하지만 무슨 말인지 제대로 알 수 없어 갑갑하답니다.

저와 유진이는 또래들처럼 엄마와 아빠가 함께 사는 집이 없습니다. 지금 저는 엄마와 외가에, 사촌 유진이는 마산의 할아버지 집에 살고 있어요. 어른들은 저의 아빠와 작은 아버지인 유진이 아빠는 여태까지 공부를 하는 까닭에 앞으로도 한동안 이런 생활을 해야 한다고 얘기하시네요.

저의 아빠와 엄마는 여러 해 전부터 파리에서 그림을 공부하고 있었답니다. 하지만 제가 잉태되면서 엄마는 유학을 포기하고 국내에 머물며 저를 낳아 기르십니다. 대신 아빠는 아직도 파리에 머물고 있어 지난여름 저와 엄마가 파리로 달려가서 첫 대면을 하며 아빠 얼굴을 익히고 돌아왔어요. 이런 형편이기에 아빠가 돌아올 때까지는 외가와 마산 할아버지 집을 오가며 살아야 한답니다.

작은아빠는 역시 지금 캐나다 밴쿠버에서 공부를 하고 있다는데요. 예기치 못한 문제로 유진이가 밴쿠버에서 태어난 지 얼마 뒤에 마산으로 옮겨와서 할아버지 집에 살고 있지요. 그런 까닭에 유진이도 저와 같은 형편의 동생으로서 놀이를 함께하며 말썽을 부리는 친구이기도 하답니다.

특별한 일이 없으면 '놀토(학교가 쉬는 토요일)'의 금요일에 저는 엄마와 할아버지 집으로 옵니다. 그때마다 할머니는 방을 치우고 이부자리 준비에 분주하지요. 평소에는 할머니가 유진이와 작은 방을 사용합니다. 그런데 저와 엄마가 오면 그 방을 저와 엄마가 사용하고, 유진이와 할머니는 평소 할아버지가 사용하는 큰방으로 자리를 옮깁니다. 그리고 할아버지는 아빠가 사용하던 방으로 이동하지요. 그러니 한 달에 두세 번 저와 엄마가 행차하게 되면 연쇄적으로 방바꾸기가 되풀이된답니다.

할아버지 집에 올 때마다 엄마에게 동생 유진이를 예뻐해야 한다고 귀에 딱지가 앉을 만큼 얘기를 들어도 저에게는 그다지 소용이 없어요. 엄마의 간곡한 당부의 대부분은 쇠귀에 경 읽기 꼴이기 때문이지요.

이제 겨우 기어 다니는 유진이를 귀엽다고 쓰다듬어 주며 열심히 뽀뽀를 해 주지요. 그렇게 하다가도 말을 듣지 않거나 귀찮게 할 때면 나도 모르게 솥뚜껑같이 커다란 손바닥으로 벼락 치듯이 따귀를 한 대 때린답니다. 그렇게 유진이 눈에 불똥이 튀게 하는 경우가 드물지 않거든요. 할아버지는 이런 저를 왈패라고 흉을 보면서 유진이 옆에 다가가면 잔뜩 긴장하고 경계의 눈초리를 풀지 않아 엄청 서운하답니다. 왜냐하면 예로부터 말이란 '어 다르고 아 다르다.'하여 '어이아이(於異阿異)'라고 했는데 저를 곧잘 구석으로 몰거든요.

유진이는 저에게 사랑과 미움이 교차되는 묘한 존재랍니다. 녀석이 없을 때 할아버지 집은 온통 내 놀이터였고 어른들의 사랑도 독점했어요. 그런데 어느 날 갑자기 조그만 유진이 녀석이 밀고 들어와서 야금야금 내 자리의 대부분을 빼앗은 얄미운 꼬맹이이기 때문에 애증이 점철되며 오락가락하지요. 거기다가 제가 타던 보행기 주인 노릇을 하는가 하면, 허락도 없이 내 옷을 입고서도 미안한 구석을 찾아볼 수 없이 마냥 뻗대는 녀석을 어떻게 이해해야 할까요.

가끔 할아버지와 할머니 그리고 엄마가 소곤소곤 나누는 얘기를 듣고 저는 못 들은 척한답니다. 무슨 얘기인지 정확하게는 몰라도 바깥에 나가서 공부하는 아빠와 작은아빠의 학비가 부담이 된다는 걱정을 많이 하지요. 그렇게 힘들고 어려워하면서도 유진이와 저의 천진난만한 모습을 보면 온갖 시름을 잊고 행복하다고 하십니다. 저희들이 얼마나 잘 생겼으면 그렇게 어른들을 행복하게 만드는 신통력을 가졌을까요.

저와 유진이는 말썽을 부리고 천방지축으로 나부대는데도 언제부터인가 우리 둘을 또 다른 이름으로 부른답니다. 우리 큰손주 승주는 '희망이'이고, 작은손주 유진이는 '사랑이'라고요.

'희망이'와 '사랑이'라고 말하는 의미를 제대로 헤아린다거나 참뜻은 모릅니다. 하지만 나름대로 생각해 보렵니다. 저에게 '희망이'라고 부르심은 가계의 장손이라는 의미에서 제 몫을 하라는 뜻을 담지 않았을까요. 또한 유진에게 '사랑이'라고 부르는 연유는 유진이가 주위의 모든 사람에게 사랑을 받기를 기원하는 소망이 담겨 있지 싶답니다.

할아버지 할머니, 저희 재롱 보시면서 가슴 속 시름은 날려 보내고 자질구레한 고민거리는 잊어버리세요. 아빠와 작은아빠 때문에 겪는 어려움을 잊어버리고 밝은 웃음을 찾게 된다면, '희망이'와 '사랑이'는 매일 집안을 휘젓고 다니면서 분탕질하는 꼴이 되더라도 주름살을 활짝 펴 드리는 꿈돌이를 자청하렵니다.

2007년 11월 18일 일요일

2부

유진이의 고고성

적덕의 은총

억겁에 걸친 적덕(積德)에 대한 은총이며 조상이 내린 크나큰 축복이리라. 이 봄에 작은아이 부부 사이에 거룩한 새 생명을 주셨다. 생명의 점지는 신의 영역이다. 하지만 탄생의 축복을 누리는 행운은 미욱한 인간의 몫인가 보다. 삼신할머니는 남녘 산야에 소생과 희망의 봄이 들썩이기 시작하면서 상서로움이 가득한 계절에 제왕 기상을 빼닮은 옥동자를 우리 가정에 선물하셨다.

아이의 부모인 작은아이 부부는 콩알만 한 크기의 작은 생명체라는 뜻에서 태명을 '콩이'라고 불렀다. 그런가 하면 제 외가에서는 '복실이'라고 불렀다. 녀석은 캐나다 밴쿠버 세인트 바오로(saint paul) 병원에서(4월 22일 오후 3시 34분) 고고한 탄생을 알리면서 이 세상에 온 왕자님이다. 그런 때문에 아직도 대면을 못 한 관계로 시시콜콜하게 따진다면 생면부지인 셈이다. 그렇지만 핏줄이라는 천륜 때문인지 전혀 낯설거나 서먹하다는 생각이 없음은 두말할 나위 없고 어쩐지 끌린다.

아이가 태어난 시간은 시차를 고려하여 우리나라 기준으로 가름하면 정해(丁亥)생으로서, 4월 23일(오전 7시 34분 : 음력 3월 7일 辰時) 출생인 셈이다. 결국, 아이는 붉은 돼지의 해에 태어난 '돼지띠'이다. 자고로 돼지는 탐욕스럽고 더럽다는 속설과 달리 초복(招福)이나 재물흥성(財物興盛)을 비롯하여 다산(多産)과 벽사(辟邪)를 상징한다는 얘기를 믿고프다. 왜냐하면 이 세상 무엇과도 바꿀 수 없는 손주가 복을 받고 넉넉하게 삶을 누리기를 바라는 저변에 깔린 생각이, '팔은 안으로 굽는다.'는 '비불외곡(臂不外曲)'의 경지를 벗어날 수 없기 때문이다.

우리 가계에서 나를 할아버지라고 부를 두 번째 손주이다. 첫 번째는 지난해 정월 큰아이 부부 사이에 태어난 '승주'이다. 그러고 보니 이번에 태어난 아이와 '승주'의 관계는 사촌이다. 한편, 씨족의 갈래는 청주 한문(韓門)의 공안공(恭安公) 할아버지 36대손(代孫)으로 가름되고 족보에 제 아버지는 '종훈(宗薰)'으로 올라 있다.

임신 중에 아들 내외는 태어날 아이의 이름을 지어 달라는 전화와 메일을 여러 번 보내왔다. 그런 까닭에 다양한 측면을 고려하여 작명해서 메일로 보내기를 반복하면서 가장 마음에 든다고 결정한 이름이 '유진(裕振)'이다. 따라서 온 가족의 축복과 사랑을 받으며 출생한 아이는 이 세상에서 존재는 '한유진(韓裕振)'이다. 그런데 제 사촌인 '승주'나 '유진'라는 이름은 작명법을 따르지 않았다. 그 대신에 누구나 발음하기 쉽고 어감이 좋아서 호감을 가졌으면 좋겠다는 의도를 바탕으로 중성적인 이름으로 지었다.

아직도 가야 할 길이 까마득한 아이들의 결혼과 임신에 많은 생각을 하게 만들었다. 하지만 성인이고 이국의 낯선 문화와 맞닥뜨리면서 자기 길을 가야 하는 과정에서 부부로 맺어져 동행하는 편이 든든하겠다는 견해에서 내렸던 단안이었다. 저간의 사정을 넉넉히 헤아릴 것이다. 따라서 학업과 육아를 병행해야 할 처지에 반하거나 좌절하는 우를 범하지 않고 슬기롭게 대처해 나가길 간원한다.

할아버지와 손주. 그 관계는 아들과 아버지보다 훨씬 너그럽고 살뜰하며 무조건 베풀고 싶은 관계이지 싶다. 지난날 두 아이를 낳아 기르면서 감정이나 생각의 갈래는 종잡을 수 없을 정도로 기복이 매우 심했었다. 그런데 지난해부터 여태까지 큰손주인 '승주'에 대한 마음이나 행동은 무조건적인 사랑의 내림만이 있었다는 사실을 새삼스럽게 깨우쳤다.

'유진', 분명히 내 머리와 가슴에 가득하고, 밤낮을 가리지 않고 아른아른 한데도 쉬 상면하기 어렵다. 하기야 요즈음 다양한 동영상이 해결해 줄 수 있다. 그러나 아날로그 시대를 살면서 굳어진 관념을 말끔히 씻어 낼 수 없을 터이다. 이런 연유에서 할아버지와 해후 할 그 날까지 곱고 바르며 튼실하게 자라기를 기원한다.

어미가 된다는 사실만큼 숭엄하고 아름다운 일이 또 있을까. 태아를 품는 거룩함과 출산의 고통까지 이겨내며 생명을 탄생시키는 모성을 생각한다. 지고지순한 사랑이 전제되지 않는 한 어림도 없는 자기희생이다. 그런 맥락에서 출산의 고통을 견디며 거룩한 어미의 반열에 우뚝하게 자리한 산모에게 진정한 위로의 말과 고마움을 전한다.

곱디곱게 이 세상에 태어나서 나와 조손의 천륜을 맺은 '유진'에게 영원한 축복과 무궁한 행운을 염원한다. 이 같은 기원을 바탕으로 바르게 자라 원하는 바를 넉넉히 이루었으면 좋겠다. 그에 더해서 사회에 기여 할 수 있어 쓰임새가 큰 동량으로 우뚝 선다면 좋겠다. 아울러 '유진'이를 보내준 신과 조상의 음덕에 머리를 조아려 가슴 깊이 감사한다.

내 앞에 열린 아침 7, 문학저널문인회 작품집,
2007년 11월 23일, 엠아이지

조각이불에 사랑 새기기 

아내가 멀쩡한 원단을 오리고 또 오려 이어 맞추며 기하학적 무늬의 조각이불 만드는 퀼트(quilt)에 몰입하기 시작한 지 달포 이상이 지났다. 그동안 당사자의 느낌은 어떠했는지 모르지만 옆에서 지켜보는 입장에서 보면 가당치 않은 시간 낭비로 비춰졌다. 그 많은 시간과 정성을 들이기보다는 이불 집에서 구입하는 게 합리적이라는 생각을 떨치기 어렵다.

순간순간의 느낌은 항상 제 자리를 맴도는 것 같은 답답함을 지울 수 없었기에 하는 얘기이다. 하기야 선인들은 현명하게도 '티끌 모아 태산을 이룬다.'하여 적진성산(積塵成山)이라고 일렀다. 돋보기를 걸치고 밤낮으로 헝겊 조각을 이어서 맞추고 꼬마 바늘로 한 땀 한 땀 이어가며 조그만 무늬와 형상이 완성되고 화려한 색상의 이불 형체가 자리 잡아 가는가 싶었다. 그러더니 드디어 거의 마무리 단계에 이르러 미구에 갓 태어난 젖먹이인 꼬맹이를 덮어줄 조각이불이 완성될 모양새이다.

지난해에도 아내는 큰아이 부부 소생의 첫 손주인 승주를 위해서 크고 작은 두 개의 이불을 퀼트 기법으로 만들었다. 그 과정에서 오른손 엄지와 검지 살갗을 바늘에 수없이 찔려 상처를 입어 막일꾼의 손을 연상할 정도의 고생을 오지게 겪었다. 그러고도 올해에도 또 다시 두 개의 이불을 만드는 속내를 정확하게 헤아릴 재간이 없다. 하기야 이번 이불은 지난해 가을 임신 초기였던 작은 며느리가 조카인 승주 것을 보고, 제 아이에게도 출산에 맞춰 만들어 달라는 간청을 들어주는 것이기에 타박하거나 제지할 수도 없는 맹랑한 상황이었다.

작은아이 부부는 임신한 태아를 '콩이'라고 부른다. 아내는 먼저 '콩이'가 세상에 오는 날 포근하게 감싸 줄 영아용 이불을 만드는 것이다. 갓 태어난 아기가 덮을 이불이기 때문에 아주 작으며 겉면은 크게 네 부분으로 나뉘어졌다.

먼저 왼쪽 상단에는 '토끼' 한 마리와 아라비아 숫자 '1', 오른쪽 상단에는 '곰' 두 마리와 아라비아 숫자 '2', 왼쪽 하단에는 양 세 마리와 아라비아 숫자 '3', 오른쪽 하단에는 '병아리' 네 마리와 아라비아 숫자 '4'가 새겨져 있다. 그들 그림이나 숫자가 자리하지 않은 여백에는 사랑을 뜻하는 '하트(hart)'와 '별(star)' 모양이 각각 세 개씩 자리하여 완벽하게 짜임새를 이루고 있다.

아이가 조금 자랐을 무렵인 유아기에 덮을 또 다른 큰 이불은 정사각형으로 한 변의 길이가 대략 130센티미터를 조금 웃도는 크기이다. 이불은 118개 조각을 이어서 만들었는데 다양한 문양은 삼각형으로 재단된 헝겊이 기본 바탕이다. 이 이불의 겉면은 대각선을 중심으로 다섯 개의 '바람개비' 형상을 축으로 만들어 생동감과 조형미를 강조했다는 특징을 보인다. 언뜻 보면 다양한 색의 헝겊 조각을 맞대어 이은 때문에 지나치게 화려하게 보인다. 하지만 작은 며느리가 그 같이 현란한 색상을 주문했기에 아무런 문제가 없다.

아내는 초저녁잠이 많은 편이다. 이불을 만드는 동안 옆에서 넘겨다 보면 대충 밤 아홉 시경부터 열한 시 사이(亥時 무렵)에는 바느질에 몰두하는 듯하다가도 순식간에 꾸벅꾸벅 졸며 바늘에 손을 찔리는 경우가 부지기수였다. 그럴 때마다 나는 핀잔의 험구를 번개처럼 날렸다. 그 고생하면서 무슨 좋은 꼴을 보겠다고 청승을 떠느냐는 책망이었다. 손주들을 위해서 정성을 쏟을 길이 있다는 자체가 되레 행복이라는 바보 같은 대답을 반복하는 그녀가 과연 정상인지 의심스럽다.

오늘은 3 · 1절이기에 공휴일이다. 집에서 어정거려볼까 생각했는데 이불을 마무리해야 한다고 일터에 나갈 것을 주문했다. 다음 달에 출산할 며느리에게 국제우편으로 보내야 하기 때문에 서둘러 매조지해야 한다는 단호한 입장이었다. 이제는 아예 이불 집을 차리려는지 한술 더 뜨는 꼴이 점입가경이다. 조각이불을 만드는 게 신바람이 나서 큰손주인 승주에게도 하나 더 만들어 주겠다는 얘기이다.

빈말이 아님이 분명하다. 언제 새로 사 왔는지 원단이 곱다면서 펼쳐 들고 자랑하는 푼수 같은 아내를 물끄러미 건너다보다가 집을 나섰다. 그녀는 진정 힘들고 지루하며 고행 같은 바느질 과정에서 진솔한 사랑의 혼을 불어넣는 무애의 경지에 이른 걸까.

한맥문학동인사화집, 제8집, 2007. 12. 20

mygrand.tistory.com/608

(2007년 3월 1일 목요일)

유진이 백일

오늘은 작은손주인 유진이가 우리 내외와 함께 생활을 시작한 지 두 달하고 이틀 되는 날로서 백일(百日)이기도 하다. 식구라야 아내와 나 그리고 유진이뿐인 상황에서 적적하기 그지없는 집안에서 생기를 불어넣는 활력소 역할을 톡톡히 한다. 그래도 하루를 여는 아침이면 왕자님 때문에 여간 조심스러운 게 아니다. 조금만 달그락거리면 첫 새벽에도 눈을 비비고 일어나 함께 놀자고 야단법석을 떨며 어른들의 혼을 빼놓는 경우가 비일비재하다. 그런 도령의 예민한 심기를 건드리지 않으려고 까치발로 걸어야 하고 숨소리도 한 단계 낮춰서 조신하게 행동해야 한다.

아침에 늦게 일어나는 잠꾸러기이다. 이 때문에 잠든 시간에 조반을 챙겨먹고 도둑고양이처럼 집을 나서 일터로 향하는 날이 숱하다. 하지만 오늘은 특별한 의미로 치부할 수 있는 날이기에 새벽 선잠을 깬 아이를 덥석 안고 집안을 오가며 백일을 축하한다는 말을 되풀이 했다. 진솔한 마음이 이심전심으로 전해졌는지 입이 함박만 하게 벌어지며 연신 티 없이 맑고 화사한 웃음으로 화답했다.

격식을 갖춰서 백일 잔칫상을 차려볼까 했다. 하지만 가족이 사방으로 흩어져 살아가기 때문에 되레 을씨년스러울 것 같아 평소와 다를 바 없는 아침을 맞이했다. 그 대신 퇴근길에 예쁜 케이크를 사다가 할머니와 함께 촛불을 밝히며 축복해 주겠노라고 철석같이 약속했다. 다른 아이들 같으면 부모 품에서 재롱을 떨며 한껏 사랑을 받을 무렵이다. 그럼에도 불구하고 어른들 사정으로 이산가족이 된 현실에 가슴이 답답하고 마음이 무겁다. 게다가 백일 사진마저도 몸을 제대로 가누지 못하는 관계로 한동안 지난 뒤에 촬영하기로 했다. 하기야 지각 촬영은 사촌 형인 승주의 경우도 그리했기에 특별하게 서럽거나 안타까울 일이 아니지 싶기도 하다.

자신의 의지와 관계없이 조부모의 슬하에 똬리를 틀고 자라지만 매우 건강하고 키도 크며 이목구비가 뚜렷하고 귀티가 줄줄 흐르는 도령이다. 누구를 닮았는지 항상 싱글벙글 웃으며 파고들기 때문에 어른들의 사랑을 독차지한다. 본능적으로 부모 품을 벗어나 자라야 할 숙명을 감지했음인가. 신기할 정도로 밤잠을 잘 자고, 우유를 잘 먹으며, 잘 노는 귀염둥이다. 하지만 어른들이 항상 제 옆을 지켜달라고 짱알대는데도 눈물 한 방울 나지 않는 마른 울음을 터뜨리는 소견이 멀쩡한 욕심쟁이다.

이즈음 일터에서 돌아가면 정확히 나를 알아본다. 눈을 제대로 마주치기도 전에 입이 벌어져 다물지 못하고 무언가 소리를 내며 말을 건넨다. 아이에게 적당하게 소리로 대응해 주면 끝없이 입을 헤벌리고 옹알이를 해댄다. 그러다가 옷을 갈아입거나 다른 일이 있어 제 눈에 멀어지면 마뜩잖은 표정을 지으며 언제까지라도 내가 사라진 쪽에 눈을 고정시킨다.

필요 이상으로 내게 집착하는 모습을 보고 아내는 할아버지만 좋아한다고 서운하다며 툴툴거린다. 절대적인 후원자이며 온갖 궂은 치다꺼리를 하는 쪽은 자기이기에 불만을 토로할만하다. 그런데 은근히 한 가지 걱정이 된다. 집안에서 늘 마주 보는 게 우리 내외뿐이니 커가면서 낯가림이 심하거나 다른 사람들과 스스럼없이 어울리지 못하면 어쩌나 하는 우려는 쓸데없는 걱정으로 끝났으면 좋겠다.

처음엔 안아주면 배냇짓을 하며 벙긋벙긋 웃는 게 고작이었다. 그러나 지금은 자신의 의사를 온몸으로 표현하고 있다. 그런 연유이던가. 이제 뉘어 안아주는 것을 싫어한다. 언제부터인지 곧추세워 안지 않으면 신경질을 부리고 앙앙대며 시비를 입찰한다.

처음에는 수양버들이 바람에 흔들리듯이 고개가 사방으로 휘청거려 곤혹스러웠다. 그런데 이런 경우를 하루가 다르게 쑥쑥 자란다는 표현을 해야 합당한 표현이지 싶다. 아침과 저녁이 다를 정도로 허리를 반듯하게 펴면서 고개를 똑바로 세운다. 그런가 하면 눈을 돌려 사방을 두리번거리며 구경하는 모습이 가관으로 귀엽기 짝이 없다.

첫 대면을 하던 때와 비교하면 키와 몸무게를 비롯하여 표정이나 울음소리까지 몰라보게 의젓해졌고 엄청 많이 변했다. 짱알댈 경우나 귀엽다고 앞뒤를 재지 않고 내외가 번갈아 안고 놀다 보면 어깨가 뻐근하고 팔에 힘이 빠져 기진맥진한 경우가 더러 있다. 이런 날 밤이면 아내와 나는 예외 없이 어깻죽지가 쑤시고 팔이 저려서 잠을 설치면서도 매정하게 적당한 거리를 두지 못하는 덜떨어진 푼수이기도 하다.

아직 이른 시간이지만 일터를 나서 서둘러 집으로 돌아갈 참이다.

케이크를 사다가 백일을 축하해 주려는 약속을 빈틈없이 지키기 위함이다. 제 부모를 따를 수 없다고 하더라도 넓고 깊은 가족 사랑을 아이에게 듬뿍 안겨 줄 수 있다면 무엇이든지 망설이거나 인색하지 않을 참이다. 언제나 밝고 아름다운 자태로 기쁨을 안겨주는 녀석의 백일을 축하한다. 그리고 솔(松)의 사철 변치 않는 청청한 기상과 곧은 충절을 뽐내는 대나무의 기개를 닮은 큰 재목으로 자라준다면 오죽이나 좋을까.

2007년 8월 2일 목요일

무병무탈

무자년에 우리 집 기원을 담은 사자성어는 '무병무탈(無病無頉)'이다. 지난해 떼로 몰려왔던 변고에 시달리며 겪었던 고통이 너무도 끔찍했다. 그런 까닭에서 올해는 가족 모두가 건강하면서 각자의 자리를 지키는 삶이라면 족하다는 뜻에서 그리 정했다.

정해년은 그 어느 해보다도 다사다난했다. 늦은 봄 밖에 나가 있는 작은아이의 소생인 유진가 건강하게 태어났다는 소식이 전해질 무렵만 하더라도 세상의 모든 행운은 우리 집에만 내렸다고 믿었다. 유진이가 오고 나서 몇 주일 지나지 않아 회오리바람이 불기 시작하더니 걷잡을 수 없는 어두운 그림자가 성난 폭풍(perfect storm)처럼 밀려와 좌절과 실망을 거듭했다. 자고로 '불행은 겹쳐오게 마련'이라 하여 '화불단행(禍不單行)'이라며 슬기롭게 대처하라고 넌지시 일깨워 주었어도 감당하기 버거워 마냥 헤맸다.

모든 가족의 축복을 받으며 새 생명으로 태어난 유진이를 우리 내외가 양육해야 했던 사건이 첫 번째 아픔이었다. 녀석을 처음 데려오던 날 아내와 나는 하늘이 무너지는 것 같은 좌절을 겪으며 당최 정신을 차릴 수 없어 전전긍긍했다.

손주 문제로 넋이 나갔을 무렵 내 생애 처음으로 작은아이가 법정 송사에 휘말리는 사달이 났다. 상대에게 순리적 해결을 모색하자는 간청을 했어도 막무가내로 사리에 어긋나는 어처구니없는 주장을 거듭 되풀이했다. 선택의 여지 없이 지루한 법정 싸움을 연말까지 지속하는 우여곡절을 겪어야 했다.

사필귀정이었다. 지난 섣달 내가 제시하던 것과 일치하는 판결이 나와 골칫거리를 정해년과 함께 묻어버리는 것으로 막을 내렸다. 그 역겨우며 인륜에 어긋났던 법정 송사가 두 번째 아픔으로 모진 정(chisel)을 맞은 격이었다.

설상가상으로 작은아이는 유진이가 태어날 무렵부터 몸을 다쳐 고통에 시달렸다. 낯선 나라에서 출산 뒷바라지와 병고라는 이중고를 겪으면서도 학업을 지속해야 했기에 감당하기 힘들었던가 보다. 마침 지난 연말 3주일 정도 시간 여유가 생겨 급하게 귀국하여 마산의 병원을 거쳐서 현재 서울의 자생한방병원에 입원하여 치료 중이다. 완치되지 않았음에도 불구하고 며칠 뒤에는 퇴원한 뒤에 서둘러 출국해 학업에 복귀해야 한다. 작은아이의 와병이 세 번째 아픔이며 현재 진행형 근심거리이다.

오랫동안 밖에서 머물던 큰아이는 커다란 문제가 없었다. 그런데 지난해 여름쯤에 누군가가 파리 경시청에 불법 취업자로 신고하여 조사를 받으며 아까운 시간을 낭비하는 쓰디쓴 경험을 했다. 물론 취업이나 아르바이트를 했던 사실이 전혀 없다. 매달 꼬박꼬박 보내준 학비와 생활비가 통장으로 입금되었던 사실로 허위임이 증명되었다.

결국, 무고로 밝혀졌지만 마음고생이 꽤나 심했다고 했다. 큰아이의 문제가 네 번째로 겪었던 시련이었다.

이성적 추론(public reasoning)을 바탕으로 바람직한 삶을 생각한다. 공자는 '부부자자군군신신(父父子子君君臣臣)'이라고 설파했다. 이 말은 '사회적 존재로서 자신의 본분에 충실한 삶'이 바람직하며 좋은 삶이라는 얘기이다. 다시 말하면 아비는 아비다우며, 아들은 아들다워야 한다. 아울러 군주는 군주다우며, 신하는 신하다운 삶이 옳은 길이며 진리라는 철학을 우회적으로 일러주는 내용이다. 이 같은 단순 명료한 진리와 길을 두고 왜 어둠 속에서 헤매듯 혼란을 겪으며 아웅다웅해야 하는 걸까.

살다 보면 개인이나 국가를 막론하고 유독 어려운 고비가 많은 질곡을 경험하게 마련이다. 그런 때가 개인적으로는 시련과 인고의 세월이다. 이를 국가적 차원에서 생각하면 혼란스런 난세가 아닐까. 지난 정해년은 유독 우리 집에 어려움이 잇따라 혼절할 지경이었다.

해마다 한 해를 보내면서 세태를 사자성어로 발표해온 '교수신문'이 있다. 여기에서 정해년을 대표하는 사자성어로 '자신도 속이면서, 남도 속인다.'는 의미의 '자기기인(自欺欺人)'을 택했다. 이는 '자신도 믿지 않는 말이나 행동으로 남까지 속이는 사람.'이나 '도덕 불감증 세태를 풍자하거나 망언을 경계'하는 의미로도 쓰인다.

아쉬움과 안타까움을 담은 절절한 마음 밑바닥에는 꿈과 희망을 그리고픈 욕망이 그만큼 강렬하게 마련인가. '교수신문'에서 무자년을 맞이해서 희망의 메시지를 담은 성어로서 원래 '시원한 바람과 맑은 달'이라는 '광풍제월(光風霽月)'을 선정했다. 이는 '아무 거리낌이 없는 맑고 밝은 인품'을 비유하는 말이기도 하다. 아울러 그동안의 수

많은 난제와 의문들이 씻은 듯이 풀리면서 밝은 미래를 향해 진솔하게 매진하는 한 해가 되기를 바라는 기원이 담겨 있다고 했다.

어디에 내놔도 돋보일 까닭이 없는 서민의 둥지인 우리 집에서 바라는 바는 '무병무탈'이면 족하다. 이에 비해 나라를 다스리는 경우나 상류층은 거대하고 드높은 담론이나 아리송한 철학을 들먹이며 어지럽게 민초들을 현혹하는 것 같아 께름칙했던 경우가 적지 않았다. 왜냐하면 우리는 여태까지 힘(권력) 있는 집단의 오만은 수없이 봐왔어도, 그들의 너그러운 겸손을 본 적은 거의 없다. 그런 까닭에 기득권을 거머쥔 위정자 계층이 그럴듯하게 내거는 기치가 과연 진정성을 가진 위국(爲國)과 위민(爲民)이라는 철학을 바탕으로 출발한 것인지 아니면 집단 이기주의를 합리적으로 포장한 것인지 헷갈린다.

대통령 당선인이 무자년의 사자성어로 선정한 내용은 '나라가 태평하고 풍년이 든다.'는 의미의 '시화연풍(時和年豊)'이다. 이를 이즈음에 맞게 해석하면 '화합의 시대를 열면서, 해마다 경제가 성장한다.'는 부연 설명이다. 또한 관계자에 따르면 '시화(時和)'는 '국민 화합', '연풍(年豊)'은 '경제 성장'이라는 의미가 담겨있다고 한다. 그런데 이 말은 조선 시대 임금이 새로 등극할 때나 신년 어전회의에서 나라의 이상으로 내거는 지표로 많이 사용되었다.

흔히들 새해를 맞이하면서 사회나 국가적 염원은 국태민안이나 부국융성을 기조로 하는 경우가 대부분이다. 이에 비해서 개인의 발원은 대체로 초복(招福)과 무병장수의 범주에 머문다. 여기에 개인의 경우 젊음에 비례하여 그 내용은 담대하며 드높아 경외감이 들기도 한다. 어쩌면 세상 경험이 많은 경우에 슬기로운 지혜를 터득했기 때문에 더 드높으며 깊은 희망과 꿈을 내걸만하다. 그런데도 나의 경우는 진한 감동이나 간절한 염원과 거리가 있는 '무병무탈' 같은 소망에 자족하려는 새가슴의 한심한 주제일지 모르지만 새해 원단(元旦)이기에 용트림을 한번 해 보련다.

2008년 1월 3일 수요일

유진의 첫돌 치레

태어난 직후부터 우리 품에서 신통방통하게 구김살 없이 무럭무럭 자라온 유진이다. 그런데 웬일인지 한 달 남짓 지나면 돌을 맞을 시점에 이르러 코감기와 기침 감기가 이어지면서 첫돌 치레 액땜을 했다. 며칠 지나면 자연스레 걸음마를 할 것 같은 기세였다. 그런데 감기에 시달리면서 아이는 눈에 띄게 수척해지면서 기운을 잃고 파리하게 핼쑥해진 몰골이 안쓰럽기 그지없다.

지난 삼월 하순 어느 토요일 화창한 봄 날씨에 따스한 햇볕을 쪼여주려는 마음에서 잠시 교외로 나갔었다. 그 다음 날인 일요일에는 아기용 식탁 의자를 사 줄 심산으로 유모차에 태워 집 옆의 마트에 갔던 게 탈을 부른 사달이었다. 그 무렵 날씨는 바람이 약간 살랑거려도 햇볕이 무척 좋아 녀석보다 더 어린아이들도 수없이 많이 나들이했었다. 그런데 어이없게도 유진이는 덜컥 감기에 걸렸다.

병원을 수없이 드나들며 치료해 차도를 보일 무렵 내가 목감기에 걸렸다. 확실하지는 않지만 엎친 데 덮친 격으로 그 감기가 아이에게 옮겨지면서 고생을 시켰던 게 아닌가 하는 생각이다. 봄에 새로 돋아나는 새싹같이 여린 것이 감기로 고생하며 축 늘어졌다. 그런 와중에 매일 몇 번씩 복용하는 약을 먹일 때 도리질하거나 내치며 토하는 법이 없이 입에 당기는 맛있는 음식을 받아먹듯 했다. 신기할 정도로 투정을 모르는 어른스러운 모습이 되레 가슴이 아릿해 혼났다.

사월의 두 번째 일요일이었다. 녀석의 감기가 거의 완치되는 듯해서 제 큰어머니 생일을 맞이하여 교외에 나가서 점심을 먹었다. 약간 코를 훌쩍거리는 정도였으나 문제가 없으리라 생각했었다. 그런데 돌이켜 보니 감기에 시달리며 전전긍긍하던 녀석에게 이것도 극히 해로웠던 게 아닌가 싶다. 한 살 위인 사촌 형인 승주와 죽이 맞아 어울려 낄낄거리며 노닥였는데도, 결국은 설상가상의 부담이 되었던 게다.

목감기가 어느 정도 잡혀갈 무렵, 내가 다시 기침 감기에 걸렸다. 이 또한 십상팔구(十常八九)는 꼬맹이에게 옮겨졌지 싶다. 밖에 있다가 집에 돌아오면 나름대로 양치질을 하거나 손발을 깨끗이 씻으면서 마스크까지 쓰면서 아이에게 옮기지 않으려고 노력했어도 소용이 없었다. 제 할머니는 그 와중에도 아이가 조금 좋아지는 모양새라며, 돌날(4월 23일) 먹일 것이라고 전날 초저녁에 미역국을 한 냄비 끓였다. 그런 할머니의 정성을 알 바 아니라는 듯 그날 늦은 밤부터 갑자기 열이 심해져 고통스럽게 돌날 새벽을 맞이하는 우여곡절을 겪었다.

첫 돌날 이른 새벽부터 병원을 두 군데나 옮겨 다니면서 고열과 설사와 힘겨운 드잡이를 하며 애간장을 태웠다. 그 때문에 할머니 정성이 기득 담긴 미역국을 입에 대볼 엄두도 못 냈다. 이런 정황 때문에 나와 아내가 벌쓰듯이 꾸역꾸역 미역국을 먹어치우는 씁쓸함을 곱씹어 넘겨야 했다.

조손이 사이좋게 주고받으면서 감기를 앓는 과정에서 혹독한 첫돌 치레를 하면서 한 살을 먹었다. 한 달 이상을 감기와 고열로 시달렸는데 고비를 넘겼는지 어제부터 원래의 모습으로 돌아오기 시작했다. 우유를 제대로 먹기 시작했는가 하면 설사가 멎으며 정상으로 놀이를 하면서 이것저것을 주문해댔다. 하지만 내 기침은 여러 차례 주사를 맞았는데도 여태까지 진정될 기미를 보이지 않으며 찰거머리처럼 붙어있는 현재 진행형이라서 여전히 악전고투하고 있다.

어린것을 기르면서 칠칠치 못하게 건사하며 어영부영하다가, 심한 감기로 달포 이상을 고생하게 만든 빌미를 제공한 원흉인 것 같아 '무언의 사죄(an unsaidapology)'라도 하고플 정도로 마음이 무거웠다. 제 부모의 품에 있었다면 그런 일이 없었으리라는 생각에서 내뱉는 자탄이다. 첫돌의 축복을 받아야 할 순간에 병마와 밀고 당기며 병원 문턱을 수없이 넘나들면서 힘겨운 투쟁을 하는 험한 고개를 넘으며 푸닥거리라도 하고픈 심정이었다.

먼 훗날 제 첫돌 무렵을 기억할 수 없을 것이기에 이 흔적을 통하여 사실을 확인할 수 있으리라. 멀리 떨어진 제 부모도 지금의 상황에 대해서는 깜깜하다. 이런 까닭에 지금 돌보며 동거하는 내가 대신 정황을 기록으로 남기려고 한다. 오늘 아침도 내 품에 안고서 물에 타거나 시럽으로 된 약을 세 가지나 먹였다. 그런데 얼굴을 약간 찡그리면서도 거침없이 잘 받아먹는 순둥이 모습을 유감없이 보여줘 고맙기 한량없다.

출근하려고 거실로 나오니 막무가내로 내게로 기어 와서 안겼다. 그리고 밖에 나갈 것이라는 신호로 할머니에게 손을 흔들어 댔다. 녀석은 누군가 안고서 밖으로 나가려는 낌새만 보이면 집안에 있는 사람을 향해 손을 흔든다. 그때 얼굴에는 달덩이같이 해맑은 웃음꽃이 피어오른다. 그런 기대를 깡그리 무시한 채 현관을 나서며, 할머니 품으로 넘겨주었더니 묻는 말에 대뜸 응짜*를 하며 외면을 해서 발길이 가볍지 않았다.

툭하면 밖에 나가지 않는다고 앙탈을 부리며 울음보를 터뜨리면서 버둥거려 내 출근길을 무겁게 한다. 겨우 첫돌을 지났지만 괴괴하다 못해 외로움이 짙게 배어있는 집안 분위기가 싫은 게다. 감기를 따돌리고 기력을 되찾으면 건강을 위해서라도 자주 바깥 구경을 시키며 자연스레 면역력을 기르도록 하면서 세상을 많이 접하게 해야 할까보다.

* 응짜 : 핀잔하는 투로 대꾸하는 말

2008년 4월 28일 월요일

가족의 날

어제(6월 1일)는 유진이와 만난 지 일 년이 되는 날이다. 어린 핏덩이와 서울역 KTX 승강장 찻집에서 첫 상면을 하던 순간 어찌나 낯설고 서글펐는지 모른다. 그때를 회상하는 지금도 울컥 치미는 울화를 다스릴 재간이 없다. 저간의 사정을 돌이키려면 어처구니가 없어 정신이 혼미해진다. 녀석을 데려오면서 얼마나 망연자실했던가. 우리 부부는 초롱초롱한 눈을 바라보며 건강하고 행복하게 키우겠다는 다짐을 되풀이하면서도 황당한 현실을 받아들이기 어려워 애꿎은 하늘을 원망했다.

녀석은 이제 좋거나 나쁜 감정의 기복을 얼굴에 정확하게 나타낼 만큼 자랐다. 게다가 마음이 내키면 상대방에게 손을 흔들어 인사를 한다. 또한 신명나는 노래가 흥을 돋우거나 분위기가 고조되면 나름대로 춤을 추면서 연신 궁둥이를 들썩이며 설레발을 치는 모습이 앙증스럽기도 하다. 그런데 신기하게도 크게 보채거나 심하게 울어대는 버릇이 없어 고맙기 이를 데 없다. 더욱이 탈이나 감기 때문에 약을 입에 달고 지내야 하는 경우에도 찡그리거나 도리질 없이 넙죽넙죽 잘도 받아먹어 고맙거니와 신통방통하기 짝이 없다.

태어나서 열네 달째인 가냘픈 유아라도 명색이 사내아이다. 그러므로 사내아이의 보편적인 징후를 고루 보여준다. 무엇을 먹거나 장난감 놀이를 할 때 불만스러우면 곧바로 신경질을 부리거나 무조건 뒤로 발랑 넘어지는 과격한 측면을 거리낌 없이 드러내기도 한다. 그런가하면 요즈음에는 손에 잡힌 물건이 마음에 들지 않으면 서슴없이 내던지는 꼴이 여간 당찬 게 아니다. 또한, 소파 위로 올라가 높은 곳에 있는 것은 깡그리 절단 내려고 설쳐서 거실에 걸어 두었던 액자를 모두 떼어내 창고에다가 신줏단지 모시듯이 유배시키는 촌극도 벌여야 했다.

자식 자랑은 팔불출의 전형이라고 했다. 하지만 모자라며 옹졸한 얼간이 취급을 당한들 대수인가. 앞뒤를 재가며 체면 차릴 이유 없이 두 손주를 자랑하련다. 우리 집의 승주나 유진이는 참으로 반듯하게 잘 생겨 꽃미남이나 흔히 얘기하는 '훈남(薰男)'으로 자랄 게 틀림없다.

녀석들을 유모차에 태워 백화점이나 마트에 가면 모두가 귀엽다며 머리를 쓰다듬어 주거나 덕담을 해준다. 또한, 개중에 싹싹하며 인정이 넘치는 여직원은 녀석들에게 주전부리를 잔뜩 안겨주기도 한다. 사정이 이러하니 어찌 우쭐해지지 않을까. 이를 어리석기 짝이 없는 자가당착의 극치라고 비웃더라도 귓등으로 흘려 넘기리라.

우리 집은 두 아이가 모두 아직까지 공부를 하는 관계로 형편이 매우 어렵다. 이럴 경우 자칫하면 '물질의 노예로 전락' 할 위험성을 그 옛날 사마천(司馬遷)이 일갈하며 어떤 경우도 영혼은 팔지 않기를 주문하고 있다*. 미구에 아이들이 귀국하여 각자의 둥지를 틀면 사랑을 다지는 날을 따로 만들 참이다. 오월의 어린이날이나 어버이날은 통속적인 날이다. 그런 의례적인 날이 아니라 우리 가족만이 오붓하게 사랑을 다지며 아이들의 꿈과 희망을 뭉뚱그려 몽땅 이루도록 격려하는 장(場)을 말함이다. 그래서 유진이를 처음 만났던 유월의 초하루를 '가족의 날'로 정하여 기념하기로 했다.

무릇 가족이란 언제나 조건 없이 흔쾌히 서로의 가슴과 따스한 품에 안겨 위안을 받는 안식처이며 버팀목 역할이 전제되어야 한다. 따라서 거기에는 사리 분별에 따른 시비곡직이나 탐욕에 기인한 다툼 같은 애증이 교차할 가능성까지 너그럽게 품어야 한다. 그리고 하늘이 내려준 천륜이나 인간이 맺은 인륜을 거스르지 않는 도리와 사랑이 필요하다.

그러기에 멀리 비상하다가 힘겹거나 지쳐 움츠러들면, 가족의 위안이나 격려를 받아야 한다. 그리고 상처받은 영혼과 심신을 달래거나 재충전하여 다시 길을 나설 환경의 전제가 필요하다. 그러므로 모든 가족이 서로를 따스한 가슴(warm heart)에 안온하게 품거나 다독이며 어우렁더우렁 살아갈 수 있어야 한다. 그와 같은 맥락에서 숨가쁜 삶을 되돌아보며 지친 심신을 추스를 '가족의 날'로 정하여 자별한 의미를 부여함은 의미 있는 일이리라.

요즈음 젊은이들은 옛날 농경시대처럼 자녀를 많이 낳지 않는다. 그런 풍조는 우리 두 아이에게도 예외가 아니리라. 그럼에도 부모와 형제자매 사이의 내왕이나 소통이 점점 소원해지고 있다. 이 같은 사회적 분위기 때문에 삶이나 직장을 이유로 형제인 나의 두 아들, 사촌인 승주와 유진이의 교류나 만남도 뜸해질 가능성은 다분하다. 이런 취지에서 유진이와 처음으로 만났던 날을 기리면서 가정의 참다운 가치를 지켜나가려는 소박한 꿈의 실현을 위해 정성을 다할 참이다. 삶을 누리다 보면 간난신고(艱難辛苦)를 겪을 수밖에 없을지라도 해마다 '가족의 날'에 함께 핏줄의 소중함을 되새기며 서로의 사랑을 확인하려는 다짐은 헛된 꿈이 아닐지어다.

* 사마천(司馬遷)의 경고 : 일찍이 사마천은 상대방의 재산이 자기에 비해서 열배가 많으면 '비굴'해지고, 백배가 많으면 '공손'해지며, 천배가 많으면 '두려워지게' 마련이며, 만배가 많으면 '노예'로 전락하기 쉽다고 일갈했다.

2008년 6월 2일 월요일

어여 먹어

공원을 오가며 낯을 익힌 할머니가 귀엽다며 당신의 새참으로 가져온 삶은 감자를 유진에게 주신다. 겨우 십 육 개월째인 녀석의 조막손으로 그 많은 감자를 받아 갈무리할 수 없어 대신 내가 받아들며 고맙다는 인사를 했다. 등이 활처럼 굽은 할머니는 환한 미소를 지으며 '어여 먹어'라며 채근을 한다. 신통방통하게 할머니의 뜻을 알아차렸는지 제 손에 거머쥔 감자를 맛있게 베어 물며 신바람이 나서 뒤뚱거리면서도 잰걸음으로 휘저으며 천방지축으로 나댔다.

껍질째 삶은 지 오래되어 단단할 뿐 아니라 아릿한 감자가 입에 맞을 리 없다. 조금 오물거리다가 마뜩잖은 표정을 지으며 미간을 찡그리면서 벌레를 씹은 표정을 지었다. 얼른 다가가서 녀석과 키를 맞춰 앉아서 입을 벌렸더니 침이 묻어 미끈거리는 감자 조각을 내 입안에 뱉어놓는다. 기분 좋게 받아먹으며 '이렇게 맛있는 것을 싫어하네.'라며 주위에서 모두 들리도록 큰소리로 눙쳤다. 혹시라도 감자를 준 할머니가 무안할까 싶어서 분위기 반전을 겨냥한 체면치레 언사였다.

실은 그 감자 조각은 아린 맛 외에는 다디달거나 구미를 끌어당길 구석을 찾을 수 없기 때문에 아이의 행동은 당연해 보였다. 그런데도 합당한 처신을 잘못이라도 저지른 양 지나치게 수선을 떨며 채신머리 없이 행동한 것 같아 한편으로는 민망스럽기도 했다.

적어도 칠팔십 년 전 할머니의 어린 시절은 절대빈곤으로 모두가 기근에 찌들어 초근목피로 연명하면서 보릿고개인 춘궁기를 넘기던 시련의 세월이었으리라. 그 시절 감자나 고구마는 최고의 먹거리였기 때문에 아직까지도 귀한 존재로 가슴 깊이 새겨졌을법한 어른 세대이다. 그처럼 귀중한 감자를 주었는데도 '먹기는커녕 뱉어버리면 속으로 얼마나 야속해 할 것인가.'라는 생각이 스쳤다. 그런 생각 때문에 녀석이 뱉는 감자 조각을 얼른 받아먹으며 맛이 있다는 몸짓을 하면서 호들갑스럽게 너스레를 떨었다.

지난 여름방학 두 달 남짓한 기간에 특별한 사정이 없는 한 매일 해 질 무렵에 한 시간 정도는 녀석과 아파트 뒤편의 자투리 공원을 산책했다. 첫돌을 전후해서 감기에 걸렸다 하면 고열과 기침으로 달포 이상 고생을 하는 아이의 건강을 위해 운동도 시키며 바람이나 햇볕을 쪼여주려는 의도된 행동이었다. 작은 쉼터 같은 공원에 매일 나가면서 마주하는 사람은 낯이 익어 눈인사를 주고받는 도타운 사이로 진화했다. 그중에서도 연로하신 할머니 대여섯은 하루도 빠짐없이 등나무(wisteria) 그늘 벤치에서 시간을 보내는 관계로 직장에 출퇴근하는 모양새였다*.

녀석은 누구를 봐도 방긋방긋 웃는 낯으로 손을 흔들며 '빠이빠이'를 잘한다. 또한 고개를 숙여 절하는 '배꼽 인사'에 익숙한 성격의 사교적인 성향의 꼬마신사이다. 공원 벤치에 앉아 심심하기 짝이 없어 멀뚱거리던 할머니들에게 티 없는 웃음을 보이면서 손을 흔들어 대면 분위기는 단박에 반전된다. 거기다가 변죽이 좋아 할머니들이 짚고 다니는 지팡이나 유모차 따위를 밀며 다니는가 하면, 앉아있는 벤치 사이를 이리저리 들쑤시고 나대면서 밉지 않게 아짓거리며* 헤살을 부리기도 한다.

그런가 하면 그분들의 손을 잡고서 이리저리 가자며 종잡을 수 없이 앙증스러운 능청을 떨기도 했다. 언제나 그처럼 예쁜 짓만 하는 게 아니다. 때로는 제 맘에 들지 않으면 잔디밭에 발라당 나자빠져 버둥대며 앙앙거리는 곱지 않은 전과를 저질러 체면을 구기기도 한다. 그럼에도 누군가가 그립고 말벗이 없어 외로운 할머니들에게 천진난만한 녀석은 인기 절정인 연예인이 서러울 만큼 과분한 대접을 받았다.

할머니들과 경계가 사라질 정도로 친숙해졌음인가. 당신들의 간식거리인 빵이나 과자와 사탕을 비롯하여 과일을 아낌없이 건네주는가 하면 사랑을 나눠주신다. 어린 녀석에게 부담스러운 것을 줘도 엔간하면 먹지 말라고 야멸치게 내친 적이 없다. 왜냐하면 할머니들의 따스한 사랑을 외면할 수 없기 때문이었다. 그런 경우에는 으레 모르는 척 지켜볼 뿐이다. 이제 곧이곧대로 고백하지만 그런 날 밤이면 어김없이 탈이 나서 고생을 하거나 다음 날 아침에 병원의 첫 손님이 되기 예사였다. 이럴 경우 분명히 혹독한 대가를 치렀는데도 후회했던 적이 없으니 덜떨어진 할아버지의 엉터리 옥셈이었던가.

개학으로 공원 나들이도 뜸해지면서 할머니들 안부가 그립기도 하다. 그런가 하면 그동안 웃자란 오이처럼 훌쩍 커버려 달라진 녀석의 모습을 보여 주고픈 마음이 꿀떡 같다. 하지만 한 주일에 사흘이나 야간 강의가 있어 마음만 콩밭에 가 있을 뿐 몸은 일터에 꽁꽁 매어있다.

녀석도 생활 리듬이 달라졌음을 실감하는가보다. 이즈음 눈만 뜨면 시도 때도 없이 밖에 나가자며 제 외출복과 양말과 신발을 가져와서 입히거나 신기라며 매달려 생떼를 쓰며 앙앙거린다. 거기다가 밖에 나갈 때마다 기저귀나 손수건 등속을 넣는 작은 손가방까지 챙기며 설치는 꼴이 여간 야무진 게 아니다. 이제 태어난 지 겨우 열여섯 달인 주제인데.

지난여름 공원에서 연이 닿은 이웃 할머니들의 사랑은 영롱한 빛으로 녀석의 혼에 응축되었을 것이다. 어쩌면 아이가 감자나 포도를 비롯하여 과자를 입에 넣고서 오물거리던 모습을 지켜보며 흐뭇하고 행복해하던 할머니들의 마음은 다시 경험하기 어려울지도 모른다.

조금 더 자라면 그때처럼 순수하게 마음을 열고 받아들이려 하지 않을 것이기 때문이다. 돌이켜보면 단순한 만남과 인연에서 할머니들이 했던 '어여 먹어'라는 말은 사랑이 듬뿍 담긴 애정의 또 다른 표현이었다. 녀석은 일찌감치 그 진한 사랑을 먹으며 무덥고 짜증나는 여름의 고개를 탈 없이 넘기면서 무럭무럭 건강하게 자랐다.

* 소득 2만 불($) 시대를 맞았어도 우리 주위에는 절대빈곤층에 해당하는 환(鰥 : 홀아비), 과(寡 : 과부), 고(孤 : 고아), 독(獨 : 독거노인)의 계층이 상당하다. 그런데도 이들에 대한 복지정책은 선진국에 비해 어느 수준일까.
* 아짓거리다 : 어린아이가 위태롭게 걸음을 데어 놓다.

mygrand.tistory.com/536

(2008년 10월 2일 목요일)

유진이 깁스

이제 스물여덟 달에 이른 천둥벌거숭이인 유진이가 크게 사고를 쳤었다. 여름의 늦더위가 기승을 부리던 지난 팔월 스무하룻날 아침에도 여느 날처럼 어린이집에 보냈었다. 점심시간이 조금 지날 무렵에 어린이집에서 전화 연락이 왔더란다. 유진이가 다쳐 병원에 가서 오른쪽 다리에 깁스를 했다는 청천벽력 같은 전갈에 정신없이 어린이집으로 달려갔다 했다.

깁스를 한 채 주저앉아서 할머니를 마주하는 순간 그렁그렁한 눈을 깜박이며 물끄러미 바라보다가 급기야 울음 터뜨려 안쓰러워 혼났다는 얘기였다. 그날 저녁에 집에 들어서는 나를 향해 닭똥 같은 눈물을 뚝뚝 흘리며 앙앙대면서 역성을 들어달라는 표정을 지으며 측은지심을 불러일으켰다.

사고로 며칠간은 집안에 갇혀 지내며 실랑이를 벌이다가, 약약한* 기색이 역력해 안쓰러웠다. 절간같이 적적한 집안 분위기를 탐탁하게 여기지 않아서 이번 주 초부터는 하루에 몇 시간씩 어린이집에 보냈다. 그런데 단박에 얼굴에 생기가 돌기 시작했을 뿐 아니라 행동도 눈에 띄게 활발해졌다.

어린이집에서 장난감을 펼쳐 놓고 또래들과 무리 지어 뛰어놀다가 블록 위에 꽈당 넘어졌는데 일어나지 못하고 계속 울었다는 얘기였다. 아무리 달래도 그치지 않아 인근 정형외과에 가서 엑스레이를 촬영해 판독한 결과는 이랬다. 오른쪽 다리의 무릎 아래서 발목 사이 다리뼈에 두 군데에 미세한 금이 간 것으로 판정되어 깁스를 했단다. 그렇게 깁스를 하고 한 주일이 경과할 때마다 다시 엑스레이 촬영해서 그 결과를 판독해야 한다는 얘기였다. 최소한 달포 이상 그 과정을 되풀이해야 한다는 의사 소견이었다.

처음엔 불편한 깁스 때문에 움직이지 못해 어른들에게 안아 달라고 어리광을 부리며 내키지 않으면 막무가내로 심통을 부리거나 떼를 썼다. 측은한 생각이 들어 안아주면 손가락과 입으로 앞 베란다 아니면 뒤 베란다로 가라는 식으로 왈왈댔다. 그런가 하면 집안의 모든 정황이 마음에 들지 않고 거치적거리는 존재라도 되는 듯한 행동을 했다. 수시로 이것저것 내치려 발버둥 치다가 답답해하며 밖으로 나갈 것을 주문해대서 얄밉상스러울 뿐 아니라 괘씸해 윽박지르고 싶은 충동이 일기도 했다. 그래도 어쩔 수 없이 유모차로 모시는 특별예우를 하지 않을 도리가 없었다.

그렇게 깁스에 순치되면서 열흘쯤 지난 이즈음엔 두 팔을 이용하여 궁둥이를 들썩이면서 번개같이 썰매를 타듯이 집안을 들쑤시며 다녔다. 균형을 잃어 오지게 모로 쓰러지는가 하면 뒤로 벌러덩 나뒹굴기 예사였다. 그러다가 사촌 형인 승주가 두 발로 거침없이 뛸 때면 저도 깁스로 길이가 달라진 두 발로 비척걸음을 떼어놓고픈 충동을 억제하지 못했다. 앞뒤 재지 않고 불쑥 일어서려다가 넘어지며 아픔 때문에 찡그리면서도 어이가 없는 모양이었다. 옆에서 다소곳이 지켜보는 내게 싱긋 웃는 여유도 부릴 만큼 적응해 가는 모습에 가슴 뭉클했다.

내 눈에는 승주나 유진이는 결코 모난 구석이 많은 별종이거나 고집불통이 아닌 평범한 아이들이다. 하기야 예로부터 '고슴도치도 제 새끼는 함함하다고 생각한다.'는 얘기이다. 하물며 콩깍지가 잔뜩 씌었는데 손주의 허물이나 버르장머리 없는 행동이 제대로 눈에 들어올 리 만무하다. 아무리 그렇더라도 두 아이의 평소 행동이나 말투나 놀이가 또래들에 비해서 특이하거나 어릿한 구석을 찾기 어려운데 왜 그리 유난을 떠는지 모르겠다.

지난해 승주는 외가에서 놀다가 왼쪽 쇄골(빗장뼈 : clavicle)에 금이 가서 완치될 때까지 어깨에 럭비선수 장비 같은 걸 한동안 장착하는 불편을 겪었다. 그렇게 된통 따끔한 맛을 보고도 올봄에는 안방의 침대 위에 올라가 뛰어내리다 오른쪽 쇄골에 금이 가서 한 달 가까이 지난해와 같은 장치를 하고 지내며 애를 태웠다.

두 손주의 아비인 내 두 아들을 키울 적에는 전혀 그런 사고가 없었다. 그런데 녀석들은 왜 이리 사고를 저지르는지 야속했다. 아이들이 영락없는 악바리이거나 상종 못 할 떼쟁이며 왈패가 아니기에 누구와도 어우렁더우렁 어울리는 친화적인 성격인데 된통 큰 사고를 치는가 하면 난리굿을 피운다.

옛 어른들은 효경에서 이르기를 '신체발부수지부모 / 불감훼상 / 효지시야(身體髮膚受之父母 / 不敢毁傷 / 孝之始也)'라 하여 '사람의 신체와 모발과 피부는 부모에게서 받은 것으로써, 이를 손상시키지 않는 것이 효의 시작이니라.'라 말씀하셨다. 이런 맥락에서 보면 녀석들의 마음과 몸가짐이 바르지 못함이다. 아이들이 다쳐 불편해 하거나 아파하는 모습을 옆에서 지켜보기 안쓰러워 견딜 수 없었다. 낮에 움직이거나 놀이를 할 때 불편함은 말할 것 없거니와 밤에 덧든* 잠으로 자다 깨기를 되풀이하며 칭얼거리거나 잠결에 흐느끼는 모습을 보면 가슴이 아렸다.

내 성격이 날카로워 때로는 가혹하다 할 정도로 완벽을 요구하며 몰아세우는 경우가 있어도 결코 찰짜*가 아니다. 아이들에 대해서는 가능한 성질을 마냥 누그러뜨리려 애를 쓰는 편이다. 지난번 큰손주 승주가 침대에서 떨어져 쇄골을 다쳤을 때는 내가 꼬드겨 그리된 게 아니었다. 그런데도 제 어미의 얼굴을 제대로 바라볼 수 없었으며 괜히 켕겨서 혼났다.

유진이의 경우는 밖에 있는 제 부모에게 전후 사정을 전화로 이실직고한 모양이다. 하지만 아이를 돌보던 우리 내외가 부추기지는 않았어도 결과적으로 잘 못 건사해서 발생한 사고인 셈이기에 마음이 편치 않다. 진정 두 손주를 대책 없이 방치하여 돌발한 사태가 아님에도 고약하게 무거운 짐을 잔뜩 짊어진 상태에서 끙끙 앓는 기분이다.

오늘 유진이가 엑스레이 촬영을 하며 중간 점검을 받아야 하는 날이다. 의사 소견을 전화로 알려 달라 이른 뒤에 일터로 나왔다. 연구실 컴퓨터 앞에 쭈그리고 앉아 있지만 신경은 온통 휴대전화 신호음에 쏠렸다. 오늘따라 오전 내내 전화가 울리지 않는다.

정오를 지날 무렵 웬 문자 메시지가 도착했음을 알리는 신호음이 울려댔다. '기다리던 전화는 감감무소식인 채 웬 문자 메시지일까.'라

투덜거리다가 메시지를 확인했다. '유진이 결과 좋아졌으며 정상. 다음 체크 날짜는 내주 수요일.'이라는 아내의 충직한 알림이다. 느긋한 마음으로 점심을 먹어도 좋을 상황 보고에 안도의 웃음이 빙그레 번졌다.

* 약약하다 : 싫증이 나서 귀찮고 괴롭다
* 덧들다 : 깊이 들지 않은 잠이 깨어서 다시 잘 들지 않는다.
* 찰짜 : 몹시 깐깐하여 수더분한 맛이 없는 사람.
* 유진이는 어린이집에서 장난감 블록 위에 넘어져 오른쪽 다리뼈 두 군데에 실금이 가는 사고로 2009년 8월 21일부터 9월 23일까지 33일간 깁스를 했다. 그리고 깁스를 푼 날부터 10월 30일까지 매일 병원을 찾아가 물리치료를 받았다(글을 쓴 뒤에 추가한 내용임).

mygrand.ttistory.com/545

(2009년 9월 2일 수요일)

손탈과 숨비소리*

비가 내린 뒤끝인 때문이었을까. 한쪽은 수평선과 맞닿았고 다른 한편은 한라산 중턱에 비스듬하게 걸쳐진 무거운 구름이 잔칫날 햇볕을 차단하기 위해 쳐놓은 차일(遮日) 같았다. 뭍과 바다의 경계인 해안선 절벽에는 검은 화산암이 띠를 두른 듯 구불구불 이어져 촌락의 울타리처럼 보였다. 내가 자리한 창가 왼쪽의 절벽 밑에는 파도가 밀려 오가는데 해면은 특유의 검은 암반이다. 비가 서서히 멎기 시작하면서 옅은 안개가 드리워져 우중충한 해안에 온통 검은 암반뿐이었다. 거기에 쉴 새 없이 생겼다가 부서지는 파도의 하얀 포말이 아니라면 멀쩡한 바닷물의 색깔마저도 검을 것이라는 선입견을 갖게 할 개연성이 다분했다.

김해공항에서 출발한 제주행 항공기는 장맛비 같은 세찬 빗줄기를 뚫고 이륙했다. 하지만 물 건너 제주공항엔 안개비가 조금 내릴 뿐이라서 우산을 쓰지 않아도 그다지 흉해 보일 계제가 아니었다. 공항에 마중 나온 한국산학기술학회장인 H 박사를 비롯한 일행과 수인사를 나누고 곧바로 점심 식사가 예약이 된 음식점으로 향했다.

공항을 빠져나오면서부터 주변에 심어진 나무가 이국적 정취를 풍겼고 창가로 스며드는 공기가 사뭇 다름은 물론이고 싱그러웠다. 제주는 자연이 주는 멋과 코끝에 스미는 맛이 다르고 이채로운 풍경은 눈을 이리저리 굴리며 코를 킁킁거리게 했다. 초행의 낯선 이방이 아니건만 방문 때마다 생경한 모습으로 차창에 스쳐 지나가는 풍경이 무척 정겹다. 미끄러지듯 도심을 살짝 벗어나 '용두암 해안 길'의 언저리에 이르렀다. 오른쪽으로 구불구불한 해안선 절벽 아래로는 바닷물이 살아서 굼실거리며 하얀 포말을 만들며 철썩이기를 끝없이 되풀이했다.

굽이굽이 돌고 돌며 내닫는 길의 양편에 펼쳐진 자연 풍광이나 수채화 같은 촌락의 평화로운 자태로 가까이 다가왔다 뒤로 사라지는 풍경이 정겹고 낭만적이다. 거기에다가 사방에 제멋대로 지리 잡은 건축물들은 자유분방한 모양이지만 자연을 거스르지 않고 조화를 이루어 유럽이 연상될 만큼 아름답다. 오른쪽 절벽 밑의 바다와 왼쪽 저 멀리 아스라한 한라산의 품에 안긴 농가의 다소곳한 자태와 길옆에 터줏대감 같은 서구풍의 날렵한 건물은 빼어난 관광 자원으로 나그네를 매료시켰다.

시내를 빠져나와 얼마나 달렸을까. 해안가의 절벽에 고혹적인 모습으로 자리한 '숨비소리'*라는 횟집에 도착해 바닷가 쪽 명당에 자리 잡았다. 국제 관광도시인 때문인지 도심을 벗어나 한적한 해변에 자리 잡은 횟집임에도 밝고 세련된 시설은 누구를 모신다 해도 모자람이 없어 보였다. 거기다가 주인이나 종업원 역시 손님을 접대하는 자세가 예사롭지 않아 어느 누구에게도 평안함과 믿음을 안겨주는 맞춤한 접대를 제공하지 싶었다.

주문한 음식과 생선회가 정갈할 뿐 아니라 정성이 철철 넘쳐났다. 정해진 순서대로 상에 올리는 회의 종류와 양은 적당했다. 아울러 음식을 내오는 시간 간격을 손님의 호흡과 기호에 맞추려는 자상한 배려가 여실히 엿보였다. 이러한 일련의 마음 씀씀이는 손님을 진정으로 섬기려는 서비스 정신이지 싶었다. 바닷가에 둥지를 튼 덕에 갖가지 생선회 맛을 익혀 얼치기 수준을 면해 생선회 맛을 즐길 줄 아는 처지이다. 그런데 제주가 아니면 보기 힘든 '갈치회'에 마음을 빼앗겼다. 그런가 하면 특산물인 다금바리의 싱싱한 맛에 염치없이 들떴었다. 그 진한 기억을 더듬는 지금도 입에서 마구 군침이 돌기 시작한다.

낮이지만 술을 마실 분위기나 환경이 완벽하게 갖춰진 자리였다. 먼저 도도하다고 여겨질 정도로 깔끔한 횟집의 시설과 절벽 아래 해안으로 밀려 오가는 바닷물이 낮게 깔린 구름이 찰떡궁합을 이룬 격이었다. 별천지 같은 자연에 굽은 도로를 달리는 자동차들이 생동감을 연출하는 환상적인 정경이 더해져 술이 고팠다. 또한 술에 곁들이는 맛깔스럽고 싱싱한 해산물의 묘미가 어우러져 술맛과 흥을 돋웠다. 거기다가 그날은 공식 일정이 없는데다가 술벗 또한 가까운 동료들이었기에 금상첨화의 조건을 두루 갖춘 꼴이었다.

바다 건너 제주에 이르니 항상 마주하면서 밀고 당기며 얼굴을 붉혀야 했던 두 손주로부터 완전한 탈출이기에 '손탈(孫脫)'의 자유를 만끽하며 즐긴 셈이다. 녀석들의 일거수일투족에 신경을 쓰거나 자질구레한 일상에 참견하지 않아도 된다는 심리적 해이가 부추겼을까. 평소 유보될 수밖에 도리가 없었던 자유를 벌충하고픈 어쭙잖은 보상심리였지 싶다. 낮술치고는 조금 과했다.

그리스의 철학자인 '아나카르시스(anacharsis)'가 일갈했던 내용이 문득 떠올랐다. 술을 한 잔 마시는 것은 '건강을 위한 것.'이고, 두 잔을 마시는 것은 '즐거움을 위한 것.'이며, 세 잔을 마심은 '방종을 위한 것.'이며, 넉 잔을 마심은 '광란을 위해 마시는 것.'이라는 얘기 말이다. 그날 앉은자리에서 소주 일곱 잔 이상을 두꺼비 파리 잡아먹듯이 마셔댔으니 무엇을 염원했던 건배였을까. 그가 아직까지도 물음에 답해 줄 수 있다면 정중하게 묻고 싶다.

이번 제주 나들이의 대외적 명분은 학회행사의 참석이었다. 하지만 제주행 항공기에 몸을 싣는 순간 본래의 목적은 아득한 저편에 팽개치고 일상의 속박으로부터 탈출을 갈망했음이 틀림없다. 그러기에 평소에 가까이하지 않던 낮술의 유혹에 대책 없이 빠져드는 만용과 즐거움이라는 꽃놀이패를 붙들고 즐겼는지도 모른다. 또다시 그런 호사할 기회가 주어진다 해도 기꺼이 그런 선택을 할 게다. 아울러 그게 숨겨진 나의 진솔한 진면목임을 굳이 숨기고 싶지도 않다.

* '손탈(孫脫)과 숨비소리'라는 수필 제목은 지천명에 들어선 동료 H교수가 정해 주었다.

* 손탈(孫脫) : 두 돌과 세 돌을 지난 손주들을 매일 아침저녁으로 돌봐야 하는 옹색한 처지이다. 그런데 그럴듯한 이유로 나들이 나선 자유로운 내 모습을 지켜보던 H교수가 제주도에 머무는 동안 '손주로부터 탈출'이라는 여유를 만끽할 절호의 기회라며 작명한 한시적 자유를 향유한다는 뜻이 담긴 조어이다.

* 숨비소리 : '좀녀(해녀)들이 물질할 때 깊은 바다 속에서 해산물을 캐다가 숨이 턱까지 차오르면 물 밖으로 나오면서 내뿜는 휘파람 소리'를 뜻한다. 그런데 이번에 제주도에 닿자마자 달려간 횟집(제주시 도두2동 1662 – 9번지)의 이름이기도 하다.

문학세대, 2009년 4호(8, 9월호), 통권 12호, 2009. 8. 7

mygrand.ttistory.com/547

[2009년 5월 25일 월요일(2009년 5월 21일부터 23일까지 제주에서 개최된 학회 참석하며 겪었던 행사 외적인 요소가 핵심 축임)]

인내의 폭발

어제저녁 본때를 보여주려는 듯 유진이에게 속사포 같은 험구를 쏟아 부으며 일방적으로 야단을 쳤다. 한편으로 생각하면 어떤 경우라도 할 말과 안 할 말을 가려야 하는데, 화가 머리끝까지 치밀어 분별없이 내뱉은 모진 말이었다. 하기야 무슨 말을 한들 알아들을 수 있겠는가.

이제 겨우 두 돌 언저리에 다다른 유아이다. 미운 세 살이라 일렀다. 얼마 전까지도 티 없이 맑고 초롱초롱한 눈 속에 사랑과 평화를 담고 어른들에게 잘 따르는 합리적 온건 노선을 부르짖던 왕당파였다. 그런데 이즈음 녀석은 이따금 막무가내로 성깔을 부리고 투정하거나 흡족하지 않으면 앙앙거리며 드러누워 발버둥 치는 맹랑한 행동으로 얄밉상스럽다. 이럴 경우 어떤 방법도 소용이 없어, 치미는 화를 삭이기 어려울뿐더러 신경이 곤두서고 이성이 마비되어 끌탕을 치는 사태가 드물지 않게 되풀이된다.

올해 초부터 동거를 시작한 사촌형인 승주와 사사건건 부딪치며 겨루면서 다툼을 되풀이한다. 그렇게 난리굿을 피워 조용할 날이 없어 가슴을 아프게 하더니 세월이 약이었던지 아주 미세하게 호전되고 있어 그나마 다행이다.

두 녀석이 함께 맞붙어 티격태격하는 꼴이 시한폭탄 같아 조마조마 가슴을 졸여야 한다. 같은 부모한테서 태어난 한 살 터울의 형제라면 자연스럽게 위계질서가 잡혔을 터이다. 하지만 사촌인 관계로 불협화음이 끊이지 않아 하루도 잠잠할 날이 없어 괴롭고 안타깝다.

세 돌과 두 돌인 녀석들을 나란히 앉혀놓고 타이르며 구슬려도 '쇠귀에 경 읽는' 격이다. 그럼에도 불구하고 혹시나 하는 미련을 버리지 못하는 어리석음을 범하고 있다. 이런 현실을 속속들이 꿰뚫으면서도 녀석들의 들떼리는* 야속한 행동이 되풀이되면 속이 상하고 답답하다. 그러다가 막다른 골목으로 몰리는 상황이 반복되면 가슴 속 깊이 앙금처럼 쌓였던 울화를 제대로 삭이지 못해 끝내 활화산 터지듯이 폭발한다. 그렇다고 한 살 터울의 사촌 형인 승주에게 그 옛날 중국의 조비가 아우에게 썼던 반인륜적인 방책으로 다스릴 것을 기대하거나 부추길 수도 없는 일이다*.

오늘이 유진이의 두 번째 돌이다. 태어나 곧바로 함께 동거하며 제 부모의 얼굴을 봤던 일이 없다. 기껏해야 우리 내외와 그리고 승주를 위시해서 큰어머니 얼굴을 알고 있는 정도이다. 따라서 할아버지와 할머니라는 말은 익숙해도, 아버지와 어머니는 낯선 아이다.

녀석은 이목구비가 뚜렷하고 말이 야무진가 하면 생각이 멀쩡하고 매우 영특하며 성격이 무척 밝고 맑아 구김살이나 흠잡을 데가 없다. 그런데 고질병 같은 심통이 발동하거나 마뜩하지 않아 억지를 부리기 시작하면, 아무도 말릴 수 없으며 어른들의 속을 뒤집어 놔 정신이 혼미해진다.

어쩌다가 할아버지 둥지에서 할머니를 어미 삼아 살아가는 아이다. 따스한 부모의 품 안에서 끝없는 사랑을 넘치도록 받고 자라면 더 할 수 없는 축복일터이다. 그럼에도 외톨이가 되어 집안을 휘젓고 다니며 노는 모습이 무척 안쓰럽기도 하다. 또한, 저 혼자 거실 구석에서 쭈그리고 앉아 장난감 놀이를 하거나 텅 빈 방에서 잔뜩 웅크리고 잠든 모습이 애처로워 눈을 돌렸던 적이 한두 번이 아니다.

하늘의 뜻인 천륜으로 맺어진 핏줄 때문일까. 태어나 며칠 얼굴을 대했을 뿐이기에 아비의 얼굴이나 목소리를 알 리 없다. 그런데도 지구촌 저편에서 간간이 걸려오는 아비의 전화 목소리를 매개로 하여 곧잘 소통을 한다. 아비의 물음에 곧잘 응대를 하는 꼴이 기특하다. 그러다가 신명이 나면 수화기에 대고 '아빠 힘내세요, 우리가 있잖아요.'라고 응얼거리며 노래를 들려주어 깜짝 놀라게 하는 재주도 있다. 부자지간의 영적인 교감이 자연스럽게 이루어지기 때문인지 아들과 손주는 그렇게 물이 흐르듯이 소통을 하며 사랑을 나누고 정을 쌓으며 자기들에게 허락된 숙명에 현명하게 순응하고 있다.

사랑에 허기져 허덕일 아이에게 더 많은 애정을 쏟으며 감싸고 베풀려고 안간힘을 쓴다. 평소에는 천사처럼 온순하고 영명한 녀석이 생고집을 피우기 시작하면 온 집안을 발칵 뒤집는 행패를 서슴지 않으며 과격한 모습을 보여 야속할 뿐 아니라 밉고 서럽다. 참으로 모를 일이다.

한두 달 전까지는 빨랫감 바구니와 쓰레기 바구니를 정확하게 식별하여 심부름을 시키면 한 치의 오차도 없이 해당 바구니에 담았었다. 거기다가 음료수나 음식을 먹은 뒤에 빈 그릇은 정확하게 개수대에 넣던 녀석이다. 어느 모로 봐도 얄망궂은 성격이 아님에도 최근에는 심부름을 시켜도 천연덕스럽게 외면하기 일쑤이다. 게다가 어린이 집에서 배웠는지 가끔 응짜*하는 버릇까지 생겼다.

야속하다. 모든 면에서 최선을 다하여 보살피려는 살뜰한 마음은 아랑곳하지 않는다. 인내의 한계나 폭발 지점을 탐지해 내려는 듯이 행동을 해대는 까닭에 견뎌내기 무척 힘들고 괴롭다. 이럴 경우 마음속으로 '참을 인(忍) 자'를 몇 번씩 썼다가 지우기를 되풀이하며 버틴다. 하지만 끝내 감정이 폭발하여 매섭게 몰아세우다가 곧바로 후회를 하기도 한다. 물론 그런 행동은 삼가야 한다는 상식을 잊거나 몰라서가 아니다.

밤낮으로 쉴 틈 없는 할머니나 내가 힘에 겨워 몸살을 앓으며 허리가 아파 쩔쩔매면서도 상전 모시듯이 떠받든다. 그런 마음이 무참하게 짓밟히는 것 같아 울화가 치밀고 서러워서 뇌까리는 푸념이다. 하기야 조부모가 저마다의 논리나 잇속에 따라 퍼붓는 '비난게임(blame game)'은 도리가 아닐진대 이쯤에서 입을 닫아야 할 모양이다. 그래도 이따금 녀석이 벼랑 끝으로 내몰면서 생떼를 부릴 때마다 어른들도 '숨 좀 쉬고 살아갈 수 있도록 은전을 베풀 수 없겠니.'라고 하소연하며 통 사정을 하고 싶다. 그럴 때면 마음 한구석에서는 괴나리봇짐에 죽장망혜(竹杖芒鞋)의 단출한 차림으로 거리낌 없이 세상을 두루 유람했다던 방랑시인 김삿갓(金炳淵 혹은 金笠)이 엄청 부럽다는 생각에 이르기도 한다.

막다른 골목으로 몰린 상황에 처하여 할아버지가 옹골진 구실도 못하는 주제에 염치없이 정신적 갈등이나 비애를 주절거리는 볼썽사나운 변명으로 비춰지지 않을까 걱정이 앞선다. 이런 견지에서 이순의 중반에 이른 할아버지가 두 돌의 손주에게 '버럭 소리를 지르거나 모진 말을 했던 쑥스러움에, 앞으로는 절대로 그러지 않겠다.'고 다짐하는 민망한 반성문을 깜냥대로 쓰고 있는지도 모른다. 아무리 조손 사이의 말이라도 조심해야겠다. 예로부터 '입은 화의 문'이라는 뜻으로 구화지문(口禍之門)이라고 경고하지 않았던가.

할아버지로서 땅에 떨어진 체면이나 어른 값은 차치하더라도 이런 고백을 포함한 반성이 도로아미타불이 되지 않기를 다짐한다. 울화병처럼 가슴 속 깊이 응어리져 짓누르던 속내를 숨김없이 토설했더니 갑자기 밝고 맑은 세상을 겅중겅중 걷는 것 같이 마음은 가볍고 상쾌하다.

* 들떼리다 : 남의 감정을 건드려 덧내다
* 자두연두기(煮豆燃豆箕) : 그 옛날 조조(曹操)에게 조비와 조식 두 아들이 있었다. 이들 삼부자는 삼조(三曹)로 지칭되며 건안문학(建安文學)을 꽃피웠다. 그런데 작은 아들인 조식의 문재가 뛰어나 조조의 마음을 사로잡았는데, 훗날 제위(帝位)는 큰아들인 조비에게 돌아갔다. 어느 날 형 조비는 억지스러운 치죄(治罪)를 빙자하여 동생 조식을 불러다가 만조백관 앞에 꿇어 앉혔다. 그리고 '일곱 걸음을 내딛는 동안에 시 한 수를 지으라.'고 했다. 만일 시를 짓지 못하면 법으로 엄히 다스리겠다는 추상같은 명을 내렸다. 조식은 그 즉시 '자두연두기 / 두재부중읍 / 본시동근생 / 상전하태급(煮豆燃豆箕 / 豆在釜中泣 / 本是同根生 / 相煎何太急 : 콩을 삶는데 콩깍지로 불을 때니 / 콩이 솥 안에서 우는 구나 / 본래 같은 뿌리에서 나왔거늘 / 서로 삶기를 어찌 이리 급하게 구는가)' /라는 한탄의 칠보시(七步詩)를 일필휘지로 써 내려갔다고 전해진다.
* 응짜 : 핀잔하는 투로 대꾸하는 말

'수필界', 제1권2호(통권2호), 2009년 7월, 해드림출판사

(2009년 4월 23일 목요일)

상전 모시기

다가오는 사월 하순에 네 돌배기가 되는 유진이를 모시고 살기 여간 신역이 고된 게 아니다. 어린것이 이즈음 할아비가 백수가 된 것을 매구같이 꿰뚫고 있기라도 하듯이 품으로 파고들며 찰싹 엉겨 붙어 하인 대하듯이 소나기 명령을 퍼붓는다. 잡다한 명(命)을 쏟아내는가 하면 조금만 비위가 상하거나 내키지 않으면 밖으로 나가서 '귀신'이나 '싫어 마녀'*와 살라고 엄포를 놓기 예사이다.

돌이켜 보면 어두운 구석 없이 자란 귀여운 아이이다. 뜻하지 않은 변고로 조부모인 우리의 품에 안겼던 게 어제일 같다. 그럼에도 어느덧 끌끌한 다섯 살이 되어 은근슬쩍 총각티가 배어나려한다.

어릴 적부터 떨어져 생활했던 때문에 아직은 부모를 제대로 모른다. 그 대신 조부모의 품을 전부로 알고 밝게 성장하고 있다. 일 년 반쯤 함께 살던 사촌 형 승주가 이사를 했다. 그 때문에 지금은 외톨이로서 견뎌내기 어려운 적적함을 시나브로 느껴왔던 모양이다. 그런 아쉬움을 벌충하려는 마음이 누군가에게 매달리는 행동으로 나타나지 싶다.

예순두 살의 나이 차이를 극복하고 선린관계를 지탱하는 게 그리 녹록하지 않다. 우리의 동행에는 확연하게 하나로 수렴하기 어려운 난제가 쌓여있다. 따라서 불협화음이 발생할 소지가 다분한 지뢰밭을 함께 건너는 꼴이 아닐까. 이를 극복하는 가장 슬기로운 해법은 무조건 나를 낮춰 네 돌배기의 수준에 맞추는 길이다. 이렇게 얘기하면서도 미봉책인 동족방뇨(凍足放尿 : 언 발에 오줌 누기) 식으로 대응을 할 뿐이다. 아이에게 맞춘다는 말은 쉬워도 매사에 변덕이 죽 끓듯 하기 때문에 삐걱거리지 않도록 조율하며 태평성대를 구가한다는 자체가 구도자의 고행만큼이나 지난하다.

전에는 덜했는데 일터에서 물러난 지금은 머슴처럼 부려 먹으려 덤벼들거나 장난감을 비롯하여 로봇 놀이 동무가 되라며 앙탈을 부리기도 한다. 신경을 곤두세우고 팽팽한 접전의 시작은 녀석이 아침잠에서 깨어나면서이다. 기분 좋을 경우 웃는 낯으로 잠자리를 빠져나와 놀다가 식사를 마치고 할머니의 승용차로 어린이집에 간다.

하지만 무언지 잔뜩 틀어져 심통을 부리며 뻗대거나 투정을 부리는 사달이 발생하면 잘 먹던 밥을 연신 토하는 시늉을 해댄다. 이렇게 토하는 버릇도 유전인가 보다. 제 어미가 어린 시절 툭하면 밥을 먹다가 토하며 울고불고 야단법석을 떨어 어른들의 속을 있는 대로 태우며 과자를 비롯한 주전부리로 끼니를 때웠던 적이 허다했다는 얘기이다. 그뿐이 아니다. 때로는 텔레비전의 어린이 프로그램을 틀어주지 않는다고 시비를 입찰하며 생트집을 잡는다. 이렇게 얼이 빠질 만큼 난리굿을 피우다가 어린이집에 가고 나면 귀한 자유가 주어져 천금같이 소중한 시간을 누린다.

어린이집에서 오후 네 시 반에 집에 돌아온다. 특별한 일이 없는 한 그 시각에 맞춤하게 대기해야 한다. 조금이라도 소홀하면 녀석의 심기가 흐려져 달래기 어렵다. 이런 때문에 눈 딱 감고 다소곳이 엎드려 찍소리도 내지 않아야 만사형통이다. 귀가하여 잠자리에 들 때까지는 매서운 시집살이를 단단히 각오하고 시키는 대로 행동하면서 아부성 상투어(cliche)를 날리며 비위를 맞춰야 가화만사성(家和萬事成)에 근접할 수 있다.

추울 때는 놀이터에 놀 수 없기 때문에 집으로 직접 들어와야 한다. 이럴 경우 곧바로 집에 들어서기 바쁘게 먹을 것을 주워섬겨대며 마구 먹어대는 '먹돌이'다. 녀석이 줄줄이 꿰며 읊어대는 주전부리는 대개 하루 전날 할머니에게 주문했던 내용이다. 달갑지 않거나 부족하다고 생각되면 '할머니는 멍청이'라는 독설을 퍼부어도 아얏 소리도 못하고 옴팡 뒤집어쓰게 마련이다. 보통은 저녁 식사 이전에 간식을 너 댓가지를 대령해야 무사히 넘기게 마련이다.

삼월이 되면서 날씨가 푸근해져 아파트 놀이터를 찾는 날이 많아졌다. 늘 또래의 남녀 아이 여남은 명이 뒤섞여 시간 가는 줄 모르는 경우가 숱하다. 내 집 아이나 남의 집 아이를 막론하고 감기로 훌쩍거리면서도 아랑곳하지 않을뿐더러 집에 들어가지 않으려고 버둥대기 마련이다. 또한 놀이터에서 곤혹스러운 주문은 저와 함께 뛰며 놀이터를 뱅뱅 도는 달리기를 하자거나 술래잡기를 하자는 난처한 주문이다.

허연 머리에 채신없이 뛰고 달리거나 '꼭꼭 숨어라 머리카락 보인다.'라는 말을 되풀이 하지만 쑥스럽고 겸연쩍다. 그렇게 어둑해질 때까지 놀다가 서둘러 집에 들어올 경우나 추위 때문에 집으로 직행하려면 끌탕을 쳐야 한다. 그럴 경우 눈치를 봐가며 온갖 감언이설로 꼬여보거나 통사정을 해도 놀이에 미련이 남아 징징거리거나 화가 나서 닭똥 같은 눈물을 뚝뚝 흘리기 예사이기 때문이다.

저녁 식사 시간부터 잠자리에 드는 시간까지는 초긴장의 연속이다. 어린이집에서 낮잠을 거른 날이나 집에 돌아와 놀이터에서 심하게 뛰어 놀은 날은 저녁 먹기 전에 잠을 자는 경우가 흔하다. 그럴 경우 대부분 뒤늦게 일어나 밥을 먹고 자정 가까이까지 천방지축으로 나대서 여간 곤혹스러운 게 아니다. 그런가 하면 정상적인 시간에 저녁 식사를 하다가 꾸벅꾸벅 졸기도 하는 관계로 슬기롭게 조절하는 일이 매우 어렵다.

저간의 사정에 관계없이 저녁 식사 후에 잠자리에 들 때까지는 시련의 연속이다. 매일 긴장하지만 터무니없는 덤터기로 인해서 평화가 깨져 불협화음이 요동치거나 불안정한 한랭전선이 형성되는 경우가 적지 않다.

하나뿐인 텔레비전 수상기의 채널 선택권을 녀석이 독점하려 든다. 꼭 봐야 할 프로그램이 있을 경우 갖은 아양에 비루먹은 강아지 꼴로 아첨을 떨어야 겨우 시청권을 양보받는다. 그렇게 횡포를 부리면서 장난감 놀이에 동참하지 않거나, 건성으로 참여하여 구렁이 담 넘어가는 식으로 응대하거나 엉뚱한 대답을 하면 매구 같이 간파하고 벼락 치듯이 힐책을 날리며 응징한다.

두서없는 놀이가 싫증이 나면서 심드렁해지면 눈에 띄는 책을 마구 잡이로 들고 와서 코앞에 들이밀면서 읽으라고 으르렁댄다. 조선시대 '이야기책 전문 낭독자'인 '전기수(傳奇叟)'이거나 프랑스를 중심으로 보급된 '북시터(book sitter)'가 아닐 뿐더러 신명이 나지 않아 마지못해 읽는 척하다가 재미가 없어 하품이라도 할라치면 정신 차리라며 혼쭐을 빼놓는다.

웬만한 놀이는 견딜만하다. 그러나 '울트라 가이가'인가라는 이상한 로봇 놀이는 애초부터 골탕을 먹이려는 갑(甲)을 위한 게임이다. 저는 공격이 가능하지만 나는 일체 공격을 할 수 없단다. 그러면서 레이저를 쏜다고 '지지직' 소리를 내면 당장 그 자리에 쓰러져야 한다는 가당치 않은 철칙(鐵則)이 적용된다. 게다가 넘어지면 전후좌우로 마구 굴러야 한다는 주문이다.

게딱지만 한 거실일지라도 끝에서 끝을 몇 번 왕복해 구르고 나면 얼얼하고 숨이 가쁘다. 그러다가 마음에 흡족해지면 에너지를 충전시켜 준다며 제 손을 내 몸에 대고 '기를 불어 넣는 시늉'을 하고 나서 일어나 도망가라고 단호하게 호령하며 호기롭게 낄낄댄다. 그렇게 신나게 놀다가도 비위에 거슬리면 단박에 토라져 투덜대기를 수없이 되풀이하는 맹랑한 변덕도 만만치 않다.

마음에 내키지 않아 녀석에게서 피할 셈으로 할아버지 공부해야 한다고 컴퓨터 앞에 쭈그리고 자리 잡는다. 그러면 저도 공부하겠다고 나를 옆으로 밀어내고 마우스의 '스크롤바'를 밀고 당기며 겨우 화면을 움직이는 주제에 저도 잘한다고 의기양양하다. 그래도 네가 양보하지 않으면 내일 할아버지 선생님에게 야단맞는다고 사정하면 컴퓨터를 넘겨주고 열심히 하라는 격려를 하는 야들야들한 심성을 드러내기도 하다. 이런 관점에서 녀석은 마냥 잇속만 파고드는 인색한 갑(甲)이거나 뺀질이는 아니다.

틈만 나면 집에서 가까이에 위치한 바닷가에 가는 것을 무척 좋아한다. 어른이면 오가는데 20분 정도면 족한 거리에 바다를 구경할 선착장이 있다. 녀석의 손을 잡고 바닷가 시멘트 계단에 앉으면 속사포 같이 질문을 해댄다. 왜 오늘은 해파리가 적게 눈에 띄며 불가사리가 보이지 않느냐, 왜 고기가 없느냐, 왜 미역이 없느냐, 이 바다에 상어가 몇 마리나 사느냐 같은 대답이 난감한 내용이 주된 관심사이다. 보통 한 번 찾아가면 대략 한 시간 정도 되는대로 얘기를 주고받다가 돌아오기 마련인데 무척 흡족해한다.

아이의 요구 중에 노래와 그림 공부는 할머니 전담이다. 나는 그 방면에 숙맥인 맹추이기 때문이다. 녀석은 잠자리에서 얘기하는 것을 참으로 즐긴다. 나의 단골 얘기는 '호랑이와 곶감'이다. 하도 많이 되풀이해서 들려줘 녀석은 한 마디도 빼지 않고 줄거리를 꿰고 있다. 그런 이유로 요즈음은 선수를 쳐서 녀석에게 얘기를 해 달라고 주문하면 거침없이 그 얘기를 해댄다. 지나친 반복이 지겨운지 줄거리는 그대로 두고 주인공인 호랑이 대신에 '마녀'나 '귀신'으로 윤색해서 들려주는 재치를 보이면서도 스스로 생각해도 어색한지 겸연쩍어하기도 한다.

매우 독특한 잠버릇을 지닌 녀석이다. '코 알레르기' 증상 때문인지 조금만 더우면 끝없이 이불을 차낸다. 그래서 매일 저녁 적어도 대 여섯 번 이상 이불을 다시 덮어줘야 한다. 그런 때문에 잠을 자다가 평균적으로 한 시간에 한 번은 일어나는 셈이다. 상전 중에도 이런 상전이 어디에 또 계실까. 매일 녀석과 드잡이하면서 공생과 공존의 연착륙을 위해서 평화협정의 틀을 깨지 않으려고 조심스럽게 관계를 조율한다. 그런데도 턱없이 어린 상전의 비위를 맞추거나 마음의 평화를 올곧게 유지하는 길은 살얼음판을 걷는 것처럼 위태위태한 나날의 연속이다. 무언의 약속도 성문법을 능가하는 효력을 발하는 경우가 허다한 현실에서 어찌하겠는가. 가정의 평안을 위한 '불평등한 언약이나 룰(법)도 엄연한 룰(법)*'인데 지키지 않고 배겨날 재간이 없다.

* 싫어 마녀 : 최근 대여섯 살 정도의 어린이용으로 출간된 동화책에 수록된 동화중의 하나이다.
* 소크라테스가 천명한 것으로 알려진 '악법도 법이다(Dura lex, Sed lex : 직역하면 '악랄해도 법은 법이다')'를 근간으로 이르는 말이다.

좋은문학, 2011년 통권 56호

(2011년 3월 15일 화요일)

갈등과 초탈

두 손주가 티격태격하며 싸움판을 벌이거나 약속이라도 한 듯이 제멋대로 느물거리는 경우 신경이 곤두서는가 하면 화가 치밀어 곤혹스러운 적이 더러 있다. 네 돌을 지난 큰손주와 세 돌을 맞으려면 달포정도 기다려야 하는 작은손주가 그 원흉이다.

처음부터 한 지붕 밑에서 살지 않았을 뿐 아니라 친형제가 아닌 사촌인 때문인가 보다. 두 해째 함께 사는데 위계질서가 정립되지 않아 다툼이 잦은 편인데 늘 당하는 쪽은 작은 녀석이다. 둘이 심하게 다투다가도 금세 죽이 맞아 집안을 들쑤시며 분탕질을 해대서 어른들의 얼을 빼놓는 찰떡궁합을 과시하기도 한다. 불협화음이 반복된다고 천둥벌거숭이들에게 가혹하게 '팃 포 탯(tit for tat : 눈에는 눈)' 전략으로 맞설 수 없는 노릇이다.

집안을 휘젓게 마련인 놀이판에서 짓궂거나 위험한 장난이 도를 넘어 뒤치다꺼리가 힘겨워 제지를 할라치면 눈도 깜짝하지 않은 채로 딴청을 부리며 뻗대는 태도로 일관한다. 인내의 한계를 시험하는 듯

용골때질*을 거듭하면 모질게 윽박지르는 말이 분노의 푸닥거리라도 하듯이 속사포처럼 튀어나오는 동시에 큰소리를 쏟아낸다.

눈을 질끈 감거나 한 귀로 듣고 다른 귀로 흘려버리면 만사형통일 터인데도 수양이 부족해 벌컥 하는 화를 삭이기 힘들다. 그럴 경우 십중팔구는 언어폭력을 쏟아내게 마련인 까칠한 내 성정에 놀라면서 '화생어구(禍生於口 : 화(재앙)는 입에서 비롯된다.)'라는 옛말을 떠올리며 너그러움이나 인자한 품성의 언저리에도 이르지 못해 엄청 민망하다.

지난해 정월(2009년)부터 우리 내외를 비롯하여 큰아들 부부와 큰손주를 비롯하여 작은아들이 낳은 작은손주까지 여섯 식구가 동거한다. 그리고 작은아들은 여전히 해외에 머물고 있다. 이 때문에 장손인 큰손주는 제 부모가 끼고 도는 편이다. 이에 비해 작은아이 소생인 작은손주는 나와 아내의 품이 제 부모를 대신한다. 그런데 큰손주는 제 어미의 직장 문제로 태어난 뒤부터 재작년까지 외가에서 기거했다. 어린아이들도 주위 환경을 정확하게 꿰는 게 분명하다.

큰손주 승주는 '내 집'은 외가를 지칭한다. 또한 '내 할아버지'나 '승주 할아버지'는 '외할아버지'라고 선을 명확히 긋는다. 그러면서 우리 부부를 유진이 할아버지나 할머니라고 부른다.

작은손주 역시 기득권을 지키려는 본능적인 방어 행동이 뚜렷하다. 제 형에게 꼭 '내 집'이나 '유진이 집'이라고 한다. 그리고 나와 아내를 지칭할 경우 단순히 할아버지와 할머니라고 부르지 않는다. 반드시 '내'라거나 '유진이' 할아버지나 할머니라고 단단히 못을 박으면서 '승자 독식(winner takes it all)'의 지위를 누리려는 저의를 보이며 깐죽거리기도 한다.

두 손주를 차별하지 않으려 조심해왔다. 그런데도 천진난만한 아이들 눈에는 사뭇 다르다고 느꼈던가 보다. 같은 손주로서 눈칫밥을 먹인 것도 아닌데 차별하는 것으로 비춰졌다면 바로 잡을 일이다. 예로부터 '근심은 눈에서 비롯된다.'하여 '우생어안(憂生於眼)'이라고 일렀다. 어린아이들 눈에 비춰지는 불편부당함을 즉각 바로 잡으면 될 것임에도 불구하고 슬기롭게 대처하지 못하는 내가 과연 어른 값을 하는지 헷갈린다.

이즈음 작은손주 녀석은 제 뜻에 거슬리거나 비위가 상하면 눈물이 그렁그렁한 표정을 짓거나 울음을 터뜨리며 토라지는 모습이 너무 심해 병적인 현상이 아닐까 의구심이 들기도 한다. 녀석은 태어나면서 곧바로 조부모와 살고 있다는 사실을 본능적으로 직감한 게 아닐까 싶다. 그에 따른 심리적인 갈등을 행동으로 드러내면서 주위의 관심을 끌고 사랑을 확인하기 위해 억지를 부리며 떼를 쓰며 발버둥 치는지도 모른다. 이런 견지에서 선인들이 일깨워준 '병의 발단은 마음에서 비롯된다.'는 의미의 '병생어심(病生於心)'이라는 말을 되새겨 본다.

성장 과정에서 의사 표현을 하거나 자기 존재를 부각시키려는 방편으로서 자기 패를 꺼내서 까발리는 울음이나 떼를 쓰는 행동으로 여겨지기도 한다. 지난 얘기지만 큰손주 녀석도 제 어미 품에 자라면서도 거의 일 년 동안 아침에 잠에서 깨어나면 앙앙대며 울음보를 터뜨리는 것으로 하루를 열었다. 그런데 지금은 그 증상이 씻은 듯이 사라졌다는 이유에서이다. 작은손주 녀석의 투정이나 울음보가 어디에 연유하던 그 증상이 외로움에서 비롯하여 나타나는 마음의 병이 아니었으면 좋겠다.

두 손주를 올곧게 양육하여 제대로 교육시킬 의무와 권리를 부여

받은 내 두 아들에 대한 얘기이다. 각각 손주를 안겨주었지만 아직 직업이 없이 내 그늘에 얹혀서 사는 '캥거루 족'이다. 그런데 큰아들은 오랫동안 밖에서 그림 공부를 했어도 전업 미술의 길로 들어선 관계로 보통의 젊은이들과 다른 삶은 불문가지이다. 한편, 작은아들은 뒤늦게 시작한 배움이 아직도 진행 중이라서 제 소생인 유진이를 우리 부부에게 떠맡긴 채 이국에 머무는 까닭에 겉보기와 달리 궁색한 처지이다.

가끔 다양한 모임의 자리에서 두 아들이 서른이 넘었으며 각각 손주를 안겨 주었다는 얘기를 하면 직업부터 묻는다. 구차하게 전후 사정을 들먹이지 않고서 실업자라고 이실직고하면 족하다. 그럼에도 체면치레를 겨냥하며 '공부를 하고 있다.'는 궁한 답변을 하는 나를 발견하며 스스로 놀라기도 한다. 그럴 때면 선조들이 얘기했던 '허물은 체면에서 기인한다.'는 뜻의 '구생어면(垢生於面)'이라는 말이 떠오르면서 나는 누구인가 하는 정체성 문제에 맞닥뜨려 고민에 빠지기도 한다.

나는 내 아들이나 손주에게 잔소리도 많이 하며 사리에 어긋나면 큰소리는 물론이려니와 단호하며 매섭게 끊거나 맺음도 주저하지 않는다. 그렇다고 옹고집의 오기와 비뚤어진 심통 때문에 '이치에도 닿지 않는 것을 억지로 끌어다 붙이고도 끄덕하지 않는.' 견강부회를 일삼는 어리석음을 범하는 것은 결코 아니다. 또한, 흔히 말하는 '내면적으로 알차지 못한 사람일수록 번잡스럽게 말이 많다.'는 의미의 '내부족자(內不足者) 기사번(其辭煩)'의 부류에 속하지는 않는다고 믿는다. 아울러 '마음에 줏대(주견)가 없는 사람의 말은 거칠다.'라고 얘기하는 '심무주자(心無主者) 기사황(其辭荒)'의 유형과 흡사한 점이 없음을 결연하게 단정한다.

우리 사회에 이기주의가 만연하면서 알 권리와 볼 권리를 비롯하여 표현의 자유를 들먹이며 방종까지도 합리화하려는 그릇된 가치관이 어지럽게 통용된다. 이런 현실에서 사소하여 지나치기 쉬운 소중한 것들을 잃지 않도록 꼼꼼하게 챙기려 한다. 내 가족만이라도 바른 얼과 혼을 갖기를 바라는 마음이 도드라진 행동을 하도록 내몬다.

내 자식을 기를 때는 젊어서 조목조목 꼼꼼히 따지는 게 내키지 않았을 뿐 아니라 앎이 짧으며 지혜롭지 못해 얼렁뚱땅 지나쳤다. 그러나 조금 세상을 더 많이 보면서 생각을 깊이 할 나이에 이르러 손주들과 더불어 사는 처지가 아닌가. 그래도 까다롭게 얽히거나 꼬여 풀기 어려운 삶의 길과 정신을 어떻게 제대로 갈래지어 나가도록 할 것인가 하는 문제에 대해 갈등을 겪는 경우를 종종 경험한다.

손주에 대한 교육은 잘하든 못하든 제 부모의 몫이기에 그들에게 맡기는 게 순리이고 합당한 대응이다. 그럼에도 그들 문제에 대해 주제넘게 공연한 가슴앓이를 하는 격이다. 이 같은 증상은 부질없는 번뇌와 망상을 비롯하여 욕심이나 집착으로부터 옴짝달싹 못 함을 웅변하는 징표 중의 하나이리라. 결국, 이 같은 감정은 사소한 문제로 손주들이 노엽다거나 밉다는 마음을 세상 이치에 맞게 새기지 못하여 갈팡질팡한다는 의미이다.

아무짝에도 쓸모가 없는 갈등의 심연에서 과감하게 벗어나 애증을 뛰어넘어 한껏 느긋하며 너그러운 마음에 다다른다면 어떤 지경에 처할까. 아마도 삶을 올곧게 깨우쳐 세상 이치에 대해서 무애의 경지에 이를 터이다. 그럼에도 나는 왜 매사에 작디작은 사고의 틀에 갇혀 담대한 자유를 향유하지 못하는 새가슴이 되어 세상을 어림하며 사는 걸까.

* 용골때질 : 심술을 부려 남의 부아를 돋우는 짓

좋은문학, 2010년 5/6월호(통권52호), 2010년 4월 26일

(2010년 3월 19일 금요일)

3부

소란한 파랑새 둥지

다섯 살배기의 여름나기/떼쟁이의 성장 동화 /단 하루의 소꿉장난

매와 유진이 / 어린왕자의 생일에 / 유치원의 여름방학

의뭉스런 거래 제의 / 미카엘 / 어린 천사와 눈사람 / 손주와 게임기

짬짜미의 금도 / 공존의 금도

다섯 살배기의 여름나기 

올해 우리 나이로 다섯 살에 들어선 유진이의 이번 여름 얘기이다. 무더운 여름일지라도 놀이시간에 체험을 통해 무언가를 깨우치도록 해주고 싶었다. 그런 이유에서 어린이집에 다녀와서 저녁 식사 전까지 자투리 시간을 이용해 아파트 근처 작은 공원의 풀밭이나 나무숲으로 데리고 다녔다. 그곳에서 사정에 따라 나무나 풀 섶을 뒤져 매미를 비롯하여 잠자리, 사마귀, 메뚜기, 베짱이, 방아깨비, 귀뚜라미 등속을 잡아 초보적인 설명을 해주며 그들을 자연스럽게 터득할 수 있도록 겨냥했다.

지성이면 감천일까. 다양한 곤충에 대해 두려움으로부터 벗어나 놀라 도망가거나 손으로 잡기를 주저하지 않을 만큼 진화되었다. 보통 아이들은 곤충을 보면 무서워 놀라 얼빠진 행동을 하거나 질겁하여 한사코 내치기 마련이다. 그런데 가랑비에 옷 젖듯이 시나브로 단련되었기 때문인지 곤충에 대해 잡학(雜學) 수준의 상식을 주워섬기는 양양한 모습이 제법 의젓하다.

한 번은 어린이집에 가는 길목에서 말매미 한 마리를 잡아 주었더니 스스럼없이 움켜쥐고 들어갔다. 다음날 선생님이 전해준 얘기에 의하면 한 손에 매미를 쥐고 물이 흐르듯 자연스럽게 설명을 하여 친구들이 넋을 잃게 만드는 깜짝 쇼를 펼쳤다고 했다.

녀석은 예를 들면 이런 유형의 내용을 줄줄이 꿰고 누군가에게 서슴없이 설명해댄다. 매미는 뾰족한 침 같이 생긴 입을 나무에 박고, '나무의 물'인 수액을 빨아먹고 산다. 암컷은 울지 않아 '벙어리매미'이고, 수컷은 소리를 내는 발음기(發音器) 한 쌍이 배 부분에 있다는 사실을 설명하며 간단히 자웅을 가려낼 줄 안다. 물론 매미뿐만 아니라 다른 곤충에 대해서도 생물학 시간에 얼치기로 배운 지식을 비웃을 지경이라서 때로는 가소롭다는 생각에 혼자서 피식 웃음을 짓기도 한다.

살아 움직이는 곤충을 대상으로 하는 반복 학습 효과는 일취월장했다. 처음 매미를 잡아주면 지레 겁을 먹고 꽁무니를 빼며 내치기에 정신없다. 하지만 반복해서 살피는 방법을 학습시켰더니 세뇌가 되었는지 이제는 그들을 대하면 눈빛이 반짝일 만큼 익숙해졌다. 매미도 여러 종류가 있다. 하지만 이 도시에는 말매미뿐으로 토종인 참매미는 눈을 씻고 찾아봐도 없다. 그런데 이 억센 말매미를 두려움 없이 만지거나 다루는 솜씨가 능수능란하다.

게다가 어떤 나무에 매미가 있으며 어떻게 잡아야 하는지 족집게 같이 꿰뚫고 있어 공원에 나가면 한발 앞서 매미가 붙어 있는 나무를 찾아내 잡는 방법을 일러주기까지 한다. 주로 느티나무나 벚나무에 많이 앉아있으며 같은 종류의 나무라도 매미가 많이 앉는 개체가 따로 있다. 녀석은 그를 귀신같이 기억하고 있다가 거칠게 나를 몰고 다닌다.

처음엔 잠자리나 방아깨비, 메뚜기, 베짱이, 귀뚜라미와 같은 곤충도 무서워 벌벌 떨며 손사래를 치며 도망을 가는 게 다반사였다. 하지만 되풀이해서 잡아 천천히 하나하나 설명을 했더니 순치(馴致)되었는지 이제는 풀 섶에 이르면 수풀을 헤치고 들쑤셔 곤충을 잡아 살피며 되지도 않은 질문을 마구 해대서 곤혹스럽게 한다. 거기에 그쳤으면 좋으련만 어른들도 고개를 돌리는 사마귀까지도 집어 들고 속속들이 살피는 모습이 흡사 곤충학자의 형형한 눈매를 연상시킨다.

최근 풀밭에 가면 잦은 비로 웃자란 풀숲에 함부로 들어가지 못하도록 제지하기 바쁘다. 풀숲에서 뱀이나 독충에 물릴 위험성 때문이다. 그런 마음을 알 리 없는 녀석은 막무가내로 들쑤시고 다녀 조마조마한 경우도 이따금 발생한다.

남들은 또래들에게 다양한 것을 가르치려 애쓰는 모양이다. 그림이나 음악을 비롯해 영어 등속을 말함이다. 하지만 나는 생각을 조금 달리한다. 막무가내로 지식을 무모하게 습득시키려 무리수를 두기보다는 아이에게 자연스러운 세상 이치를 깨우치게 하고 싶었다.

항상 대하면서도 그냥 지나치기 쉽지만 꼭 깨우쳐야 할 자연현상을 알려 주고픈 마음에서 올여름에는 녀석에게 공원과 풀밭을 학습의 무대로 삼았었다. 지식을 쌓는 일은 조금 더 성장하면서 단계적으로 적응해도 늦지 않으리라는 판단 때문이다. 심신이 건강하고 튼실해진 뒤에 공부를 하는 게 순서가 아닐까. 그리고 공부는 내 소관이 아니라 제 부모의 소임이기에 시시콜콜 따져보지 않기로 했다.

비록 미물인 곤충을 매개로 신비를 깨우치게 하려는 과정일지라도 생명이란 중요하다. 왜냐하면 매미의 경우도 이 세상에 기껏해야 며칠 동안 살기 위해서 애벌레 상태로 땅속에서 3-5년 지내며 조금씩 자란다. 그러다가 다 자라면 땅 밖의 풀잎이나 나무에 기어올라 '허물 벗기'인 선탈(蟬脫)을 하고 매미가 된다.

인고의 세월을 이겨내고 세상에 나온 그들을 함부로 다루거나 다치지 않게 주의를 환기시키며 목숨을 빼앗지 않도록 타이른다. 그리고 포획한 뒤에 아무리 길어도 한 시간 이내에 자연으로 돌려보내는 것을 원칙으로 정했다. 이런 행동을 반복하다 보면 부지불식간에 생명의 존엄성을 깨우치거나 생명에 대한 외경심을 지닐 것이라는 희망 때문이다.

애초에는 공원에 가자는 나의 제의를 탐탁하게 여기지 않고 마지못해 따라나서며 선심이라도 베푸는 표정이 완연했다. 하지만 어느결에 중독이 되었는지 이즈음엔 시도 때도 없이 가자고 선수를 쳐 주객이 전도된 느낌이다. 오늘도 주말을 맞아 새벽부터 밀고 당기며 회유와 엄포를 반복해도 소용이 없었다. 결국, 백기를 들고 토막시간을 이용해 공원에 나가 먼저 매미 몇 마리를 잡아 살피며 설명하다가 숲으로 날려 보냈다. 그리고 벼메뚜기 한 마리를 비롯한 검은다리실베짱이를 잡아 더듬이의 쓰임새를 얘기해 주며 두 시간가량 노닐다가 돌아왔다.

기분이 한껏 고조되어 신바람을 잠재우지 못한 채 '곤충 백과' 책을 펼쳐놓고 연신 주저리주저리 설명을 해대느라 집안이 시끌벅적했다. 녀석이 자연에 다가가 어정대는 사이에 여름의 끝자락에 다다라 조석으로 밀려오는 선들선들한 바람결이 계절의 변화를 수줍은 자태로 전한다.

한맥문학동인사화집, 제12호 2012년 3월 30일

(2011년 9월 3일 토요일)

떼쟁이의 성장 동화 

나도 저랬을까. 다섯 살배기 손주의 행동이나 하는 짓이 엉뚱하고 어이가 없는 경우가 빈발한다. 이런 현상에 대해 얼핏 판단을 내리기 어려워 나름대로 가치 기준과 현실의 틈바구니에서 갈피를 잡지 못해 헤매고 있다. 내 어린 시절과 견줘보려고 기를 써 봐도 제대로 갈무리된 흔적을 찾을 수 없어 하석상대(下石上臺)*를 거듭해 봐도 대략 난감하고 낭패스럽다. 기껏해야 지난날 어머니를 통해 전해들은 단편적인 조각들을 바탕으로 어렴풋이 그려보는 퍼즐 맞추기가 고작일 따름이다.

나는 잔병치레를 거듭하며 생사를 넘나들어 몹시 체구가 작았음은 물론이고 병약하여 사람 구실 하기 어려울지 모른다고 여겼다고 한다. 그 때문에 어른들의 애간장을 태우는 애물단지에 가까웠던 존재로 회상된다. 그러니 모든 면에서 행동이 서툴고 생각을 표현하는 능력의 발달이 지지부진해서 요즈음 아이들에 비하면 턱없이 모자랐지 싶다. 그뿐 아니라 타협을 모르는 옹고집쟁이로 그려지는 일그러진 자화상뿐이다.

꼴값잖게 유진이가 벌써 외모에 신경을 쓴다. 아침에 일어나 머리칼이 까치둥지처럼 엉키거나 엉망으로 뻗쳐있으면 몰래 샤워실로 숨어든다. 그리고는 수도꼭지를 틀어 머리에 물을 바르고 연신 손으로 쓸어내리거나 할머니의 스프레이로 머리에 물을 뿌리고 헤어드라이어(hair drier)로 가다듬기를 스스럼없이 해댄다.

처음엔 하도 신기하기도 하고 기가 막혀서 껄껄 웃고 지나쳤다. 하지만 빈도수가 잦아지면서 그렇게 하지 않아도 예쁘다고 꼬드기며 될 수 있으면 그렇게 하지 않도록 타이르는 쪽을 택한다. 그 효과는 며칠 가지 않으며 요즈음엔 집 밖으로 나가려고 현관에 서면 커다란 붙박이 거울에 제 모습을 이리저리 비춰보는 게 일상적으로 거치는 과정으로 자리 잡아가고 있다.

아침마다 어린이집에 가기 위해 양말이나 옷을 고르고 입는 과정에서 할머니와 밀고 당기는 기 싸움을 제법 실감 나게 펼친다. 나야 옷의 모양이나 색깔을 조화롭게 골라줄 재간이 없어 늘 한발 물러서 구경꾼으로 자리 잡는 쪽이 편하고 즐기기 맞춤한 선택이다. 할머니는 그림을 전공한 때문인지 신발이나 양말 그리고 옷의 모양새나 색깔을 맞춰줄 심미안을 가졌다.

그 때문에 녀석은 동네 또래들에 비해 매무새나 옷이 조화를 이루어 돋보인다고 생각해온 터이다. 그런데 녀석은 할머니가 신겨주는 양말이나 입히는 옷이 맘에 들지 않아 기분이 뒤틀리면 불쑥불쑥 불만을 토해내거나 바꿔달라고 징징대면서 막무가내로 뚝심 겨루기를 입찰하며 쌈닭처럼 길길이 날뛰기도 한다.

차림새에 대한 시각 차이가 만만치 않을 경우 녀석이 앙탈하며 할머니와 날선 실랑이와 질펀한 쌈 구경이 흥미롭다. 반쯤은 어르고 반쯤은 협박과 회유를 바탕으로 녀석의 옹고집과 협상을 벌이면서도 거개의 경우는 할머니의 일방적인 승리로 막을 내린다. 그렇다고 노상 그런 것은 아니다. 녀석이 '전부가 아니면 전무(all or nothing)'라는 식으로 뻗대거나 선호하는 옷을 고집하는 주장으로 팽팽하게 맞설 경우 할머니가 슬그머니 녀석의 심기를 배려하는 아량으로 감싸주기도 한다.

대개의 경우 옷을 차려 입고 외출을 하려고 현관에 나서면서 또 한 번 실랑이를 벌인다. 이번에는 녀석의 신발을 고르는 문제에 시비가 따르거나 얼굴을 찌푸려야 한다. 생뚱맞게 비온 다음날 장화를 신는다거나 요즘처럼 가을이 깊었는데 샌들이나 망사 운동화를 신겠다고 맹꽁징꽁 툴툴거린다. 그런가하면 비탈길이나 비포장 시골길을 갈 예정인데도 신발 바닥이 딱딱해 미끄러지기 십상인 구두를 신겠다고 왕왕댐으로써 끝내 할머니의 심기를 박박 긁어 놔 엄한 치도곤을 자청하기도 한다.

신경전을 벌이며 끌탕을 치며 밀고 당기다가도 의견 조율이 끝나면 '아! 그렇구나.'라고 눙치면서 상황을 빠르게 받아들일 만큼 뒤끝이 없이 사근사근한 성품이다. 그럴 경우 응짜를 부린 게 민망하다는 듯이 헐레벌떡 현관문을 열고 가볍게 밖으로 내닫는 뒷모습이 여간 귀여운 게 아니다.

내 어린 시절을 빼닮았는지 적극적이지 못하고 낯가림이 만만치 않은데다가 입이 짧아 끼니때마다 할머니와 질펀한 신경전을 벌이는 경우가 드물지 않다. 보통의 아이들처럼 채소는 싫어하면서도 맵다고 볼멘소리를 하면서도 김치를 제법 가까이 한다거나 된장국은 즐기는 편이라서 그나마 다행이다. 거기다가 매끼 먹는 밥의 양이 기대치를 충족시키지 못해 불만스러움은 물론이고 먹는 속도가 무척 느리다. 이런 연유로 아침에 어린이집을 갈 시간을 맞추려면 성질 급한 할머니가 숟갈을 들고 재촉을 거듭하며 떠먹인다. 그런데도 밥을 통째로 내칠 핑계만 교묘히 둘러대며 해찰에 빠져 딴 짓에 몰두하며 밉상을 떨기도 한다.

마냥 뻔질대면서도 영특하게 다섯 숟갈만 혹은 열 숟갈만 먹겠다고 협상을 해오며 이죽거리는 엉뚱한 구석이 있어도 밉상스럽지 않다. 그래도 다행인 것은 또래들에 견줄 때 평균 이상으로 음식물을 섭취하기 때문에 엔간해서 나무라거나 허물할 계제가 아니다.

애당초 녀석은 내게 할아버지 대접을 할 맘이 눈곱만큼도 없는 눈치가 완연하다. 하기야 매일 어린이집에 다녀오면 잠자리에 들 때까지 말벗이며 놀이 동무이다. 그런데 하늘 같은 할아버지로 보인다면 그게 되레 이상할지 모른다. 녀석과 나는 특별한 일이 없는 한 같은 시간 잠자리에 든다. 그것도 이불을 깔고 서로 이웃해 눕는다. 이 때문에 녀석이 잠들기까지 무척 괴로운 경우가 숱하다. 거의 매일 잠자리에서 뜬금없는 이야기 주제를 던져 놓고 그에 맞춰 얘기를 하라는 억지 요구를 해대는 뻔뻔스러운 아이다.

예를 들면 '호랑이와 늑대'라든가 '독수리와 앵무새'라는 주제를 주고 그에 맞춰 줄거리를 만들어 얘기하라는 황당한 주문을 하며 옥죄는 폭거가 거의 매일 되풀이 된다. 이럴 줄 알았다면 아동문학에 심취해서 어떤 상황에서도 스토리텔링(storytelling)이 가능하도록 재능을 갈고 닦았으면 오죽이나 좋을까. 곤혹스러워하면서도 입에서 나오는 대로 얼렁뚱땅 엉망진창으로 주워섬기고 나서 한숨 돌리려면 논리에 맞지 않았는지 벼락 치듯 타박이 돌아온다. '할아버지 바보야!' 라는 불호령에 주책없이 밀려오는 하품을 가까스로 참아가며 바로잡으려고 전전긍긍하는 눈물겨운 꼴은 내가 생각해도 가상하다.

나이를 생각할 때 사리를 제대로 분별하기 어려운 떼쟁이가 천방지축으로 세상과 부딪히며 깨우치고 터득해 가는 학습과 효과가 더없이 큰 성장기이다. 할아버지 눈에 귀엽고 흠 없이 비춰질지라도 아이의 성격 형성에 독소가 되는 경우가 적지 않으리라.

흔히들 '팔은 안으로 굽는다(비불외곡 : 臂不外曲).'고 한다. 이런 견지에서 어린 손주의 그릇된 행동을 허허거리며 넘기는 경우가 없다고 단정하기 어렵다. 자고로 '소 잃고 외양간 고친다.'는 뜻으로 '실마치구(失馬治廏)'라고 이르지 않았던가. 이런 까닭에서 결단코 아이에게 해악을 초래할 어리석은 행동이나 그릇된 짓을 방임하는 얼간이 할아버지 노릇은 면해야 할 터이다. 그럼에도 불구하고 단호하게 시시비비를 가름하거나 깐깐하게 옳고 그름을 일러주고 있는 것인지 단언할 수 없으니 애꿎게 헛나이만 먹어가는 게 아닐까.

* 하석상대(下石上臺) : '아랫돌을 빼서 윗돌 괴고, 윗돌 빼서 아랫돌 괴기'를 뜻하는 사자성어이다.

2011년 11월 13일 일요일

단 하루의 소꿉장난

다섯 살배기 유진이와 예순일곱인 나와 단둘이서 하루 이상을 집에서 함께 지내기는 처음이었다. 꿈을 꾸며 소꿉장난을 한 기분으로 바둑에서 복기(復碁)를 하듯이 음미해 보고팠다. 산등성 능선 길을 휘감고 넘어가는 초겨울의 알싸한 바람을 맞으며 어제부터 경험했던 소꿉장난을 돌이켜 보며 연신 실실댈 뿐 헤벌어진 입이 다물어지지 않았다. 누군가 몰래 지켜본다면 정신이 오락가락 하는 반편쯤으로 여기며 실성하려면 곱게 미칠 일이지 산에까지 올라와서 저 모양일까라고 측은하게 여길지도 모를 일이다.

어제는 일요일인데도 불구하고 아내는 새벽에 일어나 서둘러 채비하고 1박 2일 예정으로 친구들과 부산으로 여행을 떠났다. 친구 중에 하나가 엄청 비싼 고급호텔의 스위트룸 숙박권이 있어 배가 맞는 몇이서 길동무로 무리 지어 훌쩍 떠날 예정이라는 사실을 며칠 전에 귀띔했다. 모두가 혼자 가는데 자기만 혹을 달고 가면 분위기를 깰 뿐 아니라 결례라는 핑계를 대며 슬며시 내게 밀어붙이고 뒤도 돌아보지 않고 표표히 사라졌다. 따라서 호오(好惡)를 따지며 피하거나 외면할 방도가 없는 외길로 몰려 덤터기를 뒤집어 쓴 꼴이었다.

일요일이라서 늦게 일어난 녀석이 할머니의 나들이 가방을 보고 낌새가 이상했는지 넌지시 물었다. '할머니 어디 가.'라고 말이다. 할머니가 일이 있어 '먼데 다녀와야 한다.'며, '오늘은 할아버지와 집에서 놀아야 한다.'고 일렀다. 그렇게 하겠노라 시원스럽게 대답하며 현관을 나서는 할머니에게 잘 다녀오라고 격식을 갖춰 인사를 하며 반듯한 여염집 도령의 풍모를 보였다. 하지만 내심으로는 저를 내 팽개치고 떠났다고 단단히 틀어져 비위가 몹시 상했던 모양이었다.

할머니가 집을 떠나고 한참을 지나서 늦은 아침을 권했다. 평소와 다름없이 몇 숟갈 뜨는 시늉을 하더니 이내 손사래를 쳤다. 새참으로 벌충시키면 문제가 없을 듯해 녀석의 뜻을 받아들였다. 아침상을 물리기 무섭게 냉장고를 들쑤셔 요구르트 두 개를 꺼내서 순식간에 마셔댔다. 잠시 뒤에 사과 한 개를 깎아 먹고 나서도 성에 차지 않는지 코코아도 한 잔 더 달라고 주문했다. 그리고 할머니에게 전화를 했다. 언제부터인지 모르지만 구닥다리인 내 휴대전화의 '단축키 1번'이 '할머니 휴대전화'라는 사실을 매구같이 꿰고 있어 툭하면 그걸 누르고 으쓱댄다.

'할머니! 어디야?'

'부산에 가고 있단다.'. '응! 그렇구나.'

생각나는 대로 주절주절 읊어대다가 심드렁한지 '끊는다.'라고 일방적 통고를 하고 전화기를 닫아 버렸다.

네고(nego) 블록을 만지작거리며 어정거리다가 금세 심심하다는 하소연을 외면할 수 없어 컴퓨터에서 '킹콩(king kong)' 영화를 틀어

주었다. 진득하지 못하게 컴퓨터가 자리한 방과 거실 사이를 뻔질나게 오가면서도 감상에 제법 깊이 빠져들었다. 컴퓨터에 대해 따로 일러주지 않아도 어깨너머로 깨우쳐서 웬만한 것은 주저 않고 다루는 것을 보면 디지털 이주민(digital immigrants)인 우리세대에 비해 확실히 구분되는 디지털 원주민(digital natives)이 틀림없다. 컴퓨터와 영화를 실컷 주무르다가 낮 한 시를 조금 지날 무렵 거실로 나왔다. 그러더니 배가 고파 쓰러질 지경이라는 엄살과 함께 애처로운 몸짓을 해대며 얼을 빼려들었다.

정신없이 서둘며 녀석이 좋아하는 '가쓰오 오뎅 우동' 하나를 끓여 통째로 진상했다. 그런데 데면데면 해찰을 하다가 겨우 몇 가닥 국수만 건져 먹고 내쳤다. 점심 숟가락을 놓고 돌아서기 무섭게 과일을 달래서 어른 주먹만 한 단감 하나를 깎아 진상했더니 아작아작 잘도 먹어 치웠다. 거기다가 삶은 고구마 한 개까지 곁들이며 왕성한 먹성을 은근히 뽐내는 '먹돌이'였다.

오후에 접어들며 무척 따분했던가. 화이트보드(white board)에 그림을 그리거나 숫자 쓰기를 함께 하자면서도 이내 싫증을 내며 코코아를 또 찾아 들어줬다. 이번에는 시원하게 먹어야 한다며 요구르트 두 개를 꿀꺽했다. 그리고 컴퓨터에서 여기저기를 검색해 각종 공룡을 살피며 날이 어두워지는 시각까지 놀았다. 거의 일곱 시 가까운 시각이었지 싶다. 한쪽에 놔둔 내 휴대폰을 가지고 안방 화장실 앞 외진 곳으로 가서 할머니에게 전화를 했다.

"할머니 언제 올 거야!"

무언가 대답하는가 보다.

"빨리 와! 유진이가 기다린단 말이야."

또 뭔가를 대답하는가 보다. 그러자 녀석의 불호령이 떨어졌다.

"할머니 빨리 와! 유진이가 보고 싶단 말이야."

라고 내뱉으며 울음을 터뜨리더니 대성통곡을 했다. 앙앙대며 흐느끼는 녀석을 어르고 달래 기분을 풀어주고 저녁을 조금 먹이는데도 눈시울이 붉어지고 눈물이 그렁그렁해 위태위태했지만 무사히 넘기도록 지극 정성을 쏟았다.

저녁 식사 후에도 컴퓨터로 공룡을 보다가 싫증을 내면 화이트보드에 그림을 함께 그리며 환심을 사려고 무던히도 애를 썼다. 저녁식사가 부실했던지 중간 중간에 바나나를 비롯해 주전부리를 찾아 열심히 대령하라는 지엄한 하명이 잇따랐다. 녀석이 잠자리에 들 시간에 맞춰 머리를 감기고 목욕을 시킨 뒤에 잠옷으로 갈아 입혔다.

잠자리에 들기 전에 또 할머니에게 전화를 걸어 '빨리 오라고 설레발을 치는 법석을 떨면서' 또다시 울음보를 터뜨려 있는 대로 진을 뺐다. 끝끝내 할머니에 대한 미련을 버리지 못하고, 할머니 이불을 펴지 않은 내게 따지듯 물었다. '왜 할머니 이불은 깔지 않았느냐!'고. 투덜거리며 시비를 거는가 싶더니 이내 꿈나라 여행을 떠났다.

온종일 오락가락하며 약이 올라 터무니없는 심통을 부리면서도 한편으로는 아부성 발언을 하는 의도가 엿보여 어이가 없었다. 하지만 간간이 '이 세상에서 할아버지가 제일 좋다.'거나 '할아버지가 제일 잘 생겼다.'고 부추기는 사탕발림을 에누리없이 받아들이며 달콤한 상념에 탐닉했던 내가 과연 나잇값을 제대로 한 걸까.

오늘 아침이었다. 눈을 뜨면서 할머니가 없어 어린이집에 가지 않겠다고 심통부터 부렸다. 감언이설로 꼬드기며 한편으로는 아침밥을 몇 술 뜨게 하는 데 성공했다. 꼭두새벽부터 할머니와 통화한 녀석의 입이 함지박만 해졌다. 어린이집에 가면 할머니가 오후에 데리러 가겠다는 다짐을 받고 나서 순식간에 녀석의 표정이 '쾌청'으로 바뀐 것이다. 한껏 고무된 녀석에게 서둘러 어린이집 정장으로 갈아 입혀 아홉 시를 조금 넘긴 시각에 어린이집 통학차를 태워 보냈다.

단지 하루였는데도 녀석의 기압골은 '맑음'과 '흐림' 그리고 '비'가 뒤죽박죽으로 뒤섞여 종잡을 재간이 없어 살얼음판 걷기와 흡사할 정도로 만신창이가 되었어도 마음은 뿌듯했다. 모든 정성을 송두리째 쏟아 부으며 지성으로 받들어 모시는데도 애오라지 할머니만 찾아대며 훌쩍이던 녀석에게 나는 어떤 존재로 각인되어 있는 걸까 궁금하다. 그래도 내가 어느 누구의 도움 없이 하루일망정 단둘이서 손주와 동행할 수 있었다는 사실 자체가 대견해 가벼운 마음으로 등산길에 나설 수 있었다.

mygrand.tistory.com/746

(2011년 11월 21일 월요일)

매와 유진이

오늘 아침 겨우 여섯 살이 되려는 유진이를 대상으로 매를 들었다. '미운 자식 떡 하나 더 주고, 귀한 자식 매 하나 더 준다.'는 거창한 명분이 아니었다. 모든 면에서 흠결로 지적될 만큼 모자라거나 뒤틀려 의뭉스런 구석이 없는 아이에게도 바람직하지 못한 버릇이 하나 있다. 이에 대한 최적의 대응 시기를 잃으면 바로 잡기 어려울 것 같아 거듭된 숙고 끝에 든 매였다.

프랑스의 작가 빅토르 위고(Victor Marie Hugo)의 장편소설 레미제라블(Les Miserables)에 나오는 구절이라고 했던가. '죄는 미워해도 사람은 미워하지 말라.'는 금언을 생생하게 기억하고 있었다. 그래도 아이가 벌써 옹고집을 피우며 응짜를 부리는가 하면 성에 차지 않으면 곧장 성깔을 부리면서 반항을 서슴지 않고 몽니를 부리기 때문에 궁여지책으로 빼 들었다.

일상의 다른 면에서는 아이에게 불만이 전혀 없다. 나나 제 할머니가 아프다고 하면 어디선가 약을 뒤져다 먹으라고 디밀거나 티슈 한두 장을 뽑아 물에 적셔서 냉장고의 냉동실에 얼린 뒤에 꺼내다가 이마에 올려놓으라고 강권하는 아이다. 그런가 하면 어른들이 상처를 입어 피가 흐르면 쏜살같이 달려가 포비딘(povidin)이나 연고와 일회용 밴드를 찾아와 바르고 붙이라는 고운 심성을 지녔는가 하면 생각이 멀쩡하고 나긋나긋하며 속정이 깊다. 게다가 순간적으로 발생되는 상황이나 생각을 말로 표현할 때 머리 회전이 빠르고 어른들을 깜짝 깜짝 놀라게 하는 비범함을 보이며 으스대기도 한다.

아이에게는 단 한 가지 밥 먹는 습관에 문제가 있어 기필코 극복해야 할 시급한 과제이다. 입맛이 별로 거나 저기압 상황에서 밥 먹는 짓을 어른에 비유하면 시위를 하면서 지연작전을 펼치는 태업(怠業)을 빼닮았다.

밥 한 숟갈 입에 넣으면 한도 끝도 없이 씹으면서 해찰을 거듭하여 어떤 때는 불과 몇 숟갈 먹는데 반 시간 이상을 훌쩍 넘기기도 한다. 그러면서 눈을 게슴츠레 뜨고 잠에 취해 졸린 표정을 짓거나 측은지심을 불러일으킬 정도로 애잔한 연기를 그럴듯하게 해대며 당장 토할 것처럼 웩웩거려 자칫하면 아이의 작전에 휘말리기 십상이다.

오늘 아침도 밥상 앞에 앉아 연신 헛손질을 하며 마냥 해찰을 해대서 꾹 참으며 하는 꼴을 빠짐없이 지켜봤다. 서둘러 먹으라고 몇 번 주의를 주다가 울화가 치밀고 더는 방치할 수 없었다. 밥상머리에 앉은 지 얼추 한 시간 남짓 되었을 무렵에 밥그릇과 숟갈을 강제로 뺐었다.

불러 세워 놓고 양쪽 뺨을 한 대씩 때리며 야단하다가 충격이 클 것 같아 플라스틱으로 만들어 휘청대는 파리채로 등과 궁둥이를 몇 차례 더 때렸다. 그 과정에서 마냥 밥을 늦게 먹으면 안 되는 이유를 격정적으로 쏟아내며 야멸치게 몰아세웠다. 하지만 이런 나의 격한 행동은 조선 시대 이문건(1494–1567)이 쓴 양아록(養兒錄)의 드높은 경지에 결코 비견될 수 없으며 보통 사람의 평범한 감정 기복과 맥을 함께 할 뿐이다.

반드시 척결해야 할 일그러진 습관을 이 시기에 바로 잡지 않으면 못된 버릇으로 굳어질 공산이 큰 때문에 어쩔 수 없었다. 이런 이유에서 어린이집에 가지 말고 큰 방에서 벌을 서야 된다고 단호하게 선언했다. 방바닥 한쪽에 푹신한 이불을 펼쳐 놓고 거실 쪽으로 난 출입문을 활짝 열었다. 그리고 방에 데리고 들어가서 밥을 먹으려면 언제든지 밖으로 나올 수 있다. 하지만 다른 이유로 나올 수 없다고 엄하게 일렀다.

한편, 방에서는 이불을 덮고 자거나 자유롭게 놀아도 상관없으며 필요하다면 언제든지 안방 화장실을 사용하라고 일렀다. 그리고 컵에 물을 가득 따라다가 한쪽 모서리에 놓으며 목마르면 자유롭게 마시라고 일렀다. 이러한 일련의 조치는 한정적인 시간 동안 일정한 공간에 갇혀 자유를 유보당하면서 생각을 하라는 의미였다.

녀석을 곁눈질하기 안성맞춤인 작은 방문을 활짝 열어젖히고 컴퓨터 앞에 앉아 일을 하는 척하면서 일거수일투족을 살짝 감시하고 있었다. 유별난 행동 없이 점심 무렵에 이르렀다. 살며시 다가가서 은근슬쩍 점심을 권했지만 자존심 때문인지 머쓱할 정도로 딱 부러지게 퇴짜를 놨다. 아이의 식욕을 자극할 요량으로 요란하게 점심을 챙겨 먹는 시늉을 하는데도 감감무소식이라서 부글부글 끓어오르는 부아를 삭이기 어려워 수저를 내려놨다.

저녁 새참 무렵에 안방 화장실에 들어가 훌쩍이는 기척이 엿보였다. 달려가 왜 우느냐고 다그쳤더니 할머니가 보고 싶다는 하소연에 코끝이 찡했다. 하지만 애써 외면하면서 할머니는 네가 밥을 먹지 않아 화가 나서 친구 집에 갔는데 내일 올 것이라는 얼토당토않은 거짓말을 했다.

해 질 녘에 할머니가 돌아와 저녁을 준비하며 잘못된 점을 존조리 알려주었다. 그러면서 앞으로 반드시 고치겠다는 굳은 다짐을 받고 서릿발같이 차갑고 매섭게 시작한 응징의 막을 내렸다. 물론 분명히 약속했지만 그게 작심삼일 정도라도 유효할 것인지 지켜볼 참이다. 흔히들 '법(원칙)을 추구하는 것은 정의인데, 그 정의의 가장 큰 적은 교만.'이라고 하지 않던가. 추상같은 잣대를 들이대다가 중간에 은근슬쩍 꼬리를 내리는 어른답지 못함으로 치닫는 어리석음을 범하지 않을 각오를 곁들인다.

밥을 제외한 과일이나 국수를 비롯하여 주전부리를 먹을 경우는 극히 정상이다. 그런데 유독 기분이 내키지 않거나 입에 별로라고 느끼는 경우는 예의 못된 버릇이 느닷없이 튀어나와 황소고집을 부리면서 사달을 낼 정도의 상황으로 내달려 위태위태한 사태가 연출되어 당혹스럽다.

할머니가 어르고 달래며 저녁 식사를 하자고 회유하며 꼬드기는 과정에서 아이가 생뚱맞은 제안을 했다. 멀쩡한 밥은 거들떠볼 가치도 없는지 대뜸 죽을 쑤어 달라는 주문이었다. 이 대목이 아이의 기지가 절묘하게 빛을 발하는 순간이었다. 죽은 빨리 먹을 수 있어 느리게 먹는다는 치도곤을 피해 갈 수 있다는 계산을 전광석화같이 끝내고 시침 뚝 딴 채 이무기같이 의뭉스럽게 협상 조건으로 들고 나오는 능청을 떨었던 것이다. 짐짓 모르는 척 넘기며 죽을 쑤어 대령했더니 천연덕스럽게 먹어치우며 맛이 있다고 공치사를 주워섬기며 이죽거리는 유들유들함을 보이기도 했다.

낮에 호되게 경을 쳤던 때문인지 혼자서 일찍 잠자리에 들었다. 나 역시 종일 부글부글 속을 끓이며 마음고생을 했던 터라서 피곤했다. 아이가 꿈나라 여행을 막 시작했을 무렵에 나도 잠자리에 들었다. 아이에게 가한 벌이 가혹하지 않았던가 하는 생각 때문에 마음이 편치 않아 쉬 잠들 수 없었다. 깜깜한 방에 누워 천장을 바라보다 마음이 편치 않아 고상고상하며* 아침 식사 자리에서 있었던 행동에 대해 포배기*를 하고 있었다. 그때 잠결에 아이가 흐느껴 우는 통에 속이 상해 잠은커녕 되레 눈이 말똥말똥해졌다.

제 부모 품에서 성장할 경우 까칠한 성격이나 되바라진 행동을 막론하고 너그럽게 지나칠 수 있을지 모른다. 그렇지만 조부모와 함께 살면서 아이를 버려놨다는 푸념이나 원망을 들을 개연성 때문에 결코 아이의 모든 행동이나 습관을 되는대로 받아들일 수 없다.

당장은 마음이 아프고 애처로워도 내일을 위해 작은 것이라고 하더라도 옥석을 가리는 가치관을 심어 반듯한 품성의 아이로 키우는 게 온당한 도리이지 싶다. 이런 맥락에서 때로는 매정한 나무람이나 서러울 정도의 다그침도 담금질로 받아들였으면 좋으련만 내 맘을 눈곱만큼 이라도 이해할 날이 언제쯤이면 올까.

* 고상고상하다 : 잠이 오지 않아 누운 채로 뒤척거리며 애쓰다.
* 포배기 : 이미 한 것을 자꾸 되풀이 하는 일

mygrand.tistory.com/542

(2012년 2월 3일 금요일)

어린 왕자의 생일에 

사랑하는 유진아! 너와 만남이 어제일 같은데, 어느 결에 네가 오늘 다섯 번째 생일을 맞는구나. 그동안 크게 아프다거나 험한 일 없이 곱고 해맑은 모습으로 반듯하게 자라줘서 무척 고맙고 자랑스럽단다.

돌이켜보니 우리 유진이는 아빠가 공부하고 있던 캐나다 밴쿠버에서 태어나 곧바로 우리나라로 돌아와서 조부모인 우리와 함께 살아오며 기쁨과 즐거움을 안겨주던 복덩이였다. 아마도 유진이가 없었다면 할아버지와 할머니만 사는 집이 얼마나 쓸쓸하고 삭막하며 외로웠을지 모르겠다. 그러니 유진이는 우리에게 웃음과 기쁨을 전하는 천사이며 귀염둥이였다.

우리 유진이는 인정이 많아 우리가 아프다고 하면 약을 먹거나 바르라고 열심히 챙겨주기 바빴지. 그뿐 아니라 수건을 물에 적셔 냉장고 냉동실에 넣었다가 꺼내 이마에 얹어주며 걱정하는 착한 어린이로서, 언제나 어른들을 놀라게 하는 비범한 재주를 뽐내기 일쑤였지. 그러나 가끔은 우리의 사랑이나 관심이 다른 아이들에게 지나치게 많이 쏠린다 싶으면 심하게 시샘을 했지. 그럴 때는 기분이 나빠서 왈왈대는 어린이의 본래 모습을 오롯이 드러내는 천진난만한 성격이라서 더 할 수 없이 귀엽고 사랑스럽단다.

유진아! 이제 올해를 지나면 아빠가 공부 마치고 귀국할 예정이란다. 그날이 오면 너도 네 친구처럼 부모와 함께 살게 될 터이다. 그날을 손꼽아 고대하며 더더욱 건강하고 열심히 놀면서 씩씩하고 심성이 깊고 큰 착한 아이로 자랐으면 하는 바람이다.

착한 아이는 친구들과 괴롭히거나 다투지 않고 잘 어울려 노는가 하면 선생님 말씀 잘 따르며 가리지 않고 음식을 잘 먹는단다. 이런 일들은 조금만 노력하면 결코 어렵거나 힘들지 않은 것이기에 꼭 지켰으면 좋겠다.

오늘 아침 우리는 함께 케이크에 촛불 켜놓고 생일 축하 노래를 불렀지! 유진아! 다섯 번째 생일을 다시 한 번 축하한다. 그리고 할아버지와 할머니는 이 세상에 누구보다 너를 사랑한단다. 입때까지 그랬던 것처럼 앞으로도 변함없이 밝고 아름다운 귀공자로 무럭무럭 자라주었으면 좋겠다. 유진아! 사랑한다. 우리 집의 희망동이여!

2012년 4월 23일 월요일
(유진이 다섯 번째 생일날)

유치원의 여름방학

몇십 년만이라는 불볕더위가 본격적으로 시작할 즈음에 시작된 유진이의 유치원 여름방학이 아직도 현재 진행형(7월 19일부터 8월 5일까지)이다. 유치원에 등원할 때는 아무런 문제 없이 매끄러운 일상이 되풀이 되었다. 아침이면 유치원에 데려다 주고 오후에 때가 되면 다시 집으로 데려 오는 단조로운 하루하루가 얼마나 평화로웠던가를 제대로 깨우치지 못할 만큼 어리석었다.

방학과 함께 일상이 마구 뒤틀리고 꼬여서 허둥대는 고약한 처지가 되어 지난날을 되짚어 본다. 대책 없이 뒤죽박죽으로 엉킨 현실을 슬기롭게 헤쳐나갈 묘수를 찾아봐도 막막할 뿐이다. 망연한 심정으로 곤혹스러운 방학이 하루빨리 끝나기를 학수고대하며 연신 머리를 굴려보고 있다.

녀석의 방학이 나의 하루 일과 중에 전혀 영향을 미치지 않는 것은 새벽 4시 반을 전후해서 집을 나섰다가 일곱 시 반쯤에 돌아오는 첫새벽 '등산길'뿐이다. 등산길에서 돌아올 즈음에 눈을 비비며 잠자리에서 일어나는 녀석과 마주하며 힘겨루기를 시작한다. 이 같은 첨예한 신경전은 하루해가 저물어 밤이 이슥해져 다시 잠자리에 들 때까지 팽팽하게 펼쳐지는 전장(戰場)이다.

우선 텔레비전 채널의 우선권 문제이다. 집에 머무는 시간은 무조건 채널 선택권이 자기에게 있다고 여기는가보다. 그런 때문인지 화면은 쳐다보지도 않으면서도 어린이 프로그램을 틀어놓고 집안 여기저기를 들쑤셔대며 어정대는 삐딱한 행동을 당연하게 여긴다. 지나치게 많이 시청하면 좋지 않다고 입이 아플 정도로 주어섬기는 회유와 위협은 아무짝에도 소용이 없는 헛소리와 다를 바 없다. 요즈음 런던 올림픽이 한창이라서 잠시라도 그 방송을 시청하려고 할머니와 연합 전선을 형성하여 립 서비스(lip service)를 집중적으로 퍼부어도 환심을 사기는커녕 단칼에 내치는 단호함에 민망하고 머쓱해진다.

더위 때문에 밖에 나가지 못해 에어컨을 틀어놓고 '방콕' 신세를 면치 못하는 날이 태반이다. 하지만 할머니가 일상적인 일의 매조지가 필요한 경우에 함께 외출했다가 돌아오기도 한다. 그렇지 않으면 진종일 집에서 머물다가 저녁 식사를 마치고 의무 방어전 치르러 간다. 그것은 지척에 자리한 작은 공원을 찾아가 한 시간 정도 바람을 쏘여주면서 매미도 잡아주고 자전거도 타도록 배려하는 산책을 지칭하는 얘기이다.

대부분 집에 머무는 시간은 나나 할머니를 아랫것 부리듯이 함부로 대해 어린 상전의 심기 살피기가 여간 신역이 고된 게 아니다. 무더위로 잠자리에서 땀을 흘리는 관계로 아침에 일어나 샤워를 하는 경우가 많다. 이때를 비롯하여 저녁에 시키기 마련인 샤워는 제 기분에 따라 나나 제 할머니를 지정하면 불가항력의 지엄한 명령에 잠자코 따를밖에 거역은 언감생심이다. 그런가 하면 긴긴 낮 시간을 보내며 지루하다면서 짜증을 부리거나 어처구니없는 주문을 연신 해대며 찰거머리처럼 엉겨 붙는 경우가 더러 있다. 이럴 때 이유 여하를 막론하고 충실히 따라야 무형의 평화 협정이 깨지는 불상사가 발발하지 않는다.

아내가 운동이나 바깥 약속 때문에 낮 시간을 비우는 날이 많은 관계로 점심을 먹이는 일의 대부분이 내가 감당해야 할 몫이다. 물론 아내가 빈틈없이 준비해 두고 외출을 한다. 하지만 녀석의 비위에 맞춰 상을 차려 시중을 드는 시종 노릇은 무조건 내 몫이다. 또한 시도 때도 없이 주사위를 던지는 놀이를 하자며 작업 중인 컴퓨터 자판 위에 놀이판을 들여 미는 무례함은 차라리 애교에 지나지 않는다.

한창 작업 중인데 자기가 좋아하는 '피터 팬'이나 '슈렉'의 DVD (digital versatile disk)를 보겠다고 컴퓨터 마우스를 낚아채서 마구 클릭하는 모양새는 참으로 괘씸할 뿐 아니라 영락없이 무소불위의 폭군의 행패와 다를 바 없다.

나만 신역이 고된 게 아니다. 아내 역시 원하는 것은 무조건 과부족 없이 사서 나르는 집사 역할이 부담스러워 쩔쩔맨다. 평소에 전혀 신경 쓰지 않아도 되었던 녀석의 점심과 끝도 없이 찾아대는 간식과 과일이나 음료를 사다가 대령하는 게 쉽지 않은 눈치이다.

게다가 녀석이 간식을 잘 먹는 것을 무척 행복해하면서도 비용이 만만치 않아 곤혹스럽다고 푸념을 한다. 그런데도 나는 그저 헤헤 헛웃음을 지을 뿐 유구무언의 자세로 일관하는 게 현명한 대응이다. 그런 할머니의 편편치 않은 셈을 아랑곳하지 않고 원하는 것을 끝없이 주워섬기며 느물대는 녀석의 꼴이 어찌도 당당한지 기가 찰 노릇이다.

지나치게 자유방임으로 풀어 놓으면 개학 다음에 유치원의 규칙적인 생활에 부적응 현상이 발생하거나 엇박자로 적응에 문제가 발생할지 모른다는 우려를 잠재우기 어렵다. 이런 방학의 역기능을 최소화할 방안은 무얼까. 아무리 생각을 해봐도 해답은 마땅치 않았다. 그렇게 고민하다가 하루에 한두 번씩 규칙적으로 운동이나 놀이를 하면서 간단한 학습을 하는 편이 좋겠다는 판단을 했다.

가벼운 운동이나 지난 학기에 유치원에서 배웠던 영어나 한글 아니면 노래로 공부하는 한자 등을 5-10분 정도씩 반복 학습을 시키려고 한다. 이에 대한 효과가 전혀 없더라도 밑질 게 없는 장사로서 적당히 즐기기 맞춤한 꽃놀이패에 해당하지 싶다. 다만 종일 할 일없이 빈둥거리는 게으른 버릇에 물들지 않았으면 하는 바람에서 펼쳐지는 미션이다.

저 하나 돌보기도 버거워 쩔쩔매야 할 삼복더위인데 괘씸하게도 생뚱맞은 군식구를 데리고 와서 내게 떠넘기고도 미안해하는 구석이 전혀 없다. 어른들과 일언반구의 상의도 없는 상태에서 방학을 며칠 앞두고 유치원에서 달팽이 두 마리를 객식구로 데리고 왔다. 선생님 말에 따르면 달팽이를 집에서 자기가 먹이를 주어 기르겠다고 철석같이 약속하고서 치열한 분양 경쟁에서 당첨됐다는 얘기였다.

유치원에서 했던 굳은 약속은 뻔히 부도가 예상됐던 백지수표였다. 달팽이를 집에 가지고 온 순간부터 남남으로 돌아서 딴청을 부리고 있다. 어쩌다가 마지못해 먹이를 주거나 잔심부름을 할 뿐이다. 그러므로 이 무더위에 천덕꾸러기이며 미운 오리 새끼 대접을 받을밖에 도리가 없는 달팽이의 건사는 내 몫으로 팽개쳐졌다.

하루에 두 번 신선한 채소를 주고 가끔은 달걀 겉껍질을 준다거나 서식하는 흙에 적당히 물을 뿌려서 수분이 일정한 수준을 유지토록 해야 한다. 게다가 수시로 달팽이 집을 청소하는 것 같은 자질구레한 잡역부 노릇을 도맡아 할라치면 불볕더위에 짜증이 은근슬쩍 고개를 들고 스멀거린다.

미물일지라도 생명을 가진 생명체이기에 돌봐주는 게 도리인 것을 어찌 천리 를 거부하겠는가. 녀석이 저지른 일이 번거롭고 내키지 않는다. 그래도 건강하고 무더운 여름을 거뜬하게 넘기는 녀석의 해맑은 모습을 지켜보는 게 무척 행복하다. 이런 기쁨과 보람으로 소소한 불만을 잊을 수 있어 그나마 견뎌 낼 만한 방학이다.

2012년 8월 2일 목요일

의뭉스런 거래 제의 

겨우 여섯 살인 유진이가 때때로 맹랑한 구석을 드러낸다. 당연히 해야 할 일이나 먹어야 할 음식을 앞에 두고 종종 거래를 제의하는 행동을 이르는 얘기이다. 게다가 가끔 기막힌 용비어천가나 단심가(丹心歌)를 덧붙여 스스럼없이 읊어대는 영특함까지 보여 경기를 할 지경이다. 이런 예사롭지 않은 현혹이 무척 당혹스럽고 어이가 없어 의도적으로 무시하기도 한다.

하지만 하는 짓이 이를 데 없이 귀여울 뿐 아니라 너무도 엉뚱해서 모르는 척하고 어물쩍 넘어가면서 내세우는 요구 조건을 받아주는 아량도 베푼다. 내가 녀석의 나이 무렵에는 언감생심이었을 행동을 거침없이 해대는 조숙함에 고개가 절레절레 흔들어지며 격세지감을 절감한다.

오늘 아침의 일이다. 아침 식사를 마치고 유치원에 데리고 가기 전에 차 한 잔 마실 시간 여유가 있었다. 아내와 마주 앉아 커피를 마시려고 자리 잡는 순간이었다. 물끄러미 보고 있다가 너스레를 떨며 어른들과 말을 섞으려 수작을 부렸다.

'할아버지와 할머니가 커피를 마시기 때문에 자기도 무언가를 마셔야 된다.'는 주장이었다. 그 말을 마치기도 전에 냉장고로 달려가더니 토마토 주스 한 병을 꺼내 들고 우리 옆자리를 파고들었다. 그리고 제 할머니에게 '우리 함께 마시자.'면서도 겸연쩍은 속내를 희죽희죽 헤픈 웃음으로 대신했다.

조금 전에 식사를 했기 때문에 배가 고파서 그런 행동을 했을 리 없는 정황이었다. 그런데 교묘한 핑계를 앞세우며 어른들이 커피 마시는 자리에 토마토 주스를 들고 달려드는 행동은 '함께 어울려 한 사람으로서 인정받고 싶었던 욕구.'를 충족시키려는 자연스러운 행동의 발로였을까.

이따금 밥을 먹다가도 거래 조건을 슬쩍 들이밀고 은근슬쩍 밀고 당기며 어른들의 의중을 떠보는 의뭉을 떨기도 한다. "할아버지! 나 밥을 빨리 먹으면 팽이 사 줄 거야?"라며 타협의 여지를 은근슬쩍 타진한다. 이 같은 류(類)는 속이 훤히 들여다보이고 터무니없는 거래 제의를 통해서 시비를 입찰하려는 불손한 의도가 다분한 선전 포고이기도 하다. 왜냐하면 밥은 당연히 해결해야 할 명제이다. 이를 두고 부당한 거래 제의는 발상 자체가 온당치 못하기 때문에 황당한 경우이다. 이럴 때는 비난의 덤터기를 옴팡 뒤집어쓴다 해도 사리에 어긋나는 것을 허투루 수용하는 게 능사가 아니다.

부당한 거래제의는 적당히 무시하거나 화제를 교묘히 돌려 논점을 피하려는 대응방안을 모색하는 재치가 필요하다. 딴에는 나름대로 거래 조건을 내세웠을지라도 어른의 입장에서는 엄청 부당하다. 그렇지만 아이가 마음에 상처를 입지 않을 수준에서 두루뭉술하게 얼버무리거나 회유하는 수단을 끌어다 임시변통을 하며 갈등을 겪기도 한다.

또한 순간적인 위기를 모면하기 위한 간특한 기지(機智)가 승해지면 박학다식을 비롯해서 기언(奇言)이나 묘언(妙言)과 교언(巧言)은 말할 나위 없이 부정적인 측면으로 변질을 거듭해 소통의 진정성이 훼손될 개연성이 커진다. 이 같은 수렁에 빠지면 수많은 문제가 야기되기 때문에 어떤 상황을 막론하고 곧은불림의 자세를 잃지 않도록 언어습관을 이끌 필요가 있다.

가끔 역으로 내가 거래를 제의해 아이의 용기를 북돋거나 서둘러 행동이나 일을 마무리 짓도록 이끌기도 한다. 예를 든다면 공원에서 자전거를 생각보다 적게 타기 때문에 운동이 되지 않는다 싶을 경우에 이렇게 한다. 앞으로 세 바퀴만 더 돌면 바닷가에 데리고 가겠다면 거뜬하게 약속을 넘어서 덤으로 더 돌고도 신나서 어쩔 줄 모른다.

또한 무언가에 몰두하고 있을 때 옆에서 자꾸 알짱거릴 경우 하찮은 것일지라도 도움을 요청한다. 그러고 나서 도와주어 고맙다는 립서비스를 날리면 기고만장하여 시킨 일에 몰두하는 관계로 방해를 피해 갈 수 있다. 이런 경우는 자기가 인정을 받는다는 사실을 고무적으로 여기는 흡족함 때문에 그리 행동할 게다.

시간 여유가 있을 때마다 녀석에게 '한글 단어'를 가르치기 시작한지 대략 반년 남짓하고 '숫자 1부터 30가지 가르치기 시작한 지 열흘' 정도 되었다. 이제 겨우 걸음마를 시작했는데 이따금 불쑥불쑥 거래 제의를 하는 뻔뻔함을 보여 당황스럽다.

딴에는 진지하게 '엄마와 아빠'를 써 놓고 아이에게 따라 써 보라고 이른다. 녀석은 겨우 '엄마'라고 두 글자 써 놓고 '그런데! 할아버지!'라고 말을 섞어온다. 지금 공부하면 '늦게까지 텔레비전의 어린이 프로그램 봐도 되지.'라고 슬며시 거래 조건을 내거는 뻔뻔함을 보이기도 한다.

나름대로 할아버지의 만만한 구석을 간파하고 요구 조건을 들여밀며 거래하려고 획책하는 행동거지이다. 하지만 아이들에게 '공부 잘하면…'이나 '시험에서 100점 받아오면…'하는 식의 보상은 너무도 큰 위험 부담이 따르는 도박이다. 이런 보상이나 격려는 실익보다 독이나 해가 더 크기 때문에 절대로 금해야 할 일이다. 그 대신 최선을 다하는 순간순간을 포착하여 시의 적절하게 잘했다며 격려하여 정신적 만족을 꾀해야 장기적으로 효과적이다.

이모저모로 머리를 굴리다가 거래 조건이 마땅치 않다고 판단되면 최후 수단으로 백기를 들고 교묘하게 주장을 관철시키려는 수단이 하나 있다. 그럴 때는 으레 웃는 낯으로 내게 정면으로 찰싹 엉겨 붙으며 양팔을 거머쥐고 호들갑스럽게 방방 뛰면서 '제발! 할아버지, 한 번만!'이라면서 절절한 표정을 짓고 진지하게 '자기가 원하는 내용'에 잔뜩 감정을 실어 곧이곧대로 속내를 토설해낸다. 이 경우 맹랑하기보다는 귀엽고 무척 재치 있어 보인다.

속내를 훤히 드러내며 뜻을 관철시키려는 기지와 판단력이 가상하기 이를 데 없는 행동이 그렇게 보인다는 얘기이다. 그런데 묘한 것은 그런 식으로 간원하는 주장은 터무니없이 황당하다기 보다는 상당한 타당성을 가졌지만 쉬 들어주기 어려운 경우가 대부분이다.

이러한 경우 별다른 무리가 따르지 않는다면 구렁이 담 넘어 가는 식으로 내 생각을 과감하게 접어 버리고 슬며시 아이가 원하는 쪽으로 가닥을 잡는다. 엄청 단세포적인 행동 같아도 역지사지의 입장에서 보면 녀석은 벌써 최선의 수단으로 자기주장을 관철시키는 진지한 삶의 실험을 하는 게 아닐까.

무엇이든지 혼자서 스스로 해결해 나가는 원리나 길을 가르쳐주고 싶다. 한글이나 숫자의 경우도 매한가지이다. 그들의 기본적인 원리나 방법을 정확히 깨우쳐주고 그에 따르는 부수적인 문제는 스스로 터득해 나갈 수 있도록 하려고 애를 쓴다. 그 길이 더디고 힘이 들더라도 그렇게 하는 편이 아이를 올곧게 기르는 지름길이기 때문이다. 하지만 그게 말과 같이 녹록하거나 수월한 명제가 아니다. 거기에 고민이 있다. 애꿎은 세월만 허비하고 참다운 진리나 세상의 바른 이치 하나도 제대로 터득하지 못한 자괴감에서 자유롭지 못한 나 자신에 대해 확신이 없기 때문이다.

여태까지 하늘의 섭리나 자연의 이치를 제대로 꿰뚫지 못한 주제가 나의 숨겨진 진면목이다. 그럴지라도 어린 손주가 세상을 살면서 섣부른 거래 제의를 최선으로 아는 어리석음에서 벗어날 지혜라도 옹골지게 일러 줄 수 있으면 좋겠다. 하지만 끝끝내 풀지 못할 화두를 끌어안고 미련스럽게 끙끙 앓을지라도 속 시원한 방법이나 길을 찾아낼 수 있다고 단언하기 어려우니 그게 심각한 두통거리이다.

mygrand.tistory.com/632

(2012년 11월 16일 금요일)

미카엘

유진이는 자의 반 타의 반으로 가톨릭 신자가 되어 세례명이 미카엘(Michael)이다. 할머니의 영향이다. 게다가 사이비 신자인 제 아비도 옆에서 거든 셈이기에 엄밀하게 따져보면 할머니와 아비가 척척 죽이 맞아 성당으로 이끌었다. 원래 우리 집에는 가족 공통의 종교가 없다. 이 때문에 입때까지 가장인 나와 큰아들은 무종교이다. 아내와 작은아이를 비롯해 손주인 승주와 유진이는 어엿하게 가톨릭에 적이 올려져 있다.

아내는 처가의 영향으로 일찍이 그쪽에 발을 들여놓고 로사(Rosa)라는 세례명으로 신앙생활을 해왔다. 그래도 종교의 자유를 철저히 지켜야 한다는 명분을 앞세워 두 아들은 성장할 때까지 강요하지 않는다는 불문율을 깨뜨리지 않았었다.

작은아이가 해군에 입대하여 훈련소에서 일요일에 쉴 수 있는 묘수 찾기에 골몰했을 게다. 제 어미의 신앙이 떠올라 군부대 영내의 성당을 찾아가 신자가 되어 아브라함(Abraham)이라는 세례명을 받았다는 얘기에 어리둥절했었다. 그럼에도 불구하고 제대 후에 십 년이 지난 여태까지 성당에 나가려는 낌새마저도 엿봤던 기억이 도통 없다. 이런 정황을 감안할 때 작은아이는 군대에서 일요일에 쉴 요량에서 꼼수로 택한 편법으로 신심이나 철학을 진지하게 새겨볼 주변머리가 못 된다.

밖에 나가 있던 제 부모들 때문에 두 손주가 우리와 동거했었다. 그때 각각 제 어미 아비의 부탁으로 아내가 녀석들을 성당에 데리고 다니는 수선을 피우며 유아세례를 받았다. 큰손주인 승주의 세례명은 라파엘(Raphael)이고, 작은손주인 유진이는 미카엘이다. 유아세례이기에 신심을 저울질해보거나 미사에 참석 여부를 따지기 어려운 얼치기일 따름이다. 따라서 먼 훗날 어떤 부류의 신자로 살아갈 것인지 지켜볼밖에 아무런 예단도 섣불리 할 수 없는 천둥벌거숭이일 뿐이다.

세례를 받은 뒤에 승주가 따로 살게 되면서 성당과 어떻게 연을 이어가는지 소상하게 꿰지 못해 어물쩍 넘길 참이다. 하지만 유진이는 예와 다름없이 동거하기에 곧이곧대로 꿰뚫고 있다. 몇 번인가 제 할머니와 미사에도 참석하며 또 다른 세상에 스스럼없이 빨려들어 가는 듯했다. 그런데 한동안 별 탈 없이 무해무덕하게 지나친다 싶었는데 언젠가 미사에 다녀오더니 불만을 펑펑 쏟아냈다. 신부님이 어른들에게는 하얀 과자(영성체)를 주는데 자기에게는 주지 않는다고 투덜대며 불편해진 심기를 속사포처럼 내뱉었다.

일정한 나이가 되어야 영성체를 받을 자격이 주어진다는 성당의 초보적인 법도에 깜깜해 생기는 분심(忿心)이 분명했다. 하지만 애통해 하는 귀여운 투정이 나름대로 일리가 있는 불평불만의 적나라한 표출이라고 여겨져 적당히 분이 풀어지도록 맞장구를 쳐주며 험구에 동참했다.

가끔은 성당에서 이렇게 한다거나 저렇게 해야 한다며 그 동네 율법에 완전 청맹과니인 나를 붙들고 열심히 주절대는 경우가 더러 있었다. 그렇지만 그쪽 법도나 격식에 무식해서 먼 나라의 뜬구름 잡는 얘기 같아 실감하지 못해 송구스럽기도 했다. 그러나 신부님이 어떻고 수녀님이 이렇다는 얘기는 어깨너머로 얻어들었던 설익은 풍월로 눈치껏 대거리를 하며 눈높이를 맞춰 깜냥대로 응대하고 있다.

거짓말을 입에 담지 말아야 함에도 불구하고 어른들은 이따금 궁지에 몰리면 스스럼없이 사실에 반하는 다른 말을 둘러대고도 태연자약하다. 최근 아내가 밤에 친구들과 약속이 있을 때면 대부분 성당에 갔다 오겠다는 핑계를 대고 집을 나선다. 그러면 녀석은 할머니가 자기를 성당에 데리고 가지 않는다고 툴툴거리며 불편한 심기를 고스란히 드러내며 으르렁 왕왕댄다.

예로부터 부창부수라고 했다. 아내가 아이를 속인 사실을 합리화시키기 위해 '미사가 늦게 끝나기 때문에 네가 잠을 잘까 봐 함께 데리고 가지 못한 것.'이라는 식으로 얘기해 준다. 그렇게 그때 그때의 분위기에 맞춰 적당히 둘러대면서도 뜨끔해 피식 쓴웃음이 절로 난다.

이즈음엔 아내가 성당의 미사에 불참하는 것을 필두로 냉담 상태로 발걸음이 뜸해졌다. 그 때문에 녀석의 관심도 상대적으로 시들한 모양새이다. 세상의 이치나 사리를 제대로 헤아리지 못하는 주제에 신통방통하게 불현듯 성당이나 미사가 떠오르는 경우가 있나 보다. 불쑥 신부님 얘기에서 성당 분위기를 쏟아내면서 가보고 싶다는 얘기를 늘어놓기도 한다.

얼마 전 유진이가 어린이집에 다닐 때의 선생님에게 편지를 보내겠다고 설쳐서 성당 앞에 위치한 우체국엘 함께 갔었다. 우체국 근처에 다가가자 '어! 우리 성당이다.'를 외치면서, '할아버지! 나 언제 성당에 가는 거야.'라고 물었다. '글쎄! 집에 가서 할머니에게 물어보자.'라는 대답으로 말끝을 흐렸다. 사실 그 문제는 내 소관이 아니라서 당최 알 수 없기에 그편이 현명한 대응이었지 싶었다.

무릇 종교란 "초인간적이며 초자연적인 힘에 대하여, 인간이 경의, 존숭(尊崇), 신앙하는 일의 총체적인 체계."를 의미한다고 정의한다. 여기에 더하여 "우주와 인생의 근본을 밝혀서 보다 더 나은 행복한 삶을 추구하여 그것을 이룸에 보람을 느끼고, 사람으로 태어나게 된 것에 대한 영광됨을 가르치는 교육."이라고 부연 설명을 하고 있다. 이와 같은 맥락에서 삶을 누리며 지치거나 힘겨워 숨을 돌리며 어딘가에 기대고 싶을 경우 위안을 받을 수 있는 마지막 보루이자 피난처가 종교라면 결례일까.

녀석들이 생의 굽이굽이를 돌면서 버거울 때를 비롯해서 주저 앉고 싶을 때 다가가서 위안을 받는 성스러운 안식처로서 종교이길 간원한다. 어린 시절에 어른들의 뜻에 따라 적을 둔 아이들이다. 그럴지라도 신실한 삶을 지향하는 데 순결한 영혼의 혼탁을 막아줄 보루로서 종교가 자리한다면 더 할 수 없이 크나큰 신의 은총이리라.

2012년 11월 17일 토요일

어린 천사와 눈사람 

유진이와 해운중학교 옆 공원에서 눈을 뭉쳐서 작은 눈사람을 둘 만들고 눈싸움을 했는가 하면 성을 쌓는 놀이를 두 시간 남짓했다. 평소에 눈과 인연이 닿지 않아 친숙하지 않던 아이는 신이 나서 천방지축의 망아지처럼 마구 날뛰며 흥분을 감추지 못했다.

원래 녀석이 유치원에서 집에 오는 시간은 오후 5시를 지난 뒤이다. 그렇지만 오늘은 눈이 내렸는데 그때까지 기다리면 너무 늦어 어두워질 뿐 아니라 녹아내릴 것 같아 한 시간 앞당겨서 데리고 왔다. 그 이유는 온 천지가 순백의 설원으로 변신한 세상에서 맘껏 뛰어노는 색다른 경험을 만끽하도록 해주고픈 욕심 때문이었다.

집에 도착해서 눈썰매용 바지와 오리털 점퍼를 비롯해서 장갑 그리고 방한화에 털모자로 중무장시켜서 공원에 갔다. 얼핏 보면 칼날 같은 설한풍이 쌩쌩 대는 시베리아의 허허벌판에 내놓아도 아무런 문제가 없어 보였다. 다행히 드넓은 공원의 잔디밭에 내린 눈은 대부분 아무도 밟지 않아 녀석과 함께 놀기에는 과분했다.

백설이 뒤덮은 세상으로 변한 공원을 이리저리 들뛰며 환호성을 지르다가 지쳤는지 눈싸움을 걸어왔다. 적당히 눈을 뭉쳐 녀석을 몇 번 맞추다가 일부러 엉뚱한 쪽으로 되풀이해서 던졌더니 제대로 못한다고 모진 지청구를 했다. 약간 크게 뭉친 눈덩이로 두꺼운 털모자를 정통으로 맞혔다. 단박에 약이 잔뜩 올라 머리가 깨지겠다는 엄살에 앙탈을 해대며 불뚝 댔다. 어느 장단에 춤을 추며 비위를 맞추라는 애기인지 난감하고 어이가 없어 벌레를 씹은 기분이었다.

눈사람 만드는데 온전히 분업의 원칙을 견지했다. 나는 몸통으로 쓸 요량으로 크고 길게 눈덩이를 만들었다. 한편, 녀석은 눈덩이를 굴려 작고 둥글게 만들어 머리로 사용했다. 그리고 몸통과 머리를 붙인 뒤에는 두 눈으로 쓸 자갈과 코와 입을 만들 나뭇가지 조각을 비롯해 팔을 만들 청솔가지 등은 녀석이 사방을 헤집고 들쑤셔 구해왔다.

그 재료들을 얼굴에 붙이는 과정은 무조건 녀석이 의도하는 대로 따랐더니 만사형통이었다. 눈사람 둘을 만들고 나서 시큰둥했다. 하지만 이내 눈을 뭉쳐 성을 쌓자는 일방적인 선언을 하고 따르라는 추상같은 명을 내렸다.

오늘은 녀석에게 철저하게 봉사하기로 작심하고 나섰기에 군말 없이 묵묵히 받들었다. 눈으로 성 쌓는 놀이를 얼추 반 시간 가까이 했더니 장갑 속으로 찬물이 스며들어 손가락이 아려도 꾹 참아야 했다. 자고로 '용장 밑에 약졸없다(强將手下無弱兵 : 강장수하무약병)'고 했거늘 처참하게 무너지는 약한 모습을 보일 계제가 아니었다. 따지고 보면 춥고 손이 곱아 쩔쩔맬 정도라면 손주 녀석이 먼저 길길이 뛰어야 아귀가 맞는다. 그럼에도 불구하고 눈 하나 깜짝하지 않으니 나 또한 아무렇지도 않은 듯 오기로 버티며 태연한 척 딴청을 부렸다.

다섯 시를 훌쩍 넘긴 지 오래라서 사위는 어둑어둑해지는데 놀이를 접을 기미가 없었다. 지나치게 오랫동안 추위에 떨다가 몸살감기라도 걸릴까 걱정이 될 뿐 아니라 너무 늦게 귀가한다고 달갑잖은 잔소리가 따르지 않을까 하는 우려에서 집에 돌아가자고 꼬드겼다.

녀석은 내 심중을 꿰뚫고 있는지 할머니에게 일곱 시에 집에 간다고 전화하라는 분부를 내리고 다시 놀이 삼매경에 빠졌다. 한편으로는 녀석의 눈치를 보면서 온갖 감언이설을 동원하여 밀고 당기기를 거듭하다가 어슴푸레 땅거미가 내려앉을 무렵에 집으로 돌아왔다. 공원에서 집으로 돌아올 때 조손이 손잡고 걸으며 오순도순 나눈 얘기이다.

"할아버지! 오늘 고마워!"

"뭐가?"

"눈사람 만들고 눈싸움하며 성을 쌓게 해줘서…."

"정말 재미있었니?"

"내가 눈을 만지고 눈사람 만들고 성 쌓는 거 처음이잖아!"

"그렇구나!"

"그런데 할아버지!"

"뭔데?"

"다음에도 눈이 오면 나 일찍 데리러 와!"

"뭐 하려고?"

"오늘처럼 또 눈 놀이 하려고!"

"그래"

"꼭 이다!"

(이 말을 듣는 순간 대답 대신에 녀석의 손을 더욱 꼭 잡았더니 작

은 손이 더더욱 앙증스러웠다.)

이번 겨울엔 눈 풍년이 들려나 보다. 그저께 저녁에 서설(瑞雪)이 내렸고 오늘 정오를 지날 무렵부터 두어 시간 정도 내린 함박눈은 두 번째로 상서로운 징조가 분명하다. 일 년에 단 한 번 구경하기 힘든 눈을 이번 겨울에 벌써 두 번째이다. 하기야 사흘 전에 내린 눈은 한밤중에 내린데다가 꼭두새벽에 밖에 나갔어도 일부 지역에만 밥솥에 누룽지가 살짝 눌 듯이 겨우 눈의 형체만 있을 뿐이었다. 그래서 아무리 긁어 손에 쥐고 힘을 줘도 뭉쳐지지 않았다. 그에 비해서 오늘 낮에 내린 눈은 비록 내리다가 그치기를 되풀이했어도 4센티미터 남짓한 강설량으로 이 지역의 평균치를 훨씬 웃도는 폭설이었다.

이 지방에서 오늘처럼 낮에 목화송이 같은 눈이 펑펑 쏟아지는 경우는 축복에 해당한다. 이런 천재일우의 기회에 삭막한 겨울을 무미건조하게 보내던 녀석에게 새로운 놀이의 체험은 신선한 충격으로 아름다운 추억이 될게다. 이런 까닭에 눈을 뭉쳐서 성을 쌓던 경험 등은 유치원에서 조금 더 머무는 것보다 값지지 싶어 과감하게 조퇴를 시켰다.

어쩌면 득실을 차근차근 따져보지 않고 덤벙대는 할아버지의 기분에 따라 대책 없이 아이의 생활 리듬을 깨 놨다고 덤터기를 쓸 일을 저지른 게 아닌지 의구심을 떨치기 어렵다. 하지만 숨겨진 나의 조신치 못한 행동은 따로 있다. 요즘 감기가 심해 어제 병원에 가서 링거를 맞으며 골골하는 주제에 겁 없이 눈밭에 나가 찬바람 직격탄을 온몸으로 맞았으니 내일 아침에 다시 병원을 찾는 게 아닌지 내심 뜨끔하지만 짐짓 태연한 척 표정을 관리하고 있다*. 아내의 힐책을 피해갈 묘책으로 말이다.

* 애통하게도 찬바람을 너무 많이 맞았던 부작용이 극심하여, 이튿날(12월 8일) 아침 일찍 나는 병원을 찾아 치료를 받고 링거 주사를 맞은 다음에 약을 3일분 추가로 받아오는 수모를 겪으며 집에서 완전히 체면을 구겼다.

2012년 12월 7일 금요일

손주와 게임기

올해 일곱 살에 이른 유진이가 매일 한 시간가량 게임에 푹 빠져 희희낙락이다. 한 달 전에 제 아비가 게임기(wii Sports Resort)를 사다가 텔레비전 수상기에 달아주고 다음 날 아침 일찍 일터로 돌아가던 때만해도 조작법을 몰라 며칠을 전전긍긍하며 애물단지 같아 끌탕을 쳤다.

나는 원래 기계치라서 한발 비켜서서 구경꾼으로 물러섰다. 하지만 제 할머니는 며칠 동안 자투리 시간이 날 때마다 돋보기를 걸치고 사용설명서를 보며 끙끙댄 갸륵한 정성이 하늘에 통했는지 작동 물리를 터득해 노심초사하던 손주에게 비법을 전수하는 눈치였다.

생전 처음으로 만져보는 게임기를 어설프게 다루던 사나흘은 쩔쩔 매면서 툭하면 다급한 목소리로 할머니의 도움을 요청하기 일쑤였다. 웬일일까. 낯설기 그지없는 게임기인데도 전생에 유별난 연을 쌓았던가 보다. 불과 며칠을 지나며 할머니의 조작 솜씨가 서툴다고 볼멘소리를 하거나 면박을 서슴지 않으니 청출어람이라고 해야 아귀가 맞을성싶다. 그렇게 일취월장의 모습을 보이더니 이제는 거의 전문가 수준으로 혀를 내두르게 한다. 어른들과 달리 게임이나 기계를 다루는 잠재된 능력의 DNA를 가진 디지털 원주민(digital native) 자격이 충분하다고 여겨진다.

게임을 대국적인 관점에서 보면 순기능도 숱하게 많아 매력 덩어리이다. 하지만 치명적인 역기능이나 중독성을 동반해 천대를 받기도 한다. 하지만 실용적 도구로 존재 가치를 인정할 수도 있다. 그 외에도 예술작품을 표현하는 수단으로 이용되는 것처럼 문화현상으로도 이해해도 무리가 없다. 이 같은 맥락에서 볼 때 오늘날 게임은 적당히 즐기고 향유하면 유익한 양약이다. 그렇지만 자칫하다 도를 넘겨 몰입하다 보면 치명적인 폐해를 안겨주는 독약으로 표변하여 어르고 다루기 맹랑한 요물을 영락없이 빼닮았다.

아이들이 흔히 대하는 게임기나 인터넷 게임에 지나치게 몰입하거나 집착하는 과정에서 인터넷 중독(internet addiction) 같은 치명적인 부작용이나 해악이 불거진다. 여기에는 정서적 불안, 정체성에 대한 불만, 실생활에 자신감 결여, 환상적인 사고, 낮은 자존감 같은 문제가 다양하게 나타난다. 그러므로 적당한 게임은 무방하지만 지나친 몰입은 과유불급을 절감케 만드는 게 바로 게임의 숨겨진 민낯이다.

전문가들에 의하면 게임 중독으로 나타나는 증상으로 우울증, 주의력 결핍 과잉행동장애(ADHD : 주의집중력저하, 과잉 행동성, 충동성 같은 장애), 충동조절 곤란, 학업 능력 저하, 학교 결석률 증가, 대인관계 곤란성, 직장 부적응, 부모와 갈등 심화 등이다. 이러한 단계의 병적인 증상에 가장 효율적인 대응법은 게임 중독 전문 클리닉을 비롯해서 소아 청소년 정신과 의사의 도움을 받는 게 바람직하다는 충고에 귀 기울일 필요가 있다.

지금 이십 대 초중반 젊은이들이 초 · 중 · 고교 시절 걷잡을 수 없는 들불처럼 청소년들 사이에서 널리 번지며 크게 유행했던 게임의 폐해를 우리는 기억하고 있다. 오죽하면 청소년 스스로가 '게임 폐인'이라는 자조적인 말을 스스럼없이 내뱉었을까. 그 다양한 게임에 심취하면서 먹고 자는 원초적인 문제까지도 건너뛰다가 생명을 잃도록 내모는 고약한 단면이 있다. 이는 모두가 함께 극복해야 할 중대한 난제이기도 하다.

오늘날 게임은 서정성보다는 과도하게 공격적이거나 파괴적이라서 성격 형성에 해로워도 도외시하거나 에둘러 피해가기 어렵다. 각종 게임기뿐만이 아니라 컴퓨터나 휴대전화를 가지면 자유롭게 게임에 접할 환경에서 완전한 격리는 불가능하다. 그러므로 아이들에게 게임을 하되 일정한 범주 내에서 통제할 강단을 기르도록 이끌어야 한다. 왜냐하면 부모의 감시망을 벗어나면 무진장 게임에 접할 수 있는 환경에서 자신을 지켜나갈 재간이 없다면 심각한 폐해를 당할 개연성이 상대적으로 증가할 위험 때문이다.

손주 녀석이 게임에 대해 재미를 붙이는 한편 스스로 조절해야 한다는 사실을 은연중에 깨우치도록 다양한 측면에서 세심하게 배려할 요량이다. 하지만 진정 어린아이가 박정하다고 생각하지 않고 적당한 선에서 멈추면서 즐길 수 있을지 확신이 서지 않는다. 그래도 다양한 관점에서 올곧게 장단점을 깨우치도록 꾸준히 일깨우는 동시에 일정한 시간 게임을 하면 반드시 다른 놀이로 바꾸는 습관을 기르도록 유도할 참이다. 이 같은 다양한 노력은 기필코 좋은 결과를 도출할 것이라는 희망적인 예단을 해도 무리가 없지 싶다.

2013년 2월 6일 수요일

짬짜미의 금도

손주와 단둘의 소꿉장난 같은 동거가 단출해서 좋을법하지만 실상은 그렇지 않다. 아내가 집을 비우고 나서 며칠째 텅 빈 집에서 다음 달에 일곱 살에 접어들 손주와 짬짜미를 해가며 동행하는 나날이 고되다. 둘 사이의 생각이나 수준의 차이는 눈치껏 밀고 당기는 타협을 통해 포용했다. 이 같은 융통성으로 대응하여 금도(襟度)를 깨지 않음으로써 삭막하지 않게 관계가 이어져 한랭전선이 형성될 기미나 징조는 없다.

하기야 삶이란 크고 작은 선택과 결정의 연속으로 그 성패를 단박에 예단할 수 없기에 성급한 속단은 부질없는 착각이며 연민일지도 모른다. 그 문제는 차치하더라도 손주를 돌봐야 할 자질구레한 구석까지 온새미로 떠맡았다는 심리적 압박은 결코 가볍지 않다.

그동안 두 주일인가 유치원의 방학으로 손주가 주로 집에 머물렀다. 그러다가 사흘 전 삼월의 첫 번째 월요일에 개학을 했다. 그날 녀석이 잠자리에서 일어나기 전인 이른 새벽에 아내는 괴나리봇짐을 싸

들고 대만*으로 여행을 떠났다. 상황이 이렇게 전개되면서 아내가 돌아오는 날까지 어린 왕자의 일거수일투족을 비롯한 일상의 모든 문제와 유치원에 보내고 데려오는 일이 통째로 내 몫이 되었다.

늦잠을 자기 일쑤여서 기상하면서 곧바로 샤워를 시켜야 한다. 할머니가 여행길에 헤어드라이어를 가지고 떠나 잠자리에서 까치둥지 같이 산발이 된 머리 모양을 단정하게 정리하기 위해서는 어쩔 도리가 없다. 그리고 속옷을 갈아입히고 아침 식사를 하게 하고 양치질을 하도록 꼬드겨야 한다. 아침식사 시간이 길어지면 톤이 높아지고 잔소리를 하면서도 눈치를 봐가며 방방대야 덤터기를 쓰지 않는다. 그러다가 9시 무렵엔 유치원복과 점퍼를 입혀 서둘러 도보로 유치원에 데리고 가야 한다.

낮 시간은 완전한 자유이다. 그래서 손주의 유치원 등원 시간에 함께 길을 나서 내친김에 산으로 향한다. 대략 세 시간 남짓하게 소요되는 등산길이기 때문에 낮 한 시 이전에 집에 돌아와 점심을 챙겨 먹고 글을 쓰거나 필요한 일을 한다. 잡다한 일에 정신을 빼앗기다가 5시를 넘을 무렵이면 유치원에서 손주를 데리고 오는 게 불문율 같은 철칙이다.

손주가 집에 돌아오면 심기를 살피며 무엇을 저녁으로 먹을 것인가 변죽을 울려 숨겨진 의중을 족집게같이 간파하고서 밥을 짓고 반찬을 챙겨야 동티가 나지 않는다. 저녁 식사 동안 기분이 최고조에 이르도록 분위기를 띄운다. 저기압의 우중충한 분위기에서 소화 불량으로 탈이 난다면 그 뒤치다꺼리는 통째로 내 몫으로 남는다.

식사 뒤에는 가능한 자유 시간을 부여해서 게임을 하거나 어린이 프로를 시청토록 배려하며 간간이 과일이나 요구르트 같은 간식을 대령하여 환심을 사 두어야 화평의 기조가 틀어지는 불상사가 없다. 그리고 눈치껏 분위기를 살펴 학습지의 숫자와 한글 공부를 반 시간 정도 하도록 회유한다. 한편, 아홉 시를 지나면 샤워와 양치질을 시켜 서서히 잠자리에 들 준비를 한다.

잠자리에 들기 전에는 무조건 얘기를 들려 달라는 일방적인 강청(强請)을 한다. 그것도 자신이 "호랑이와 늑대 그리고 나무꾼" 같은 몇 가지의 키워드를 던지면 내가 순간적으로 상상해서 줄거리를 만들어 얘기를 하라는 맹랑한 주문이다. 앞뒤의 아귀가 맞지도 않은 채 대충 얼버무려 어설프게 얘기를 이어가야 하는 고역이 여간 아니다. 잠자리에서 이불을 심하게 차내는 버릇 때문에 아침에 일어날 때까지 적어도 대여섯 차례 이불을 끌어다 덮어 주기를 온새미로 감당하려니 엄청 신역이 고될 뿐 아니라 피곤하다.

힘이 들어도 지금까지 지나친 몽니를 부리거나 의뭉스런 행동이나 심통을 부리지 않아 돈독한 관계를 지탱하며 무난하게 동행을 했는데도 수월찮게 힘들어 갈팡질팡했다. 아직 천둥벌거숭이임에도 불구하고 할아버지가 동분서주하는 꼴이 가상하다고 여긴 때문인지 아니면 대접이 과분하다고 여기는 때문인지 알 수 없는 노릇이다. 이따금 '할아버지 고마워!'라며 체면치레를 하는 꼴을 지켜볼라치면 절로 미간에 웃음이 번진다. 아내가 집을 비워 돌봐야 했던 적이 이전에도 몇 번 있었다. 하지만 순수한 여행 때문인 경우는 이번이 처음으로 얼결에 집 지킴이가 된 기분이 참으로 묘하다.

* 대만 : 정확히 마흔다섯 해 전에 내 발길이 닿았던 최초의 외국이 대만(자유중국)이었다. '김신조' 일당이 청와대 폭파 임무를 맡고 서울에 잠입했을 무렵(1968년 1월

21일) 타이 페이에 머물렀다. 그때 '제4차 전국대학생 대표 파월장병 위문단' 일원으로 월남(베트남)을 가는 도중에 대만을 방문했었다. 당시 해군의 수송선인 'LST 808' 편으로 월남에 갔다가, 귀국길에는 'LST 812'편을 이용했다.

2013년 3월 6일 수요일

공존의 금도

아내의 제주도 여행으로 2박 3일(6월 14일-16일) 동안 유진이와 집 지킴이를 자처하며 겪은 흔적의 기록이다. 돌이켜보면 유진이가 참으로 많이 컸다. 내키지 않거나 비위에 거슬리면 누구의 눈치를 볼 것 없이 직격탄을 날리던 아이가 제법 감정을 절제하며 합리적으로 하려고 신경을 쓰는 게 엄청 기특하다. 이번 아내의 여행에 대한 응대가 바로 그 증좌이다.

사전에 예고하지 않고 여행을 떠나는 전날 밤에 그 사실을 알렸다. 그 순간 무척 서운하고 황당했던가 보다. 할머니의 여행 계획을 인지하는 순간부터 배배 꼬여 틀어질 대로 틀어진 속내를 실시간으로 가감 없이 드러냈다.

'자기는 한 번도 제주도에 가본 적이 없는데, 왜 데리고 가지 않느냐.'는 푸념이었다. 그리고 잇따라 '유진이를 버리고 가는 거야.'라고 시비를 입찰하며 불편한 심기를 숨김없이 토해냈다. 동행이 불가능한 저간의 사정을 속속들이 설명하는 대신에 할아버지와 즐겁게 지낼 수 있다는 '뻥튀기 애드벌룬'을 솔깃하게 미끼로 던지며 얼렁뚱땅 위기를 모면했다.

어린아이가 순간적으로 이해득실과 협상 조건이 떠올랐던가. 조금 뜸을 들이더니 몇 가지 요구 조건을 내걸었다. 거기에는 커다란 문제나 비난받을 흠결이 포함되지 않았을 뿐 아니라 자질구레한 조건을 따져서 첨삭할 계제도 아니라서 모두를 뭉뚱그려 흔쾌히 받아들이기로 했다. 그제야 평상시의 평화로운 모습으로 돌아가 흡족한 얼굴에 홍조를 띠면서 배시시 웃음이 번졌다.

사흘 동안의 흔적을 시시콜콜 적바림하며 중언부언하는 이유가 있다. 그 첫째는 하루하루 일과에 얼마나 많은 손길이 필요한지를 새겨보기 위한 증적을 남겨 보려 함이다. 둘째는 어린아이를 인격적으로 대하며 공존을 하는데 얼마나 많은 부문까지 세세하게 배려해야 하는지를 묵시적으로 드러내고 싶다는 이유 때문이다. 셋째로 하찮고 시답잖은 내용일지라도 먼 훗날 아이에 대한 생생한 모습을 담은 진솔한 자료가 되리라는 생각에서이다.

아내가 출발하고(14일) 책을 보다가 여느 때처럼 오후 5시를 조금 넘겨 유치원에서 아이를 데려왔다. 옷을 갈아입혀 놀이터로 보내고 저녁 식사 준비를 했다. 6시경에 불러들여 욕조에 온수를 받아놓고 물놀이를 즐기도록 하다가 샤워를 시켰다. 잠시 숨을 돌리다가 함께 '팽이 돌리기 시합'을 했다. 그리고 저녁 식사를 마치고 '게임(WII)'을 하도록 하면서 후식으로 과일과 빵을 주었다. 너무 심하게 놀았었나보다. 여덟 시 이전에 잠에 곯아떨어졌다. 아이가 잠든 직후에 땀을 많이 흘리는 까닭에 '거즈 손수건'을 등 쪽에 끼워 넣고 갈아주기를 되풀이했다. 그리고 잠결에 이불을 차내는 고약한 잠버릇 때문에 수시로 끌어다 덮어줘야 하는 번거로움이 따랐다.

둘째 날(15일) 아침에는 새벽 여섯 시 반에 잠이 깨어 요란하게 안방과 거실을 오가며 부산을 떨었다. 토요일이라서 서둘 까닭이 전혀 없는데도 곧바로 샤워를 시켰다. 이른 아침부터 심심하다는 타령을 해서 글자 백 개 안팎의 짧은 동화 예닐곱 개 정도를 스스로 읽도록 유도했더니 희희낙락 낄낄거리며 후다닥 읽어냈다. 그 뒤에 천천히 아침 식사를 마치고 후식으로 참외를 먹였어도 겨우 여덟 시였다.

놀이도 지겨워해서 'G학습'의 한글과 숫자 공부를 조금 시키다가 9시 무렵에 집 근처 작은 공원에 가서 두 시간 가까이 놀다가 돌아와서 또다시 아파트 놀이터에서 자전거를 타도록 했다. 오후 한 시 무렵에 점심을 먹였다. 먹어본 경험이 전혀 없어 생경한 '짜파게티'를 아내가 준비해 두고 갔다. 두 개를 정성스레 요리해서 절반을 정중하게 대령했다. 그런데 사달이 났다.

매워서 먹을 수 없다고 단호하게 내쳤다. 서둘러 아침에 남은 밥으로 대체해 줬다. 그것도 비위가 상했던지 먹다가 웩웩거리며 토하며 야단법석을 떨어 급히 소화제를 찾느라 허둥지둥 대면서 얼이 반쯤은 빠져나갔었다. 화불단행(禍不單行)이라 했던가. 그 와중에 음식을 함부로 버릴 수 없다는 생각에 두 사람이 먹어야 할 '짜파게티'를 꾸역꾸역 먹었던 나 역시 과식으로 소화제를 먹는 고역을 감내해야 했다.

오전에 뙤약볕에 과도한 노출 때문에 아이의 얼굴이 벌겋게 익었다. 점심도 걸렀고 얼굴에 부작용 조짐이 확연히 나타나 오후에는 집안에서 쉬도록 금족령을 내렸다. 지겨울 것 같아 욕조에 따뜻한 물을 받아놓고 한 시간 넘게 물놀이를 시키다가 중간에 휴식을 취하게 하는 동시에 간식을 먹였다. 그래도 시간이 남아 둘이서 한동안 '팽이 돌리기 시합'을 했는가 하면 저 혼자서 '게임'을 하다가 저녁 식사를 했다.

아이가 으뜸으로 꼽는 통닭구이를 시켰는데 다리 하나와 가슴살 반쪽을 먹고서 질렸다고 고개를 절레절레 흔들며 뒤로 물러섰다. 나머지는 이튿날 아침에 먹일 요량으로 냉장고에 보관했다. 그 후에 텔레비전을 시청토록 하면서 간식으로 과일을 챙겨 먹이며 노닐게 하다가 열 시 무렵에 잠자리에 들었다.

셋째 날(16일)인 일요일도 꼭두새벽에 일어났다. 곧바로 샤워부터 시키고 아침 식사를 했는데도 불구하고 여덟 시가 되려면 아직도 까마득했다. 새벽부터 놀이터로 줄달음치려는 아이에게 텔레비전을 시청하도록 다독였다. 한편, 아침 식사가 부실했을 뿐 아니라 주전부리가 바닥을 드러내서 아홉 시도 되기 전에 슈퍼로 달려가 주섬주섬 한 보따리 담아왔다. 그리고 곧바로 놀이터에 나가 신나게 놀다가 정오를 지나서 땀범벅이 된 채 헐레벌떡 집에 들어와 냉수와 아이스크림을 번갈아 찾았다.

숨을 돌리며 잠시 쉬도록 집안에 붙들어 두었다. 엔간히 휴식을 취한 뒤에는 짧은 동화 읽기, 'G학습'의 과제를 공부를 하다가 점심식사를 하고 다시 놀이터에 나가서 놀다가 거의 다섯 시쯤에 들어왔을 때 곧바로 샤워를 시켰다. 그리고 여섯 시 반 무렵부터 저녁 식사을 먹인 뒤에 휴식을 취하며 아이스크림을 비롯해 몇 가지 주전부리를 먹어 치우고 아홉 시 경에 스르르 잠에 빠져들었다. 할머니가 돌아오면 깨워달라는 당부를 거듭했다. 그런데 늦은 비행기를 탑승했던 관계로 얼추 자정에 가까워 귀가해 약속은 자연스럽게 파기되었다.

평소 우리 집의 돌아가는 모양새는 일곱 살배기 손주가 중심축이다. 하지만 그런 불문율이 절대 불변의 철칙은 아니다. 밝은 심성과 올곧은 가치관을 겨냥해 최대한 아이의 주관이나 주장을 존중해 주려는 생각이다. 그렇지만 사리에 어긋나거나 지나친 탐욕을 앞세우려 들면 가차 없이 바로 잡는다. 그런 연유에서 우리의 조손 관계는 언제나 '갑이 을이 되고 / 을이 갑이 되는(甲卽是乙 / 乙卽是甲) 상태'이기 때문에 은연중에 공존을 위한 금도(襟度)를 함부로 허물어뜨리는 무모한 모험은 삼가 하려고 조심한다.

가장 작은 공동체인 가정에서 조손의 '연대와 나눔'은 공감과 배려에서 비롯된다. 그리고 그런 공감과 배려는 이해와 상호 존중에서 시작되리라. 또한 여기서 이해와 존중은 막힘없는 상상과 지대한 관심에서 출발할 게다. 이러한 일련의 관계는 몽땅 마음에 기인하는 것으로 결국은 마음과 마음을 자연스럽게 섞음으로써 물이 흐르듯 이심전심으로 통하리라는 기대에서 나부터 마음의 문을 활짝 열어 놓도록 힘쓰고 있다.

이 같은 맥락에서 어른과 아이라는 이유로 일방적인 강요나 굴종을 요하는 언행을 피해갈 슬기로움을 모색하려고 골똘히 궁리를 한다. 그래도 어린아이는 자기가 절대 약자이며 서러운 만년 '을(乙)'이라고 내심 불만이 가득할지도 모를 일이다. 하지만 녀석이 할아버지의 생각이나 가치관은 아랑곳하지 않고 칼로 무 자르듯이 설익은 자신의 잣대를 들이대고 편협한 사고를 바탕으로 판단해 얻은 결론을 금과옥조로 치부한다면 무척 서운할 것 같다.

2013년 6월 18일 월요일

4부

깨우침과 터득의 날갯짓

동물원 사파리 /시향 날 유진이 소요 / 손주의 소질과 욕심

유아원 졸업여행 / 손주와 '가갸거겨' / 파랑 자전거

천사들의 여름 캠프 '/ 선녀와 자동차 / 숫기와 낯가림

손주의 운동 성향 / 손주의 한자 자격시험 / 손주의 푸른 오월

동물원 사파리

또래들처럼 유진이도 동물, 그것도 맹금류나 맹수를 무척 좋아한다. 이런 녀석에게 어린이집에서 주먹만 한 덩치의 작은 동물을 보여주는 수준은 호기심이나 관심의 충족이 아닌 갈증이나 궁금증을 증폭시킬 뿐으로 여겨졌다. 동물 수업이 있는 날을 전후로 호랑이와 사자나 곰, 코끼리나 기린을 구경하자며 간헐적으로 동물원을 들먹였다.

마산 권역에 적당한 데가 없어 되는대로 얼버무리며 나중에 기회가 닿으면 가자는 어정쩡한 약속으로 고비를 넘기기 예사였다. 어쭙잖은 부도수표가 녀석의 비위를 긁었던지 이즈음에는 밤낮없이 랩 가사 외우듯이 동물원 구경 타령을 읊어대 더 이상 미뤄 둘 상황이 아니었다.

음력으로 시월 첫 번째 일요일(양력 10월 30일)은 문중의 시향으로 선산을 찾아야 했다. 그 길을 하루 앞당겨 토요일(29일)에 나서서 대전(大田)에 자리한 '오월드(o! world)' 내에 있는 동물원(중구 사정동)을 구경시키기로 작정했다. 먼 거리를 감안해서 아침 식사는 중간의 고속도로 휴게소에서 간단히 때울 요량을 하고 이른 새벽에 집을 나서 길을 재촉했다. 늑장을 부리지 않았던 관계로 늦은 점심 무렵에 도착하여 겉핥기식일지라도 동물원을 누비며 구경을 시켰다.

다양한 동물이나 파충류를 비롯하여 조류와 맹수류에 한시도 눈을 떼지 못하는 진지한 모습은 영락없이 전문가의 날카로운 눈빛을 연상케 했다. 이에 비하여 우리 내외는 만산홍엽을 자랑하는 가을 정취에 마음을 뺏긴 채 해찰을 거듭하며 녀석의 눈치를 살피다가 되풀이 되는 경고를 받고 머쓱해지기도 했다.

녀석은 동물원 분위기에 푹 빠졌었다. 그에 비해 어른들은 동물원의 볼거리가 시들하고 뜨악해져 소슬한 분위기를 자아내는 낙엽을 밟으며 진한 가을의 애상을 곱씹었다. 그런 맥락에서 알맹이나 정신이 유리된 상태에서 겉만 번드르르한 동행인 체 행동하며 허울 좋은 오월동주를 했던 꼴이다.

동물원 초입에서 오른편의 된비알은 아니라도 제법 급경사인 비탈 방향으로 길머리를 정했다. 완만한 오르막을 치달아 왼쪽에 자리한 물개와 고래 공연장을 기웃거리다가 바로 위편에 펼쳐진 다양한 곰의 사육장을 뚫어지라 쳐다보며 좋아서 숨이 넘어갈 지경이었다.

곰 우리를 지나자 사람이 밟고 지나는 투명 유리 밑으로 송아지만한 호랑이가 빠르고 경쾌한 걸음으로 어슬렁거리는 늠름한 자태에 넋나간 모습이 완연했다. 그리고 가을 석양을 받으며 우리의 한쪽 모서리에 쭈그리고 앉아 있는 초췌한 모습의 여러 동물을 마주하다 자기가 아는 짐승을 발견하면 주저리주저리 무언가를 주워섬기며 우쭐대는 녀석이 기특했다.

각종 파충류가 전시된 우리에서는 뱀이나 거북에 다가가 거침없이 만지려는 시늉을 해 간담을 서늘하게 했다. 그리고 새 우리에서는 자기가 조류학자라도 되는 것처럼 똑소리 나게 설명을 해대거나 텔레비전에서 봤던 내용을 읊어댔다. 맹금류인 독수리, 부엉이, 수리부엉이, 황조롱이, 새매 등의 날카로운 눈매와 발톱이 신기한 듯 발길을 멈추고 뚫어지라 응시하는 모습 또한 범상치 않았다.

아마도 녀석의 기분을 가장 고조시킨 신선한 체험 중 하나는 자동판매기에서 사료를 구입하여 양과 염소에 먹이는 경험일 듯하다. 자동판매기(vending machine)에 500원짜리 동전을 넣으면 일회용 종이컵에 과자 모양의 먹이가 담겨 나온다. 딱딱하게 건조된 먹이로서 보통 짜장면 굵기로 2–3센티미터 길이었다.

먹이를 들고 통로를 따라 50여 미터를 걸어가는 동안 놔먹이는 양이나 염소가 몇 마리씩 무리로 다가와 울타리로 얼기설기 엮은 각목 사이로 입을 내밀면서 먹이를 달라고 재롱을 떨었다. 먹이를 손끝에 쥐고 있으면 다가와 받아먹기 때문에 신기해서 낄낄거리며 아우성이었다. 녀석은 양이나 염소에게 연신 먹이를 주면서 '싸우지 말고 천천히 먹어라.'라고 되풀이해서 일렀다. 하지만 그 말은 짝사랑으로서 어느 놈도 귀담아듣지 않아 소용없는 메아리로 변해 허공으로 사라졌다.

쌍봉낙타와 단봉낙타가 뒤섞여 노닐고 있었다. 둘의 차이를 존조리 설명해도 관심 밖이었으며 야생말과 야크와 캥거루에 눈이 팔려 내 설명은 귓등으로 흘렀다. 열대 조류 막사에 이르러서는 각종 앵무새나 열대지방이 원산지인 새가 무리를 이루어 제법 흥미로운 볼거리를 제공하고 있는데도 시큰둥한 표정이 또렷했다.

열대 조류 막사의 통행로 중간에 만들어 둔 물웅덩이에 노닐던 닥터피시(doctor fish)를 발견하고 물에 손을 풍덩 담갔다. 기다렸다는 듯이 녀석의 손에 달라붙어 무언가를 열심히 쪼아 먹는 게 신기해서 다른 곳으로 가자고 다그쳐도 묵묵부답인 채 뻗댔다. 각종 원숭이나 스컹크와 너구리를 비롯해 올망졸망한 동물들은 꼴같잖게 잡동사니 취급을 하며 대충 훑고 스쳐 지나가는 매정함을 보였다.

이번 나들잇길에서 백미이자 압권은 아무래도 겉모습을 호랑이 모양으로 단장한 버스를 타고 맹수 우리를 일주하는 '사파리(safari)'이었지 싶다. 대략 20분 남짓한 시간에 맹수를 눈앞에서 관찰할 수 있는 탐조길이다.

첫 구역에 문이 열리자 거대한 검은 곰들이 줄줄이 사파리 차의 창문 옆으로 모여들며 먹이 구걸을 위해 덩치에 어울리지 않게 재롱 떨기에 바빴다. 곰의 재롱에 녀석은 '어! 어!'라는 외마디 소리를 낼 뿐이었다.

그렇게 정신없이 허둥대는 순간에 다음 구역의 문이 열리면서 커다란 호랑이의 보무도 당당한 사열이 펼쳐졌다. 사파리 버스에서 좌우로 오가면서 호랑이이게 홀려 흥분이 고조되어 눈이 왕방울처럼 휘둥그레져 정신 수습이 되지 않은 상황인데도 불구하고 무심한 버스는 야속하게 전방으로 진행을 멈추지 않았다.

세 번째 구역에 이르며 용맹의 상징인 사자 무리가 차를 가로막고 길을 터주지 않았다. 힘과 위엄의 상징인 사자의 멋진 갈기를 보며 수컷이라고 정확히 짚어내는 녀석의 눈설미가 무척 날카로웠다.

그다음에 걸출한 키를 자랑하는 신사인 기린, 엄청난 몸집을 자랑하는 굼뜬 듯 느릿느릿 움직이는 코끼리, 겉 매무새가 아름답고 날렵한 신사 풍모의 얼룩말, 험한 산악지대의 비탈이나 바위 언덕이 고향이라는 고고한 외모의 라마 등이 차례로 위용을 자랑했다. 한결같이 귀골 풍의 자태로 자신들의 모습을 한껏 뽐내면서 녀석의 기분을 한껏 부풀리며 별천지를 펼쳐 너끈하게 이름값을 해냈다.

서너 시간이면 모든 동물을 충분하게 구경할 것으로 여겼는데 어림도 없었다. 노루 꼬리를 닮아가는 짧은 가을 해가 해거름으로 줄달음치는 쓸쓸한 정경이 신경 쓰여 나머지를 얼렁뚱땅 돌아보고 마무리를 지었다. 그리고 어린이들이 즐겨 타는 놀이기구를 한두 가지 태워주고 서둘러 놀이공원을 벗어나려 했다. 하지만 녀석에게는 손톱도 들어가지 않았다. 놀이기구를 더 타겠다고 왕고집의 생떼를 쓰며 몽니를 부리는가 하면 뻗대며 눈시울을 붉히면서 발버둥을 쳤다.

제 할머니가 어르고 달래면서 회유책으로 달래기 바빴다. 결코 만만치 않은 공룡 풍선을 진상했는가 하면 솜사탕을 입에 물려주는 당근 작전으로 어렵사리 녀석의 마음을 돌려놓고 성큼성큼 어둠이 내리는 놀이 공원을 빠져나와 생질들과 모임을 갖기로 약속한 여동생 집으로 향했다.

복지, 2011년 11+12월호(통권 제392호), 한국한센복지협회

(2011년 10월 31일 월요일)

시향 날 유진이 소요 

따스한 가을 햇살이 시향제단(時享祭壇) 벌 안에 가득 내려앉아 해맑은 모습 일색으로 평화로운 꿈을 꾸는 정원을 닮았다. 제단 위쪽에 칠팔 미터 남짓한 경사면에 융단을 깔아 놓은 듯 곱게 다듬어진 황금색으로 물든 잔디가 뒤덮고 있었다. 시골 태생으로 야생마처럼 자연에 익숙해진 일곱 살배기로 유진이와 같은 항렬인 승필이와 찰떡궁합처럼 잘 어울렸다. 어디선가 쓸모없이 나뒹굴었을 법한 헌 비닐 비료 포대를 구해다가 궁둥이에 깔고 앉아 비탈을 쏜살같이 내려오는 잔디 썰매 타기 삼매경에 빠졌다.

멀찍이서 흘깃흘깃 훔쳐봤다. 낯선 형인 승필이가 일러주면 쭈뼛쭈뼛 따라서 놀이의 비법을 익히기 시작했다. 그런데 어느결에 가르쳐 주던 형도 미처 생각하지 못한 새로운 기술적인 동작까지 순식간에 깨우쳐 스스로 응용하는 민첩성을 발휘하여 청출어람이라는 말을 떠오르게 했다. 어디에 저런 적응력이 잠재되어 있었을까. 아마도 제 아비에게서 물려받은 소질이지 싶었다.

제 아비의 초등학교 시절 얘기이다. 수영을 반년 조금 넘게 시켰던 적이 있다. 그런데 가당치도 않게 시의 대표선수로 선발되어 도에서 주최하는 선수권대회에 출전해 화들짝 놀라게 했었다. 그런가 하면 운동 감각의 발달을 겨냥해서 초등학교 시절에 두세 해 동안 태권도를 시켰었다. 검은 띠 승단 심사를 코앞에 두고 교실에서 친구와 장난하다가 돌려차기로 상대방 얼굴에 타박상을 입혔다. 그때 한 점의 망설임이나 미련 없이 운동을 즉각 중지시켰다.

두 어린아이가 제단의 정면 비탈에서 천진난만한 놀이에 여념이 없는 티 없이 밝은 모습과 제단 주위에서 삼삼오오 모여 얘기를 나누거나 제수(祭需) 진설에 골똘한 어른들의 모습은 극명하게 대비되는 그림이었다. 녀석은 오늘 이 자리에 참석한 이유를 전혀 모르고 있다. 그래서 제를 모시는 원초적인 목적은 애당초부터 티끌만큼도 관심이 없었다. 그런 아이가 흥겨워 노니는데 누가 함부로 '감 놔라 대추 놔라.'라는 참견이 가능할 손가.

세속적인 뿌리에 근거하는 족보(pedigree)의 가름에 따르면 녀석은 청주한문(淸州韓門)의 공안공(恭安公) 할아버지 36대손이다. 그런데 아직 항렬에 따라 지은 이름도 없는 처지에 시향에 참석했다. 어른들의 가치관이나 가름을 전혀 이해할 수 없을 뿐 아니라 관심도 없는 코흘리개일 뿐이다. 그러니 봄날처럼 화사한 날씨에 생전 처음 대면한 형과 듣도 보도 못했던 새로운 놀이가 전부일 게다. 그런 때문에 그 누구도 조신하지 못하다고 탓한다거나 조상을 운운하며 제지할 계제가 아니었다.

조부모와 함께 산다는 이유에서 억지춘향이 되어 문중의 벌초나 시향에 단골 어린이가 되었음을 어떻게 이해해야 할까. 이제 겨우 다섯 살인 주제에 매년 한 번뿐인 문중 벌초 행사를 세 번, 시향에 두 번이나 참여했다. 이를 이즈음 젊은이들 식으로 얘기하면 조상에 대해서는 왕당파로서 골통 수구파인 보수 세력으로 가름해도 모자람이 없어 보인다.

시향의 제를 올리면서 놀이가 막을 내렸다. 모두가 제단 앞에 겹겹으로 펼친 간이 돗자리 위에 신발을 벗고 정렬하여 제의(祭儀)에 따라 도열하여 대기하고 있었다. 그동안 몇 번 만나면서 안면을 익혔던 내 사촌 동생(작은할아버지)이 옆에 붙들어 세우고 함께 절하자며 은근슬쩍 꼬드겼다.

작전이 주효했는지 녀석은 다소곳이 서서 기다렸다. 곁눈질로 하는 꼴을 얼핏 살폈다. 절을 해야 할 때마다 제법 그럴듯하게 따라 했다. 물론 절을 하는 과정에서 엎드리거나 일어서는 동작이 어른들과 어긋나 조금은 어색했어도 그다지 볼썽사나운 모양새는 아니었다. 그래도 어린 것이 따라 하는 짓이 기특해 잘한다고 비행기를 태웠더니 한편으로는 멋쩍어하면서도 의기양양해 우쭐댔다.

올해 시향에는 원래 사촌 형인 승주가 동행 하려 했다. 따로 살면서 일정 조정에 문제로 유진이만 참석했다. 지레짐작에 지나지 않지만 유진이도 제 아비가 귀국하면 이런 행사에 참여하기 쉽지 않으리라. 지금은 어른들이 멀리 외지로 장거리 출타를 하면 동행할 수밖에 도리가 없어 벌초나 시향 길에 단골로 참석한다. 그래도 먼 훗날 성장하여 문중 행사에 참석했던 어렴풋한 경험을 회억(回憶) 한다면 좋은 추억이 되리라는 생각에서 의미 없는 나들이가 아니었음을 애써 자위한다.

집으로 돌아오는 고속도로의 차 속에서 뜬금없이 녀석의 질문이

불쑥 튀어나왔다.

"할아버지! 그런데 오늘 산에서 누구 제사를 지낸 거야?"

라고 물었다.

'응, 그거…'라고 말을 받았지만 어찌 설명을 해야 좋을지 순간적으로 혼란에 빠졌다가 겨우 정신을 가다듬었다. 물음에 대한 답변으로 입에서 튀어나온 말이 민망하게도 아이가 이해하기 힘든 어정쩡한 내용이었다. 똑 부러지게 답해주지 못해 두고두고 찜찜해 속이 편편치 않았다*. 게다가 이번 시향 길엔 오래전 저승길을 찾아 떠난 부모님 생각이 절절해지며 그 옛날의 어떤 시구(詩句)*가 문득문득 떠오르면서 처연한 기분을 잠재우기 어려워 싱숭생숭했다.

'지금 우리를 있게 해주신 그 옛날 조상들께 제사 지낸 거야.' 제발 내 의도대로 이해했으면 좋으련만 확신이 서지 않았다. 그래서 어설픈 대답이 혼란을 부추기는 '선문답'이 아니었을까 왈칵 걱정이 앞섰다. 긴가민가해서 도대체 '무슨 말이야!'하는 시큰둥한 표정인데도 더 이상 되묻지 않아 다행이었다. 그 대신 또 다른 엉뚱한 질문이 비수같이 날아들었다.

"그런데 말이야, 그 조상들이 유진이가 절한 것 알아?"

"그럴 거야, 아주 잘 알고 매우 고마워할 거야"

얼떨결에 위기를 모면할 요량으로 입에서 나오는 대로 망설임 없이 내뱉어 놓고는 거짓이 아닌지 확신할 수 없었고 갑자기 머리가 띵해졌다.

* 예로부터 '아는 것을 안다고 하고 / 모르는 것은 모른다고 하는 것이 / 바로 아는 것(知之謂智之 : 지지위지지 / 不知謂不知 : 부지위부지 / 是知也 : 시지야)'고 일렀는데도 나는 그런 초보적인 원칙도 지키지 못했다.

* 중국의 '한시외전(韓詩外傳)'에 수록된 시구이다. "/ 나무는 조용해지려고 애쓰지만 바람은 멈추지 않는다(樹欲靜而風不止 : 수욕정이풍불지) / 자식이 모시려 해도 부모는 기다려 주지 않는다(子欲養而親不待 : 자욕양이친불대) / 갈 길은 먼데 날이 저문다(日暮途源 : 일모도원) /"이라는 내용이다. 이 시는 부모를 제대로 모시지 못한 자식의 진한 회한을 나타낸 내용으로서, 풍목지비(風木之悲) 혹은 풍수지탄(風水之嘆) 등의 성어식(成語式) 표현으로 쓰인다.

2011년 11월 2일 수요일

손주의 소질과 욕심

내게는 사촌지간인 두 손주 승주와 유진이가 있다. 앞으로 또다시 손주가 태어날 가망이 없기에 더더욱 금쪽같다. 볼수록 귀엽고 유순하며 귀골 선풍의 풍모로 흠잡을 데 없이 끌끌하다. 예로부터 '고슴도치도 제 새끼는 함함해 보인다.'고 했거늘 비록 천둥벌거숭이 일지라도 일러 무엇하리오.

올해 여섯 살과 다섯 살인 두 녀석과 같은 나이였을 육십여 년 전의 나는 이즈음 아이들에 비하면 턱없이 모자라고 유약해 어른들의 애간장을 태웠을 게 자명하다. 아스라한 편린 조각에 새겨진 내 진솔한 모습은 초라하기 그지없었을 것이라는 표현이 합당하리라. 누런 코를 훌쩍이며 새까맣게 깡마른 모습에 행동거지가 원초적 본능과 별반 다르지 않게 거칠고 투박했을 게다. 그 모양새는 오늘날 어린아이의 그것과 판이해 무척 낯설고 어벙한 숙맥의 꼬락서니가 전부인 상태였으리라.

세상이 온통 궁핍하고 혼란스럽던 사회 환경 때문인지 입에 달고 사는 말까지도 직선적이고 세련되지 못한데다가 개맹이 없는 초췌한 몰골에 화들짝 놀랐다. 지독하게 민망한 모양새를 누군가 훔쳐볼까 두려워 살짝 열었던 회상의 곳간을 얼른 닫아버리고 싶은 심정뿐이었다. 그럴듯한 행동과 매너를 비롯해 깔끔하게 가꿔진 외모에 빈틈없는 언어 구사 능력이 출중해서 도드라지게 돋보이는 천사 같은 자태가 요즘 아이들이다. 이 기준을 더덜이 없이 온새미로 들이댄다면 나의 어린 시절은 어눌하고 모자라며 숫기마저도 없는 문제아쯤으로 자리 매김 된다 해도 억울하다고 항변할 수도 없지 싶었다.

요즘 젊은 부부는 기껏해야 아이를 한둘 낳는 관계로 거의가 외톨인 왕자나 공주로 키운다. 게다가 교육을 많이 받은 젊은 세대인 때문인지 자녀 교육열이 하늘을 찌르려 한다. 이런 환경에서 자란 아이들의 언어 구사 능력은 얼추 어른을 능멸할 정도라서 깜짝깜짝 놀라게 만들뿐더러 행동은 영악하리만큼 이기적이다. 비범한 재능이나 걸출하게 빼어난 어린이를 그윽한 눈으로 넌지시 넘겨보면서 천재가 아닐까 하는 행복한 착각에 함몰되었던 적이 없었을까.

가끔 어린 손주의 얘기 때문에 얼이 빠지거나 넋을 잃을 정도이다. 순간적으로 내뱉는 상황 설명이나 심리를 묘사하는 어휘는 글을 쓴다는 내가 수첩을 들고 메모를 하게도 한다. 그런가 하면 위기에 대응하는 순발력은 족탈불급이다. 이를 지켜보면서 손주가 명석한 두뇌와 번득이는 재주를 타고난 천재일지도 모른다는 착각을 은근히 탐닉하기도 했다. 하지만 오늘날 대부분의 어린이들을 돌아보면 흔해빠진 현상 중의 하나일 뿐이다. 그럼에도 불구하고 그 옛날 나의 어린 시절에 가치관을 재던 구닥다리 잣대를 들이대는 아둔함이 황당한 망상의 세계로 이끌었다.

과연 손주들이 어떤 소질과 가능성을 가진 걸까. 아직 학교에 입학 전이라서 족집게처럼 정확히 가름할 기준이나 묘책이 없다. 여태까지 장난감을 가지고 놀거나 네고(nego) 블록을 이용하여 만들기를 했던 게 고작인 상황에서 소질과 가능성 얘기는 가당치도 않을지 모른다.

일생을 학생들과 함께하며 글을 써온 처지인데도 녀석들의 언행을 지켜보면서 적지 않게 놀랐다. 그런 현상은 범상치 않은 소질이나 천재성을 함축하는 게 아닐까 하는 아전인수 격인 욕심이 꿈틀댈 때 제대로 다스리지 못했음이 분명하다. 이런 연유로 총명한 마음의 눈이 흐려져 현실과 동떨어진 엉뚱한 결론으로 이끌며 뚱딴지같은 상상의 날개를 폈을 개연성을 인정하지 않을 수 없다.

손주 녀석들이 상황을 묘사하거나 논리를 설명하는 과정에서 섬광처럼 번뜩이며 허를 찌르는 어휘를 선택하는 예사롭지 않은 재치나 면도날같이 예리한 설명을 마구 해대는 통에 어안이 벙벙해 평정심을 잃기도 했다. 그런가 하면 네고로 만드는 다양한 모양이나 형태에 상상을 뛰어넘는 신선한 아이디어를 오롯이 표현하는 빼어난 재주가 비범하다고 여겼었다. 또한 평상시에 그린 그림이나 가위로 색종이를 오려 만든 부채나 각종 동물 모형을 비롯하여 스티커를 색깔이나 모양에 따라 배열하여 붙이는 걸출한 감각을 드러내 그림을 전공한 제 할머니를 흥분시키기도 했다.

처음에는 내심으로 천재성을 지닌 손주일지도 모른다고 우쭐댔었다. 하지만 주위의 수많은 아이들 얘기에 귀를 기울이면서 그게 요즘 일반적 수준으로 평균적인 현상이라는 사실을 깨닫고 어이가 없어 실소를 했다.

오늘날 젊은 부모의 경우 아이들에 대해 내가 손주들에게 했던 것처럼 착각이나 기대가 지나친 경우가 드물지 않다. 물론 하나나 둘을 낳아 기르며 모두걸기를 하는 심정을 넉넉히 헤아릴 수 있다. 내 아이의 말이 탁월하고 생각이 영특하며 깜짝 놀랄 행동을 줄줄이 쏟아낸다거나 한글을 거침없이 응얼거리고 영어 단어를 스스럼없이 주워섬겨도 거의가 지극히 평범한 아이일 뿐이다.

오늘 이 시점에서 자식에게 온갖 정성을 쏟는 자신들도 어린 시절 평범한 또래 중의 하나였을 뿐인 것처럼 말이다. 아이들도 그와 별반 다르지 않음을 냉정하게 인정해야 한다. 다만 오늘날 아이들은 엄마 아빠 세대보다 여유롭고 진화된 환경에 순치되면서 예전보다 조금 더 깨였을 따름이다.

내 눈에 비치는 요즘 젊은 부모들의 자식 사랑 법은 유별나 거북살스럽고 곧이곧대로 받아들이기 어려워 눈살을 찌푸리게 한다. 그래도 어린 천사들에게 사랑과 정성을 듬뿍 쏟으면 그에 비례하여 감성이 풍부하고 인정이 많은 사람으로 성장하는데 도움이 될 터이다. 이는 메마른 정서가 만연한 삭막한 환경보다 훨씬 좋을 것이기에 왈가왈부할 바가 아니지 싶다. 다만 내가 손주에 대한 소질을 지레짐작하며 은근히 욕심을 지니려던 푼수데기 같은 어리석음을 젊은 부모들은 범하지 않았으면 좋겠다.

아무리 어린 자식의 비릿하고 풋풋한 행동이 귀하고 영특해 보여도 실제로는 평범할 따름이라는 사실을 겸허히 받아들이는 슬기로움과 겸양이 필요하다. 자고로 '충언은 귀에 거슬린다(忠言逆耳 : 충언역이).'라고 하지 않던가. 섣부르고 어쭙잖은 판단 때문에 일고의 가치도 없는 잠재능력이나 천재성에 현혹되어 사리에 어긋나게 지동지

서하며 무모한 행동으로 이어지면 되레 아이에게 치명적인 독이 되리라는 생각을 전제로 하는 주문이다.

월간 한맥문학, 2011년 12월호, 통권255호, 2011년 11월 25일

mygrand.tistory.com/533

(2011년 11월 11일 금요일(숫자 1이 여섯 번 이어지는 날))

유아원 졸업여행 

어린이집(유아원)의 졸업여행(2월 10일)이라는 명목으로 '눈썰매장'을 찾아가기 위해 아침에 집을 나서는 녀석은 엄동설한에 완전무장한 병사의 모습이었다. 두꺼운 내의, 솜을 넣은 방수 바지, 오리털 파카, 방한 양말*, 방한화, 방한 장갑, 털모자 등을 잔뜩 껴 입혀 마치 로봇의 모양새였다. 게다가 녀석이 메고 갈 배낭 속에는 음료수와 과일 그리고 주전부리와 비상시 갈아입을 여벌의 옷이 들어 있어 영락없는 병사의 배낭이었다.

아마도 2008년 늦은 봄이나 초여름 무렵이었지 싶다. 한 돌 겨우 지난 녀석 때문에 할머니가 꼼짝도 할 수 없었다. 심지어 먹일 분유나 채울 기저귀를 구입하기 위해 마트에 가려면 어린애 건사에 숙맥인 나라도 자리를 지켜야 했다. 누군가는 옆에서 꼬박 보초를 서야 하기 때문에 아내가 잠시 외출하려면 허수아비라도 꿔다 앉혀놔야 할 형편이었다.

당시 나는 학교에 나가고 있었다. 그런 맹랑한 처지에서 가정을 꾸리기 위해서 일주일에 3일 동안만 오전에 어린이집에 보냈다. 때마침 우리 아파트의 같은 입구 1층에 어린이집이 있었다. 11층에서 엘리베이터로 오르내리며 1층에 보내기는 쉬웠다. 그런데 벌써 네 해가 지나 '나이 정년 규정' 때문에 옴짝달싹하지 못하고 다가올 삼월부터 유치원으로 적을 바꿔야 할 계제이다.

첫돌을 지난 얼마 뒤부터 네 해 동안 같은 어린이집을 다녔기에 그 동네에서는 산전수전 다 겪은 노병으로 승천하지 못한 이무기 격이 아닐까. 처음엔 제대로 걷지도 못했을 뿐 아니라 손발 짓으로 겨우 의사소통을 하면서 대소변마저도 가리지 못했다. 그 당시에 비하면 이제는 당당한 용의 기상과 범상치 않은 호랑이의 의젓함이 넘쳐나는 왕후장상의 풍모를 빼닮은 도령의 자태이다.

보육료를 지불했다고 하더라도 살뜰하게 보살펴 주시던 선생님들의 크고 넓은 사랑을 머금고 반듯하게 자랐다. 이런 관점에서 사리를 분간하지 못하는 천방지축의 아이를 어엿한 어린이로 길러준 선생님들께 진심으로 감사드린다.

요즘 아이들은 참으로 명석하여 머리 회전이 빠르고, 행동이 반듯할 뿐 아니라 단어나 어휘의 선택을 비롯해 언어 구사력이 놀랍다. 일상에서 순간적으로 발생하는 상황이나 사건에 대한 판단이 민첩하고 대응방안이 출중해 당혹스럽거나 어안이 벙벙하게 만드는 경우가 숱하다.

녀석에 비하면 엄청나게 많이 세상을 경험한 우리 내외에게 훈계하거나 어울리지 않게 일머리를 가르치려 들기도 한다. 아마도 녀석과 같은 시기에 우리가 함께 태어났다면 모자라고 어수룩해서 문제아로 전락했을 법하다. 이런 바탕이 되는 제반의 지식은 녀석이 보고 배우며 친구들에게 듣는 어린이집의 학습효과이다. 왜냐하면 집에서 그런 관점에서 의도적으로 공부를 시도하거나 간접적으로 겨냥했던 적이 도통 없다.

겨우 여섯 살에 접어드는 철부지가 분명해도 처음 어린이집 문에 들어설 무렵에 견주면 실로 만감이 교차한다. 그렇다고 모든 면에서 죄다 기대치를 만족시키거나 같은 또래와 견줄 때 비범함을 보인다는 얘기가 아니다. 대강의 관점에서 사근사근하고 남을 배려할 줄 알며 나무랄 구석이 없이 끌끌하다. 하지만 가까운 곳에서 얼핏 들여다봐도 도처에 벌집처럼 구멍이 숭숭 뚫려 흠결이 만만치 않다.

밥을 먹을 때 마냥 느려터진 버릇이 마뜩잖고, 맘에 내키지 않거나 성에 차지 않으면 팩하고 토라지는 날이 시퍼런 성정이 엄청 낯설다. 게다가 옹고집을 굽힐 줄 모르고 텔레비전 채널 선택권을 무한정 주장하는 지나친 욕심은 버렸으면 좋겠다. 그런가 하면 자꾸 편식 쪽으로 치닫는 꼴이 밉상인데도 귀엽기만 하다. 험담을 줄줄이 쏟아놓으려면 어디 이뿐이랴. 접어두는 게 어른으로서 체면치레 하는 바른 길이지 싶어 이쯤에서 입을 꼭 다물련다.

녀석이 며칠 뒤면 그동안 담뿍 정들었던 어린이집을 졸업한다. 이번 달을 넘기면 유치원으로 옮겨야 할 나이인 여섯 살이 되기 때문이다. 거창하게 졸업여행이라는 이름을 붙였지만 실은 어린이집에 대상이 되는 열 명 안팎의 아이들이 당일 여정으로 '눈썰매'를 타고 놀다가 돌아오는 행사였다.

눈이 많은 지방에서 '눈썰매'는 개인적으로 경험하는 경우가 다반사이며 시답잖게 여긴다. 하지만 겨울을 나면서 눈 한 번 구경하면 축복으로 여기는 남녘에서 기대가 여간 큰 게 아닌가 보다. 그런 연유인지 녀석은 하룻밤을 자고 일어날 때마다 손을 꼽아가며 목을 빼고 그날이 기다렸다.

재작년 정월쯤에도 사촌 형인 승주와 함께 다녀온 경험이 있다. 하지만 그 당시에는 너무 어려서 눈썰매의 묘미를 제대로 만끽하지 못했음은 물론이고 되레 휘날리는 눈가루가 얼굴에 닿으면 차갑다고 울고불고 야단을 치며 두려움에 떨었다는 전언이었다.

세월 따라 시나브로 두어 뼘쯤 더 성장했는지 돌아와서 무척 재미있었다며 입에 거품을 물고 자랑을 해댔다. 그러면서 꼭 다시 가자고 거듭 다짐을 하며 철석같은 약속을 했어도 이 겨울에 다시 갈 가망이 없어 공수표로 부도날 공산이 짙다.

솔직하게 고백건대 그동안 녀석과 손가락을 걸면서 굳게 다짐했던 약속을 제대로 지키지 못함으로써 입에 담기 민망한 불미스러운 전과가 꽤 많다. 이번에도 또 약속을 지키지 않는다고 거짓말쟁이 할아버지라며 날카로운 공격을 해 올게 불문가지이다. 그러므로 뭔가 그럴듯한 변명거리를 대비해 두어야 녀석의 날카로운 예봉을 피해 망신을 면할 터인데 아무리 묘수를 찾아봐도 핑계가 마땅치 않아 고민이 깊어진다.

게다가 같은 아파트에 사는 녀석의 친구인 동근이가 이번 주말에 가족과 함께 또다시 평창의 '눈썰매장'을 다녀올 참이란다. 다음 월요일이면 그 사실이 유진이의 엷고 여린 귀에 단박에 직통으로 전해질 텐데 걱정이다. 이런 경우 엎친 데 덮치는 격으로 설상가상의 곤혹스러움이라고 말해야 상황 논리에 맞는 걸까.

* 양말(洋襪) : 사전에서 '기계로 짠 서양식 버선'으로 풀이하고 있다. 원래 '양말'에서 '양(洋)'은 '서양'이나 '서양에서 들어온'이라는 뜻이고, '말(襪)'이라는 한자(漢字)는 '버선 말(襪)'이기 때문에 '버선'을 의미한다. 그러므로 이를 종합하면 '양말'은 '서양에서 들어온 버선' 혹은 '서양 버선'이라는 뜻을 함축하고 있는 개념이다.

2012년 2월 15일 수요일

손주와 '가갸거겨' 

자발적인 의사와 무관하게 여섯 살 꼬맹이의 과외교사 소임이 일상 중에 떼 낼 수 없는 부분으로 자리 잡았다. 올봄 유치원으로 활동 무대를 옮긴 손주 때문이다. 어린이집을 다닐 때는 한글이나 숫자 개념을 체계적으로 가르치지 않아 마냥 놀게 해도 거리낄 게 없었다.

유치원에서는 한글이나 숫자 개념의 교육은 기본이고 한자(漢字)와 간단한 영어 회화에 과학이나 상식에 이르기까지 다양한 부문을 다룬다. 그러므로 몽니를 부리듯이 손을 놓고 있다가는 부적응아로 내몰려 왕따를 당하기 십상일 것이라는 불안감을 떨쳐낼 수 없었다. 그렇게 쫓기는 심정에서 울며 겨자 먹기로 과외교사를 자청했다.

유치원에 보내기 시작하면서도 시답잖게 여기고 거들떠보지 않았다. 그러다가 녀석의 유치원 친구 몇을 만나면서 마음이 바뀌었다. 그 아이들은 한글을 거침없이 해독하는가 하면 수를 헤아리고 기초적인 셈을 막힘없이 하여 보는 사람을 잔뜩 긴장시켰다. 게다가 언제 배웠는지 영어 단어를 주워섬기는가 하면 간단한 회화까지 소화하는 낯선 모습을 보며 생각을 많이 했다. 결론은 별도의 공부를 시키지는 않더라도 유치원에서 학습하는 내용을 이따금 복습해 주는 쪽으로 마음을 모았다.

막상 실행에 옮기려니 슬며시 꾀가 나고 손해 보는 것 같아 영어와 예능(그림과 음악) 부문은 제 할머니에게 짐을 떠넘겼다. 그 외에 한글과 한자 그리고 과학이나 상식에 대한 도움은 내 몫으로 맡았다. 그런 대응을 하더라도 '과잉언어증'인 하이퍼렉시아(hyperlexia) 증상이나 다른 부작용이 나타날 만큼 특출한 비범성을 지닌 아이가 아니기에 역기능의 문제는 무시해도 무방하지 싶다.

반백 년도 더된 옛 시절 한글을 배우고 깨우치는 과정에서 겪었던 혼란이나 어려움을 대물림하지 않아야겠다는 생각이 떠올랐다. 그런 시행착오의 기억을 바탕으로 무엇보다 먼저 한글의 자음과 모음 하나하나의 형태와 쓰는 원리를 넉넉하게 익히도록 정성을 기울였다. 그렇게 자모음을 깨우치도록 했다. 그 뒤에는 주위에서 흔히 볼 수 있는 동식물이나 물건을 비롯해 개념을 나타내는 단어를 일주일에 몇 개씩 읽으며 글자 모양을 익혀 나갔다. 그와 동시에 화이트보드에 글자를 썼다가 지우고 다시 써보는 연습 과정을 되풀이 했다.

아마도 그동안 다뤘던 단어가 대략 70-80개 내외일성싶다. 그 때문인지 신문이나 책에서 나오는 글자 중에서 아는 글자 찾기를 무척 즐긴다. 글자를 쓰는 기본적 원리를 스스로 터득하도록 이끌었기 때문인지 모르는 글자라도 말로 불러주면 글자를 바르게 쓰는 기특한 싹수를 살며시 드러내기도 한다. 예를 들면 '원'자를 모른다고 할 경우에, 먼저 이응(O)을 쓰고, 우자(ㅜ)를 쓰고, 어자(ㅓ)를 쓰고, 니은(ㄴ)을 쓰라고 하면, 어김없이 '원'자를 반듯하게 써 놓는다.

유치원에서 보내준 자료에 따르면 한자 공부는 '8급 50 한자'를 기준으로 행동이나 몸짓을 해가면서 지도하는 것 같다. 이 교재는 한자 50자를 열 개 그룹으로 나뉘어져 있다. 그 첫머리 두 개의 그룹에는 숫자 '일(一)'에서 '십(十)'까지 인쇄되어 있다. 그 내용을 보면 옛날 서당에서 학동들이 천자문을 암송하던 모습이 떠오른다. 아마도 유치원에서 한자 교육도 옛 서당의 암송 방식을 그대로 차용하고 있지 싶다. 손주 녀석이 '하나 일(一)', '둘 이(二)', '불 화(火)', '임금 왕(王)' 식으로 읊어대며 뒤뚱거리면서 박자를 맞춰 어깨를 들썩이며 거드름을 피우는 꼴은 재롱에 가깝다.

한자는 배우기 시작할 때 애초부터 '글씨를 쓰는 기본적으로 순서'인 '필순(筆順)'을 정확하게 익혀야 한다. 그래서 지금까지 그 원칙적인 필순을 지켜가며 스무 남은 글자를 가르쳐 봤는데 정확하게 따르는 비범함을 보였다. 이 정도로 계속한다면 방학 때까지 쉰 개의 한자를 익히고 필순에 맞춰 바르게 쓰는 정서법(正書法)을 제대로 터득하지 싶다.

영어 교육 역시 그 옛날 내 어린 시절엔 꿈도 꿀 수 없는 내용이다. 기본적으로 그림과 그에 해당하는 단어를 제시하면 발음하며 익히는 초보적인 경지에서 출발해 점점 진화하는가보다. 유치원에 입학한지 세 달째로 접어든 지금은 간단한 회화 중심의 교육으로 진전했다. '듣기, 보기와 말하기(Listen, look and say)'라든가, '듣고 체크하기(Listen and check)' 등이 그 유형의 예이다. 요즘 아이들은 참으로 대단하다는 생각을 지울 수 없다. 내가 영어 알파벳을 처음 대했던 때가 중학교의 첫 영어 수업이었던 사실이 불현듯 떠오르면서 만감이 교차했다.

그 외에 과학이나 상식을 비롯해 주위에서 흔히 접하는 개념이나 예능 부문에 대한 학습은 유치원 교육과정의 진행 상황을 주의 깊게 지켜봐 가며 합당하게 대처할 요량이다. 손주 녀석에 대한 일련의 도움은 유치원 교육을 따라가지 못해 지진아나 문제아로 낙인찍히지 않을 뿐 아니라 또래들과 소통하고 어울릴 정도에 머물 참이다.

남보다 앞서 가야 한다거나 뛰어나 보일 수준에 이르도록 다그치거나 야멸치게 내몰고픈 마음은 추호도 없다. 왜냐하면 친구들과 어울림에 모자람이 없고 밝고 풋풋한 신록의 연둣빛처럼 싱그럽게 자란다면 그것으로 족하다. 그런 바탕이 전제된다면 앞으로 잠재적인 재능을 한껏 발휘하며 곧고 바르게 뻗어 나갈 청청한 날은 무궁무진하다고 믿기 때문이다. 또한 절대로 아이 교육 문제 서둘지 않을 참이다. 자고로 '물이 아무리 급하고 거세게 흘러도 물 위에 비친 달을 흘려보낼 수 없다.'는 뜻으로 '수급불유월(水急不流月)'이라 일렀다. 세상만사는 자연의 섭리를 거역하면 기어코 사달이 발생하는 게 정한 이치가 아니던가.

나는 어린이집과 유치원의 정확한 차이를 잘 모른다. 나이에 따른 구분으로 너 댓 살까지는 유아교육 대상으로서 어린이집에서 교육을 맡고, 어린이집을 거쳐서 예닐곱에 이른 아이들은 유치원을 다니는 게 아닌가 하는 유추를 할 뿐 자세한 구분 기준이 무엇인지 도통 깜깜하다. 그런 맥락에서 두 기관의 교육 내용이나 수준이 흡사하고 별반 다를 바 없으리라는 생각을 한다.

손주가 어린이집을 거쳐 유치원으로 활동 무대를 옮기면서 여러 면에서 눈에 띄게 달라져 옆에서 지켜보는 내가 더 당혹스러웠다. 그 때문에 상당한 혼란에 빠져 허둥대는 내 꼴이 여간 낭패스러운 게 아니었으며 나름대로 교육에 대한 자괴감마저 깊어졌다.

나를 돌아본다. 대학 재학시절 중에 세 해를 위시하여 현역병으로 국방의무를 필하던 군대 시절 세 해마저도 부대장 무녀독남의 가정교사를 맡았었다. 그 이후에도 대학에서 모두 서른일곱 해를 머물렀는데도 불구하고 의무 기간을 여태까지 채우지 못했는가. 어울리지 않게 또다시 어린 손주의 가정교사를 자임해야 하는 궁지에서 헤어나지 못했다. 그러고 보면 나는 이승에서 누군가를 가르치는 일 외엔 별로 쓸모가 마땅치 않은 숙맥인가 보다.

http://mygrand.tistory.com/529

(2012년 5월 8일 화요일)

파랑 자전거

지난해 겨울과 올봄을 지나며 오뉴월 오이 자라듯이 훌쩍 자란 유진이를 위해 또래들이 타는 파랑 자전거를 샀다. 바퀴가 꽤 큰(18인치) 자전거로 만만치 않은 셈을 했다. 지난해 가을까지 탔던 작은 세발 자전거로는 더 버틸 재간이 없어 눈 딱 감고 장만했다.

처음에는 인라인스케이트를 살까 하다가 아직 어리기 때문에 관절에 무리가 따를 것으로 생각되어 우선 큰 자전거를 이용해 운동을 시키기로 했다. 그리고 좀 더 성장한 내년에 인라인스케이트를 타게 해줄 요량이다.

며칠 전에 녀석에게 새 자전거를 사 주겠다는 언질을 넌지시 했었다. 성질이 급해 들떠있던 녀석과 오월의 셋째 토요일(19일) 마트를 찾아갔다. 대형 마트의 외돌아진 구석에 몇 개의 자전거 모델을 전시되어 있지만 전담 판매원이 없어 난감했다. 마트 생리를 꿰뚫고 있는 아내가 여기저기 쑤시고 다닌 끝에 도우미의 도움을 받아 어렵사리 원하는 것을 고를 수 있었다.

갖고 싶은 새로운 물건을 사는 게 행복하고 그렇게 빨리 감정이입(empathy)이 가능한 걸까. 녀석은 자전거를 사던 날 집에 와서 내 귀에 대고 속삭이던 비밀스런 얘기가 '오늘 행복하다며 내 생애 최고의 날.'이라고 했다. 그 말의 통상적인 의미는 '가지고 싶거나 먹고 싶거나 하고 싶은 일이 이루어졌을 때.' 곧이곧대로 속내를 드러내는 표현이다. 천방지축의 철부지일지라도 나름대로 자기 주관이 뚜렷하니 평상시에 제 맘에 들지 않아 아파했거나 끌탕을 치며 가슴앓이를 했던 경우가 얼마나 많았을까.

자전거는 어린아이가 성장하는 과정에서 속도감을 가늠할 능력이나 움직이는 물체에서 균형 감각을 기르며 전신 운동에 도움이 되지 싶어 건너뛸 수 없다고 생각했다. 게다가 건강과 성장에 이로움은 물론이고 또래들과 한데 어울리며 새록새록 정을 쌓아가면서 무리를 이루는 문리(文理)를 깨우치거나 터득할 계기가 될게다. 이런 생각에서 또래들과 어울려 신나게 내달리며 몰두하는 모습을 옆에서 지켜보는 마음은 마냥 흐뭇하다.

변덕이 팥죽 끓듯이 변화무쌍한 어린 손주와 동행이기에 언제나 변함없이 짝짜꿍을 노래하며 태평성대를 구가할 수 없을 노릇이다. 이런 연유로 공존의 틀을 유지하기 위해 녀석은 영원한 강자인 '갑(甲)'이 되고 나는 절대 약자인 '을(乙)'의 처지에서 짬짜미를 하더라도 평화를 추구할 룰(rule)을 쌓아나가야 한다. 그렇게 밀고 당기는 나날 중에 자투리 시간이 생기거나 서로의 배포가 통해 척척 죽이 맞아 떨어질 경우 녀석을 파랑 자전거에 태우고 아파트 주위의 공원이나 바닷가를 찾으며 살가운 선린관계를 돈독하게 쌓아 신뢰를 여투어 둘 요량이다.

여섯 살배기에겐 아직 과한 운동인가보다. 새 자전거가 생기고 나서 몸을 사리지 않고 신나게 아파트를 돌고 돌며 노는 날엔 저녁을 먹으면서도 순간적으로 몰려오는 잠에 취해 연신 꾸벅댄다. 물론 다른 놀이도 과하다 싶으면 똑같은 현상을 종종 보이고 있다. 하기야 저보다 두세 살 더 많은 초등학교 형들이 앞에서 이끌고 또래들이 무리를 지어 뒤따라 달리는데 무리가 따르지 않으면 그게 되레 이상하지 않을까.

반백 년 전쯤의 내 어린 시절 얘기이다. 6 · 25전쟁이 휴전 되었을 무렵에 자전거가 무척 귀했다. 그 때문에 초등학교 시절에도 어른들의 자전거를 한 번 얻어 탈 기회도 드물었다. 그 무렵 누군가의 자전거를 잠깐 타도 좋다는 허락을 받고 질질 끌고 가면서 쩔쩔매다가 언덕배기 아래 개울 쪽으로 나뒹굴었다. 그때 자전거와 함께 꽤나 깊은 물에 빠져 크게 혼쭐이 난 이후에는 정나미가 떨어져 다가가기 조차도 꺼렸던 두려운 존재가 자전거였다. 그 혼비백산했던 사고 이후에 트라우마(trauma) 지경에 이르지 않았어도 악몽을 되풀이해 꾸면서 아직까지도 자전거를 타려고 시도했던 적이 전혀 없다.

나는 예체능 방면에 유독 소질이 없을 뿐 아니라 하고픈 의욕도 없는 관계로 심하게 표현하면 젬병이다. 그래서 내 두 아이를 키울 때도 나를 닮게 만들지 않으려고 무던히도 애를 태웠다. 낯섦 때문에 피하거나 주눅이 들면 등신처럼 어눌하게 행동하게 마련이다. 이런 연유에서 손주인 유진이도 나를 닮지 않도록 자신감을 키워주려고 은밀하지만 의도적으로 애를 쓰고 있다.

새 자전거에 적응하는 모양새가 일취월장의 꼴이다. 처음 조우하던 날 우람한 자전거의 덩치에 주눅이 들고 크기와 높이에 압도되어 조심스레 다루며 서툴고 어색해 멋쩍어하던 모양새가 아직도 선연하다. 하지만 그동안 자전거를 다루며 터득한 비술과 시나브로 쌓인 알토란 같은 소중한 경험은 노련한 전문 몰이꾼으로 바꿔 놓았다. 놀라기함할 정도의 진취적인 적응력을 지켜보면서 요즈음 아이들은 참으로 영리하다는 생각이 들었다.

녀석이 푸른 하늘에서 비추는 상서로운 밝은 햇살을 받으며 해맑은 마음을 파랑 자전거에 가득 싣고 나풀나풀 내달리며 즐거움을 만끽하며 성취감을 맛봤으면 좋겠다. 그렇게 푸른 세상에 아름다운 꿈을 기리며 올곧게 자라나는 듬직한 모습을 그려본다. 여린 다리일지라도 푸르른 희망의 파랑 자전거 페달을 힘차게 밟고 앞으로 질주하며 무럭무럭 자라가는 여정에 고운 꿈과 행운이 가득하길 염원한다.

mygrand.tistory.com/578

(2012년 5월 27일 일요일)

천사들의 여름캠프

오늘 유진이가 유치원의 여름캠프에 참가하기 위해 1박 2일(7월 20-21일) 여행을 떠났다. 여섯 살인 여태까지 우리의 품을 벗어나 밖에서 하룻밤을 보내고 돌아오는 초유의 경험이다. 천방지축 개구쟁이들과 한통속으로 어울려 난리굿을 펼치며 마구 나댈 천사들의 모습을 그려본다.

순진하고 해맑기 그지없는 이 악동 무리에게 새로운 세계를 보여주는가 하면 신기한 체험을 줄줄이 시켜줄 여정이 틀림없다. 이 과정에서 눈에 띄는 것은 모두 신선하고 체험하는 하나하나가 새롭고 즐거워 분심(忿心)이 일어날 겨를이 없을 것이다. 그런 까닭에서 엔간해서는 집을 떠올리거나 가족이 그리워 시무룩한 채로 잠자리에서 한숨을 토하면서 뒤척이며 고상고상 하는 괴이한 불상사는 일어나지 않을 성싶다.

유치원에서 가정으로 보낸 여름캠프 안내문에 그 성격과 취지를 간단명료하게 천명하고 있다. 아이들이 자연과 접하면서 마음껏 뛰어 놀고 가족과 교사를 비롯해서 친구의 소중함을 일깨울 캠프를 열고 싶다는 소망과 결연한 의지를 피력하고 있다.

아이들이 단체생활을 경험하고, 협동심과 독립심을 기르는 기회가 되리라는 목표를 두고 벌이는 축제이다. 캠프 중간에 경험할 물놀이 계획과 지켜야 할 약속을 스스로 세우도록 유도하겠다는 각오이다. 한편, 안전교육을 실시해 위험에 대처할 능력을 함양하는 것도 아울러 겨냥한다는 현실적인 목표를 내걸기도 했다.

캠프는 경남 양산에 소재한 '양산 통도 아쿠아(aqua) 환타지아(fantasia)'에서 펼쳐진다. 여기서 각종 놀이 기구, 구명조끼 착용, 빛과 색깔 체험 놀이터, 워터파크의 물놀이, 매직컬 및 캠프파이어, 가면 만들기, 미니 동물농장 등을 직접 체험하거나 관람하는 내용의 여정이 잇따를 참이란다. 이들 체험은 분명히 하나같이 매우 즐겁고 신명이 절로 날 것으로 유추된다.

캠프의 대략적인 여정은 호텔에서 하룻밤을 자고 세 끼 식사를 하며 대형버스를 전세 내서 오가는 데 각각 한 시간 반 이상 소요되는 나들이이다. 이에 따르는 기본적인 비용은 수익자 부담 원칙에 따라 개인이 감당한다는 조건이 선결 충족 요건이다.

개인적으로 단단히 채비해야 할 자질구레한 지참 물 챙기는 일도 결코 간단치 않았다. 수영복, 수영모, 물안경, 물놀이하며 자유롭게 신고 벗을 샌들(sandal), 어깨에 메고 다니는 물통, 오가는 길에 먹어야할 주전부리를 비롯해 잠옷과 갈아입을 여분의 옷 등을 죄다 챙겨 가방에 차곡차곡 담았더니 유치원용 가방이 비좁을뿐더러 어른이 들어도 버거웠다.

유치원이 집에서 직선거리로 500미터 이내인 지척으로 매일 걸어서 데려다 준다. 오늘도 무거운 짐 꾸러미 가방을 한 손에 들고 다른 한 손은 녀석의 손을 잡고 일상적인 얘기를 주고받으며 유치원에 갔다. 불쑥불쑥 생각나는 얘기를 나누거나 길바닥 언저리를 어정대는 곤충류나 새 등을 살피며 걷는 재미가 엔간히 쏠쏠하다. 그런데 오늘 아침에는 여름캠프를 떠나는 녀석의 숨김없는 속내를 은근슬쩍 떠볼 요량으로 짐짓 몇 마디를 화두처럼 툭 툭 던지며 반응을 살폈다.

"유진아!', 오늘 캠프에 가기 싫지?"

"아니!, 왜 그러는데, 할아버지?"

"아무래도 오늘 캠프 재미없을 거야!"

"아니, 선생님이 워터파크 무척 재미있다고 했어"

"응! 그러니?"

"너! 오늘 저녁에 혼자 자려면 무서워서 엉엉 울지 않을까?"

"할아버지! 바보야! 유진이 다 컸잖아!"

"걱정하지 마! 잘 갔다가 올게!"

고희(古稀)를 코앞에 둔 할아버지가 겨우 여섯 살배기 손주에게 말을 던지는 대로 참담한 완패였다. 어이가 없어 입을 다물고 있다가 혹시나 싶어 유치원으로 들어가는 녀석을 멀뚱멀뚱하게 바라봤더니 한 마디 던졌다. 히죽거리며 마지못한 표정으로 '할아버지 안녕!'이라는 말을 흘리며 꽁무니라도 잡힐세라 안쪽의 교실로 황급히 사라졌다.

동절기에 천리 행군을 나선 병사들이 눈 덮인 산속에서 야영하는 비박(biwak)도 아닌데 온종일 녀석의 안부가 궁금해 안절부절 못했다. 밤 아홉시 조금 지나서 담임선생님이 전화를 연결시켜 줘서 통화를 하고 나서 안심된다는 아내의 얘기다. 낮에 경험한 다양한 놀이나 워터파크에서 친구들과 밀치고 당기며 물을 끼얹으며 뒤엉겨 즐기던 물놀이는 아마도 스페인의 항구도시에 '밀가루'를 던지며 즐기는 엘 센파리나츠(Els Enfarinats)* 축제보다도 신나고 재미있었을 것이다. 얼마나 신기하고 좋았던지 한껏 흥분하여 주저리주저리 주워섬기며 까르륵 낄낄거리며 있는 대로 수다를 떨더란다.

오죽이나 좋고 재미있었을까. 생전 처음 체험했던 신나는 놀이와 새로운 견문의 자리에 평소 죽이 맞아 희희낙락하던 또래들과 어울렸던 꿈같은 시간은 정녕 오래도록 머릿속에 머물며 기꺼운 회상의 샘이 되리라.

야속할 정도로 당당한 녀석의 전화 목소리에는 어디에도 집을 떠나 불안해한다거나 가족이 그립다는 기색이 당최 보이지 않더란다. 그러면서 전화의 말미에는 '할머니 내일 갈게!'라는 단호함을 보이며 망설임 없이 전화를 끊어 여간 서운한 게 아니었다는 얘기였다.

언제나 물가에 세워둔 어린이처럼 위태위태해서 불안하기 그지없다고 생각했었다. 그런데 어느덧 훌쩍 커버린 아이는 둥지를 떠나 새로운 경험을 하며 비상하다가 둥지로 되돌아오는 귀소(歸巢)를 헤아릴 만큼 성장했다. 그렇게 세월이 지나면서 하루 이틀 그리고 한번 또 다시 한 번 되풀이해 새로운 세상을 익히며 홀로서기(going solo)의 지혜를 터득하고 깨우치면서 올곧게 성장할 것이다.

내일 녀석이 돌아오면 붙들어 앉혀놓고 새롭게 경험했던 세상과 신기한 체험을 조곤조곤 물어봐야겠다. 녀석이 이해하고 있는 세상을 비롯하여 체득한 체험이나 경험이 나의 그것과 견줄 때 어떤 간극이 존재하는지 바르게 파악해야 할 필요가 있다. 여기에는 내가 녀석에게 맞춰 나갈 길을 슬기롭게 마련할 수 있는 지혜의 실마리가 담겨 있기에 스스로 일깨우려는 다짐이기도 하다.

* 알센파리나츠(Els Enfarinats) : 스페인의 동남부 항구도시인 알리칸테의 '이비 마을' 주민들이 매년 12월 28일 '결백의 날(Day of the innocents)'에 벌이는 축제이다. 이날 주민들이 집에서 '밀가루'를 가지고 나와 시내 거리를 배회하며 서로에게 지참했던 '밀가루'를 뿌리며 즐기는 축제이다. 우리나라에 잘못 보급된 '졸업빵 문화(옷 찢기, 생달걀 투척, 연탄재 뒤집어씌우기, 밀가루 뒤집어씌우기)'가 그를 엄청 많이 빼닮았다.

blog.naver.com/ramana0810/165386578

(2012년 7월 20일 금요일)

선녀와 자동차 

「先女와 子東車」라는 명문(名文(?))은 여섯 살배기 유진이가 한자를 쓴다며 화이트보드에 일필휘지(一筆揮之) 필력을 뽐내며 삐뚤빼뚤 써 놓고 의기양양하게 으스대던 내용 중의 하나이다. 올봄에 유치원에 입학했지만 여태까지 숫자 개념을 제대로 이해시킬 방법을 모색했던 적이 거의 없다. 한편, 한글도 지난 4월부터 매 주일 마다 단어 몇 개씩 가르쳐 동화책을 읽을 계제가 못 되는 지극히 평범한 보통 아이일 뿐이다.

유치원으로 활동 무대를 옮겨가면서 한글과 숫자 공부를 비롯하여 일상에서 입에 많이 오르내리는 영어 단어에다가 음악과 과학 같은 다양한 세계에 대해서 교육을 펼치고 있었다. 거기다가 소리(노래)로 하는 수준일망정 한자(漢字) 공부도 들어있었다. 유치원에서 가정으로 보내준 자료에 따르면 「8급 50한자」로 초보적인 한자 50자였다. 이런 교육내용 중에서 요즘 어린아이들이 과연 한자를 받아들일 수 있을지 무척 궁금하고 의문이 들면서도 초미의 관심사 중에 하나였다.

교육과정에 포함되는 일반적인 내용은 요즘 아이들이라면 대충 따라갈 것이라는 어림짐작을 했다. 그러나 한자의 경우는 당최 확신이 서지 않았다. 그런데 한두 달이 지나면서 집에 오면 그 한자들을 거침없이 랩(rap) 가사를 읊어대듯이 웅얼대며 놀이를 했다. '동쪽 동, 서쪽 서, 남쪽 남, 북쪽 북, 문 문…' 식으로 어디에도 막힘이 없었고 자연스러웠다. 그래서 두 아들을 키울 때도 전혀 시도해보지 않았던 한자교육을 손주에게 시험해 보기로 조심스런 결정을 내렸다.

어린아이가 한자를 깨우칠 수 있는지 여부에 온통 관심이 쏠렸다. 지난날 경험에 의하면 한자교육에는 몇 가지 전제가 선결충족조건이다. 가장 바탕이 되는 기초는 필순(筆順)을 제대로 익힘과 함께 글자의 원리를 깨우치도록 유도하면서 획수(劃數)를 헤아리도록 지도해야 효율이 높다. 하지만 요즈음 젊은이들은 한자를 제대로 배우지 않았다. 따라서 그 같은 원칙의 충족을 기대하기 어렵다는 지레짐작에서 기초를 제대로 다지고 싶다는 욕심 때문에 선후를 꼼꼼히 따져보지 않고 한자교육에 빠져들게 꼬드겼다.

먼저 글자를 눈으로 익히면서 읽으며 친해지도록 이끌었다. 그렇게 낯이 익으면 필순에 따라 한 획 한 획 써나가며 하나 둘 셋 식으로 획수를 세는 능력을 기르도록 했다. 그런데 한자에서 훈(訓)과 음(音)을 정확히 구별하는 게 좋다. 하지만 처음부터 그 둘을 칼같이 구분하는 것은 무리라고 여겨져 하나로 뭉쳐서 표현하는 방식을 채택했다.

예를 들면 '임금왕(王)'자를 쓸 경우 필순에 따라 한 획씩 쓰면서 '하나, 둘, 셋, 넷' 식으로 획수를 헤아린다. 그리고 다 쓰면 훈은 '임금'이고, 음은 '왕'이라고 하는 대신에, 둘을 한데 묶어 '임금 왕'이라고 소래 내어 읽도록 원칙을 세웠다.

처음 시작할 무렵엔 올해 말까지 '8급 50자'를 할 수 있을까 반신반의했다. 그런데 받아들이는 속도가 예상보다 빨라 그 내용을 이미 끝냈다. 그런 까닭에 이즈음엔 '7급 150자'를 교재를 구해서 열 몇 자까지 익혀가고 있는 중이다. 그런데 한자는 겅중겅중 징검다리 건너 뛰듯이 일주일에 두세 번 정도 토막 시간이나 틈새가 있는 대로 놀이 삼아 각각 10−20분 정도 연습할 뿐이다.

한자를 아이에게 가르치기 어려운 점은 한글과 달리 '같은 음'이나면서도 '뜻이 다른 글자'가 여러 개 존재한다는 사실을 이해시키기 어려웠다. 가장 쉬운 예로 '사'자 중에 '넉 사(四)', '죽을 사(死)', '선비 사(士)' 등등이 있다는 사실 말이다. 또 하나 거의 흡사한 모양의 글자가 다른 의미를 가진다는 사실을 제대로 이해시키기 힘들었다. 이를테면 '사람 인(人)', '여덟 팔(八)', '들 입(入)'을 구별하는데 애를 먹었으며, '날 일(日)'과 '가로 왈(曰)'의 식별에 어려움을 겪었다. 이 외에도 '흙 토(土)'와 '선비 사(士)', '칼 도(刀)'와 '힘 역(力)' 사이에서도 같은 혼란을 피할 재간이 없었다.

이런 일련의 혼란이나 혼동의 요인 때문에 천방지축의 어린왕자는 그 옛날 사용했다는 이두(吏讀) 식으로 표기하여 '선녀(仙女)'를 '선녀(先女)'로 써 놓는가 하면, '자동차(自動車)'를 '자동차(子東車)'로 쓰는 해프닝을 일으키고도 당당한 채 눈 하나 깜짝하지 않게 만들었다.

유진이를 통해 어린아이들도 한자를 받아들이는 능력이 무척 빠르고 정확하다는 생각을 굳혔다. 녀석이 한자를 쓸 때 필순도 정확하고 하나 둘 획수를 헤아리는 능력도 거의 완벽하여 꽤나 까다로운 '나라 한(韓)'이나 '일만 만(萬)'을 쓰는 순서나 획수 헤아림도 얼추 빈틈이 없다. 비록 훈(訓)과 음(音)을 구분하지 않더라도 '나라 한', '일만 만'을 정확히 암송한다. 또한 한자 연습교재에 쓰는 필순을 친절하게 나타내고 있다. 그런데 웬만큼 어려운 한자도 빈틈없이 따라 쓰는 문리(文理)를 터득했다.

어린아이를 시험한다는 사실 자체가 문제일 수 있다. 하지만 기왕에 시작했기에 가능성이라는 측면에서 내년 2월까지는 쉬엄쉬엄 새로운 한자를 시나브로 접하도록 노력해 볼 요량이다. 그렇다고 목표치를 정해 놓고 밤낮으로 다그치며 내몰 생각은 애당초 없었다.

손주가 한자를 받아들이는 태도와 진척 속도를 옆에서 조용히 건네다 보며 제 할머니가 독백 같은 말을 흘린다. 그러다가 유진이가 할머니 한자 공부시켜 줄 날이 오겠다는 립 서비스 멘트를 날리면 입이 함박만하게 헤벌어지면서도 딴에는 겸연쩍은지 살짝 얼굴에 홍조를 띄는 모습이 여간 천진난만한 게 아니다.

한맥문학동인사화집, 제13집, 2013년 3월 30일

(2012년 10월 3일 수요일)

숫기와 낯가림

유진이는 숫기가 부족한지 낯선 사람을 대하면 제대로 인사도 못한 채 비실비실 어른의 품으로 파고들거나 뒤로 숨으려는 버릇이 있다. 겸양을 미덕으로 여기던 가치관은 이미 흘러간 유행가 꼴이다.

오늘날엔 활달하고 적극적인 진취성을 띄지 못하면 '개인의 사사로운 몫'인 '아람치'도 챙기기 어려운 세태를 고려하면 내성적인 성격에 소극적인 자세는 득보다는 실이 많을 공산이 크다. 그런 관점에서 다소 무리가 따르더라도 외향성의 적극적인 성격으로 공격적인 품성을 지녔으면 좋겠다.

내 어린 시절을 돌아본다. 또래들과 어울리며 내가 먼저 시비나 싸움을 걸어 사달이 났던 적이 전무하다. 그 시절 누군가가 괴롭히거나 거북한 공격을 해오면 웬만하면 피하는 쪽으로 궁리했던 기억이다. 게다가 숫기가 없어 모르는 사람에게 다가가거나 인사하는 것을 엔간히 꺼렸다. 그래도 도덕적으로는 하자가 없었던 관계로 반듯하게 비쳤을지도 모른다. 하지만 유약하기 그지없는 내성적인 성격에

다가 소극적인 태도 때문에 외부의 거센 물리적인 힘에 타협했던 경우가 숱했을 게다. 그렇다면 그런 일련의 행동은 진정한 용기나 당찬 기개가 부족한 내성적인 천성의 영향이기에 결코 바람직한 현상이 아니다.

할아버지인 나의 전철을 밟는 어리석음을 대물림시키고 싶지 않다. 아이가 외향적이며 늠름하고 적극적인 성격으로 공격적이며 진취적인 품성으로 성장했으면 하는 바람이다. 그러므로 모든 일이나 행동에서 주위의 눈치를 보거나 망설이며 좌고우면하는 책상물림이 아니라 과단성을 바탕으로 당차게 치고 나가는 기상으로 무장한 강골로 성장했으면 좋겠다. 그러기 위해서는 어려서부터 성격이 명쾌하고 패기를 길러 누구에게라도 진정성을 토대로 소통하고 자기 뜻을 명확히 개진하는 대인배의 배포가 절실하다.

또래들과 놀이 과정에서도 시비나 괴롭힘을 당하며 소극적으로 대응하는 내성적인 태도가 능사는 아니다. 경우에 따라서는 반대로 가해자가 되는 경험도 크게 나쁘지 않을 듯하다. 왜냐하면 항상 시달림을 당하는 과정에서 겪는 성장통이 어린 시절의 전부인 경우보다는 그 반대로 군림하거나 지배했던 경험을 축적한다면 생각의 폭이 넓고 깊어지리라는 희망적인 견해 때문이다.

어린 시절 제 아비는 녀석과 판이했다. 활달한 성격에 적극적인 행동을 바탕으로 이웃한테 시원스럽게 인사도 잘했음은 물론이고 사근사근한 붙임성까지 두루 갖췄었다. 또한, 또래들과 어울리면 시비를 걸거나 싸움질도 제법하며 골목의 악동 노릇도 서슴지 않았었다. 그런 아비의 성정을 닮았으면 좋으련만 거리가 멀어 보여 안타깝다. 애꿎게 닮지 말아야 할 나의 소심한 성격을 빼닮은 꼴이기에 열성 유전자가 발현한 격세유전이 아닐까 뜨끔하다.

적극적인 성격으로 바꿔볼 요량에서 우선 인사를 하는 습관을 길들이기 위해 온 정성을 다하고 있다. 인사는 인간관계의 시발이며 소통의 창으로써 예의를 갖춰 대하는 행동이기에 인품이나 자신의 인상을 좌우한다. 정성 들여 목례를 하거나 간단히 예를 갖춰 인사를 건네면 천금을 주고도 못 살 신뢰를 태산같이 쌓을 수 있다는 게 크나큰 덕목이다.

녀석에게 적잖은 주의를 환기시키며 일깨워도 제대로 인사를 나누지 못한다. 생각하기에 따라서는 야속할 정도로 심한 지청구를 거듭하면 조금 나아질 기미를 보이다가 부지불식간에 도로아미타불이 되어 인사성을 키우기는 일이 결코 녹록치 않은 미션이다. 인간관계의 시작과 끝이 인사에서 비롯된다는 융숭 깊은 철학을 어떻게 깨우치고 슬기롭게 순치할 수 있을까.

아이가 스스럼없이 예의 바른 인사를 나누는 자세나 태도는 활달한 성격을 바탕으로 성장하는 지름길이면서 왕도이기도 하다. 만남의 첫 관문을 슬기롭게 활용할 지혜의 터득은 인간관계를 튼실하게 만드는 자산을 여투는 일이다. 따라서 일상에서 만나는 사람에게 거리낌 없이 인사를 나누는 훈련에 어떤 애로가 따르더라도 필히 극복해야 할 선결 과제이다. 그렇지만 녀석은 여러 면에서 굼슬거운 아이가 틀림없다.

과학이 발달하고 시대가 변해도 삶을 누리는 기본 바탕 철학은 조금도 다를 바 없지 싶다. 이런 관점에서 옛 어른들이 인간의 도리나 예절의 근본을 가정교육에서 실마리를 찾으려고 부단히 애를 썼나보다. 그중의 하나가 고대 중국에서 편찬된 유가(儒家)의 오경(五經) 중에 하나인 '예기(禮記)'의 '곡예편(曲禮篇)'에 나오는 말을 슬기롭게 자녀교육에 원용한 예이다.

'자식 된 이는 집을 나갈 경우에는 필히 행선지를 어버이에게 아뢰고 / 돌아온 뒤에는 필히 어버이를 뵈어 근심하지 않도록 해야 한다.'는 뜻의「출필곡 / 반필면(出必告* / 反必面)」이라는 경구를 자식들에게 주지시키는 지혜로움이 반짝인다.

그 옛날 내 어렸던 시절 숫기가 없어서 어떤 자리를 막론하고 여러 사람들 앞에 나서려면 잔뜩 주눅이 들었다. 이 때문에 얼굴부터 붉어지는 소심증이 심했던가하면 낯선 이들과 껄끄러운 말이라도 섞을라치면 울렁증이 발작해 낭패스럽던 기억이 또렷하다. 이 같은 지난날을 돌이켜볼 때 유진이를 진정 남자답고 외향적이며 적극적인 성격으로 바꾸려는 목표는 요원한 꿈일지 모른다.

그렇다 하더라도 가장 기본적인 인사 예절 하나만이라도 낯가림을 하지 않도록 훈련시키고 싶다. 그런 생각에서 옛 선조들처럼 가정에서 예를 갖춰 인사하는 범주의 법도라도 올곧게 몸에 배도록 이끌어 볼 참이다. 그러다가 더욱 진전하여 내성적이고 소극적인 성격에서 벗어나 적극적이고 활달한 성품으로 변신하는 용트림을 거듭한다면 그것은 아이를 위해 더 할 수 없는 축복이리라.

* 굼슬겁다 : 성질이 보기보다 너그럽고 부드럽다.
* 告 : 알릴 곡, 뵙고 청할 곡(보통 '고할 고'로 쓰이지만, 윗사람을 뵐 때를 의미할 경우에는 '곡'으로 읽는다.)

사랑의 숙성도, 풀무문학 제2집, 2013년 3월 1일

mygrand.tistory.com/737

(2012년 11월 22일 목요일)

손주의 운동 성향

이즈음 유진이 운동 성향이 점진적이지만 변화의 조짐을 보이며 전에 비해 다른 양태를 보이고 있다. 지난가을까지는 공원이나 바닷가를 찾아 그곳에 심어진 나무나 풀을 풀을 비롯한 곤충이나 벌레 등에 무척 많은 관심을 가지고 살피거나 채집을 하는 '정적인 놀이'에 몰입해왔다. 아마도 지난 늦가을 이후부터는 지대한 관심을 보이던 정적인 놀이나 관찰 행동을 시큰둥하게 여기며 새로운 놀이를 선호하는 변화의 징후가 확연하다.

공원이나 놀이터에서 한 시간 남짓 놀이를 하다가 돌아오는 길에 자전거를 타고 오가는 것을 당연히 여긴다. 그런가 하면 자전거에 부착된 바구니 속에 축구공을 담는 게 당연한 준비물로 자리 잡았다. 축구공은 아비가 귀국해서 사준 선물인데 신기할 정도로 애착을 보이는 까닭을 제대로 헤아릴 수 없다.

바닷가를 거쳐 공원에 이르러 놀이터에 웬만한 공간이 보이면 주저하지 않고 축구판을 벌인다. 그러다가 휴일이나 주말이면 집을 나서 공원에 이르는 길 중간쯤에 자리한 중학교 운동장으로 장소를 바꿔 맘껏 뛰놀며 기진맥진할 때까지 축구를 하는 경우가 숱해졌다. 한편, 공원에 롤러스케이트 전용 연습장은 늘 비어 있어 자전거 타기에 더 할 수 없이 맞춤한 장소라서 이제는 가장 친숙하게 다가가는 공간 중에 하나가 되었다.

남녘이라는 점을 감안하더라도 꽤나 매서운 날씨가 연속되며 눈이 내렸다. 그런가 하면 초겨울답지 않은 겨울비가 내린 뒤끝인데도 불구하고 오늘은 어울리지 않게 봄날을 연상할 정도로 날씨가 온화했다. 어제 토요일에 이어 오늘 오전까지 조신하게 집안에 갇혀 있다가 점심 식사 후에는 무조건 밖에 나가 놀자는 성화를 통째로 무시하면서 버틸 재간이 없었다.

봄날처럼 온화한 날씨 때문이었을까. 아파트에 사는 대부분 아이들 거개가 어딘가로 바깥나들이 떠났나 보다. 놀이터를 내다보니 우리 아파트에 사는 아이들은 보이지 않고 이웃 아파트에 사는 두 세 살 됨직한 사내아이 둘이 각각 부모의 손을 잡고 놀러 와 아장아장 걸으며 노는 게 전부였다.

자전거와 축구공을 가지고 유진이를 데리고 아파트 놀이터로 내려갔다. 우선 둘이 마주 서서 축구공 주고받기(pass) 놀이를 한동안 했는데 시들한 눈치가 역력해서 놀이방법을 바꿨다. 우리는 맞서서 움직이며 축구공을 가로채(intercept) 몰고 다니는(dribble) 놀이를 진땀이 나도록 했다. 그렇게 한 시간쯤 놀다가 마지막으로 자전거를 타고 달리도록 유도했다. 아파트 뒤뜰에서 맘껏 자전거를 타고 달리는 놀이를 하도록 일렀다.

일요일인 때문인지 오가는 차량이 전혀 없어 마음 놓고 100미터 남짓한 직선거리를 무한정 왕복해서 달리도록 했다. 아마도 왕복 열 번 정도 오갔기 때문에 달린 거리를 어림하면 2킬로미터를 넘을 게다. 얼굴과 목덜미에서 송골송골 솟아나는 땀을 손으로 쓱쓱 닦아내면서도 마냥 흡족해하는 꼴이 지난날과 다른 면모를 간파할 수 있었다.

요즈음 밖에 나왔다하면 자전거 타기는 필수이고 과격한 축구에 매료되어 가는 아이에게서 잠재적 남성의 징후가 또렷이 보인다. 그뿐이 아니다. 집에서 내게 걸어오는 장난도 사내아이 성정을 유감없이 발휘한다. 어울려 붙들고 당기며 내지르는 주먹이 불한당 같은 사내애의 매서움을 닮아 깜짝 놀라기 예사이다. 그런가 하면 말투 자체가 도전적이고 거칠어지는 기미가 완연한가 하면 행동이 잽싸지고 행동거지가 듬직하다.

그렇게 신이 정한 길을 자연스럽게 깨우치며 자기 세상을 향해 다가가는 게 본성이고 순리가 아닐까. 여섯 번째 돌을 맞으려면 얼추 다섯 달을 기다려야 하는데도 불구하고 어딘지 우락부락한 사내의 성정을 서서히 드러내는 쪽으로 빠르게 진화 중이라는 사실이 신기하다.

지난 금요일(12월 7일) 몇 년 만에 낮에 내린 폭설의 감동을 오래 간직하게 해줄 요량으로 과감하게 유치원에서 조퇴시켰다. 그리고 백설을 뒤집어쓰고 있는 한적한 공원의 잔디밭을 찾아가서 두 시간 가까이 눈사람을 만들거나 눈싸움에 몰두했었다.

그날 몸의 상태가 최악으로 엉망이었던 까닭에 제대로 견뎌내지 못했던가 보다. 다음날부터 들락날락하며 괴롭히던 감기가 또 다시 심통을 부려서 된 통으로 앓으며 혹독한 대가를 치렀다. 그 때문에 링거까지 추가로 맞는 소란을 피우며 병원 문턱을 매일 넘나들다가 겨우 정상을 찾으려는 고비에 이르렀다.

그런데 오늘 날씨가 푸근하다는 이유에서 밖에 나가 대책 없이 함부로 나대며 설쳤으니 과연 후유증이 뒤따르지 않을까 두렵다. 그렇지만 한편으로 생각하면 이런 기회를 통해서 서서히 정체성을 찾아가며 성장한다는 현실을 인지했다는 사실은 무엇과도 바꿀 수 없는 흐뭇한 일로 미간에 염화시중의 미소가 절로 번진다.

세월의 흐름에 따라 알듯 모를 듯 미세하게 달라지는 성징(性徵)을 관찰하며 자연의 섭리나 이치에 놀라 외경심이 절로 든다. 누가 가르쳐주거나 강요한 적이 없음에도 활동적인 성격으로 기울어져 가는 변이가 무척 경이롭다. 하기야 '해가 지면 미련 없이 그를 떠나보내야 달이나 별을 보이는 법.'이라고 이야기하지 않던가. 따라서 자연의 조화나 변화는 슬기롭게 수용하는 게 현명한 길에 근접함이 명백하다.

그런 내재적 욕구충족을 위해서 힘들게 내달리는 축구를 즐기는가 하면 격하게 자전거를 타려는 모험심이 커지는 게 분명하다. 이런 성향은 부지불식간에 남성의 정체성을 터득하는 과정의 단면이지 싶다. 그렇다면 활달한 성격의 건강한 남성으로 변했으면 하는 바람이다. 이런 생각을 긍정적으로 뒷받침하기 위해 성장 과정에서 기회가 있을 때마다 튼실한 남자아이로 터를 잡아가는 데 도움이 된다면 어떤 일이라도 주저하지 않고 적극적으로 도움의 손길을 보탤 참이다.

2012년 12월 16일 일요일

손주의 한자 자격시험 

올해 일곱 살에 접어드는 유진이가 지난 금요일(2월 1일) '8급(최하위급수) 한자자격시험'을 봤다. 어쭙잖게 결과를 속단할 수 없지만 시험 직전의 정황을 바탕으로 어림할 때 경천동지할 변고가 따르지 않는 한 무난하게 합격권에 들어갈 것으로 예측된다*.

지난해 봄에 유치원에 입학하면서 무슨 랩(Rap) 가사를 응얼대듯이 한자를 입에 달고 다녔다. 뜻(훈)을 아는지 모르는지 알 수 없어도 '하나 일', '뫼 산', '푸를 청' 식으로 주워섬겨 무척 신기했다. 생각할수록 기특해서 유치원에서 보내준 자료를 자세히 훑어봤다. 거기에는 "8급 50한자(행복한 교육 간행)"가 인쇄된 전지(全紙) 절반 크기의 코팅된 유인물이 있었다. 그것을 보면서 어린이들이 과연 한자를 받아들일 수 있을지 여부가 궁금했다.

옛날 우리 조상들이 코흘리개 어린이에게 한자교육을 했던 사실을 떠올리며 아이에게 실험을 해보고 싶었다. 아직 한글이나 숫자 교육마저도 시작하지 않은 상태였다. 그렇지만 시나브로 쉬운 한자(漢

字)부터 필순(筆順)에 따라 연습을 반복하면서 한글도 자음과 모음의 읽고 쓰기를 병행했다. 생각보다 깨우치며 터득하는 진도가 빠르고 정확했다. 그리고 적극적인 모습을 보였다. 그렇게 일 년 가까운 시간이 지나면서 시중에서 판매하는 '7급 대비 학습서'까지 완전히 익히는 정도에 이르렀다. 그 범위의 한자를 읽는 것은 물론이고 필순에 따라 획수(劃數)를 헤아리며 정확하게 쓰는 데 막힘이 없다.

평소 아이에게 한자를 가르치며 '한자자격시험' 안내문을 몇 번 읽은 적이 있다. 그에 따르면 가장 하위급인 '8급'에서는 한자를 쓰는 문제는 없고 일정한 범위의 한자를 읽을 수 있으면 된다고 했다. 그를 믿고 유진이가 '8급 한자자격시험'을 응시해도 충분하다는 판단을 했다.

자격시험이 실시되기 열흘 전쯤에 유치원에서 '한자자격시험'에 응시하려면 신청 여부를 알려주고 응시료를 납부하라는 알림장이 왔었다. 아이가 익힌 한자에 대한 수준을 감안해 대수롭지 않은 것으로 판단하고 덜컥 신청했다.

신청을 하고 사흘 뒤인가 유치원에서 참고하라면서 '기출(旣出) 문제지' 하나를 보내왔다. 한마디로 날벼락이었다. 문제 내용은 한자 실력이 좌지우지하는 것이 아니라 상당 부분이 한글로 표기 능력에 따라 좌우된다는 사실이었다.

이미 응시하겠다고 신청은 했는데 현실은 한자가 아닌 한글 표기 능력이 합격 불합격을 가름할 중요한 열쇠였다. 그런데 한글을 제대로 가르치지 않은 입장에서 보면 까마득하게 높은 유리 벽(glass cliff)을 만난 격이었다. 하지만 어쩌랴. 낭패스럽고 부끄러운 꼴을 당하지 않으려면 불편한 속내를 꼭꼭 숨기고 한글 표기를 익히도록 토닥이며 조심스럽게 유도할밖에 비껴갈 도리가 없었다.

'8급 한자 자격시험 문제' 내용은 크게 여섯 가지 유형이었다. 그런데 처음부터 제시되는 세 가지 유형은 한자만 정확하게 터득하면 얼추 해결할 문제였다. 하지만 네 번째부터 여섯 번째까지 유형은 한글 실력이 뒷받침되지 않으면 해결하기 어려웠다.

첫 번째 유형은 '《희다》라는 한글 표기를 보고 나서, 4가지로 제시되는 한자(漢字) 중에서 《白》의 번호를 찾아 기입'하는 문제였다.

두 번째 유형은 간단한 문장에 표기된 한자를 제시되는 4개의 한글 표기 내용 중에서 바른 번호를 고르는 유형이었다. 예를 들어 '水산물 시장에 다녀왔습니다.'라는 문제에서, 제시되는 4개의 한글 표기 중에서 정답인 《수》의 번호를 고르는 형태였다.

세 번째 유형은 제시되는 예문에서 특정한 단어(고딕체로 표기된)에 대해 한글로 표기한 내용을 한자로 표기한 《보기》에서 정확한 번호를 찾아 쓰는 것이다. 예를 든다면 "(19)하늘에 새 (20)두 마리가 (21)남쪽으로 날아가고…."라는 예문이 주어진다면, 《보기》에서 「天」, 「二」, 「南」의 번호를 찾아 (19), (20), (21)의 답란에 기입하는 식의 유형이었다.

네 번째 유형은 한자(漢字) 단어를 제시하면 그 독음(소리)을 바르게 써야 하는 문제였다. 예를 들어 《十月》, 《生活》, 《火山》이라는 단어가 제시되면 해당하는 답란에 한글로 《시월》, 《생활》, 《화산》이라고 기입하는 형태였다.

다섯 번째 유형은 제시되는 한자의 훈(뜻)과 음(소리)을 정확히 쓰는 문제였다. 예컨대 《土》, 《八》, 《上》이라는 문제가 각각 제시되면 해당 문제 답란에《흙토》, 《여덟팔》, 《윗상》이라고 정확하게 기입해야 한다.

여섯 번째 유형은 제시되는 단문에 나타난 한자의 독음(소리)을 기입하는 문제였다. “동근이는 유진이의 둘도 없는 親舊입니다.” 라는 문제가 예시되면 해당 답란에 《친구》라고 답을 쓰는 유형이었다.

처음부터 세 번째 유형까지는 전체 60%에 해당하는 분량으로 익힌 한자 실력을 바탕으로 해결하면 큰 무리가 없어 보였다. 하지만 네 번째부터 여섯 번째 유형까지는 전체 분량의 40% 정도에 해당하며 한글 표기능력이 따르지 못하면 틀릴 확률이 높은 난제였다.

유치원이나 초등학교 저학년 아이들이 『흙』, 『여덟』, 『나뭇가지』 같은 단어를 말로 하거나 읽기는 능수능란해도 글자를 정확하게 쓴다는 것은 엔간해서는 불가능한 문제이기 때문이다. 그런데도 이 또래들이 이런 유형의 한자자격시험을 많이 응시해 어엿하게 합격하는 경우가 많은 현실을 어떻게 설명해야 할까.

유진이에게 학교 교육과 관계없이 어느 정도까지는 차근차근 한자교육을 시켜 볼 요량이다. 물론 위편삼절(韋編三絕)*이나 과골삼천(踝骨三穿)*의 경지까지는 도통 관심이 없다.

우리의 일상생활에서 쓰이는 어휘나 단어의 상당량이 한자를 바탕으로 생성된 까닭에 글이나 말의 의미를 정확하게 파악할 기초를 다지는 지름길이 되기 때문이다. 영어나 수학에 모두걸기를 하는 시류에 역행하는 짓일지 몰라도 결코 무의미하거나 부질없는 집착은 아니리라.

* 2월 18일 오후 늦은 시간에 유치원의 담임선생님에게서 유진이가 '8급 한자 자격시험'에서 94점을 받아 '합격'했다는 문자 메시지가 제 할머니에게 왔다.
* 위편삼절(韋編三絕) : 그 옛날 종이가 없던 시절 대나무에 글을 써서 책으로 만들어

사용했었다. 그 시절 공자가 주역(周易)을 하도 많이 읽어 그것을 맨 끈이 세 번이나 끊어졌다는 데서 비롯된 말이다. 이는 같은 책을 수없이 되풀이해서 읽었음을 의미하는 말이다.

* 과골삼천(踝骨三穿) : 정약용의 최고 수제자로 칭송되는 황상(黃裳)이 고희를 넘겨서도 부지런히 초서(抄書)해 가며 책을 읽는 모습을 보고 사람들이 그 나이에 어디에 쓰려고 공부하느냐고 비웃었다. 그가 대답했다. '우리 선생님(정약용)은 귀양살이를 하면서 일구월심으로 저술에만 매달려 과골(踝骨 : 복사뼈)에 세 번이나 구멍이 뚫렸다. 이런 고매한 선생님께서 부지런히 공부하라는 가르침의 말씀이 여태까지 귀에 쟁쟁하다. 그러므로 '관 뚜껑을 덮기 전에 어찌 그 지성스러운 가르침을 저버릴 수 있을까.'라고 한 대답에서 연유한 말이다.

mygrand.tistory.com/698

(2013년 2월 4일 월요일)

손주의 푸른 오월

손주와 통영의 산양면 일주도로(1021번 지방도로)를 한 바퀴 돌아보고 잠시 전에 귀가했다. 딴에는 내일 '어린이날'을 맞아 특별한 추억을 만들어 주고픈 마음을 담은 가족 나들이였다. 물론 지루해 질리지 않게 쉬엄쉬엄 하려고 애를 썼는데도 여섯 시간 가까운 여정에 무리가 따랐지 싶다. 오가며 주변 경관이 단조로운 국도를 달릴 무렵엔 몰려오는 오수(午睡)에 빠져들었던 사실이 그를 방증하는 현상이 아니었을까.

오전 열한 시 무렵에 집을 나서 대략 한 시간 반쯤 지나서 통영도남관광단지 끄트머리쯤에 자리했던 옛 충무관광호텔 옆을 지나는 산양면 일주도로에 접어들었다. 이 방향으로 길머리를 잡으면 첫째로 섬을 한 바퀴 돌면서 바다를 왼쪽으로 끼고 도는 관계로 차창으로 스쳐 지나는 바다 구경이 금상첨화이고, 둘째로 구불구불 마구 오르내려야 하는 왕복 각각 1차로에서 바닷가나 낭떠러지 차선을 피해 안쪽 차선으로 주행할 수 있다는 이점이 있다.

느긋한 여유와 도로변 경관과 쪽빛 바다의 정경을 올곧게 각인시킬 요량으로 중간에 여러 번 차에서 내려 걷거나 자연을 살피도록 했다. 그런데 겁 없이 바닷가에서 천방지축으로 뛰거나 거침없이 물에 접근하려는 무모한 행동을 통제하는데 꽤나 신경을 곤두세우고 애를 써야 했다.

척포(미남리)의 바닷가 풍광이 빼어난 언덕에 터 잡은 통영수산과학관(경남 통영시 산양읍 척포길 628-111)에서 내려다보는 바다의 풍광은 속내를 숨기기 어려울 정도로 무척이나 인상 깊었던가 보다. 몇 번인가 신기하다는 말을 되풀이하는 꼴이 세상 이치를 깨달은 듯했다. 한참 넋을 잃고 주위 경관에 압도되어 장광설을 내뱉다가 해양자원 전시관을 둘러봤다. 그런데 자기가 알거나 봤던 물고기나 화석을 비롯한 전시물을 대하면 신이 나서 무언가를 끊임없이 설명해댔다. 그중에서도 2층 전시실에 살아 있는 멍게와 키조개를 저수조에 넣어놓고 만질 수 있도록 만든 곳이 있었다. 거기에서 망설임 없이 그들을 손에 거머쥐고 요리조리 살피는 모습이 얼치기 해양 생물 전문가를 빰칠 정도로 몰입해 신기하게 투영되었다.

통영에서 일출이나 일몰을 비롯해 달맞이 장관을 감상하기 가장 좋은 곳이 통영수산과학관이 자리한 천혜의 언덕과 코끼리의 어금니를 닮은 지형에 유래한 이름이라는 달아공원(통영시 산양읍 연화리 114)이다. 통영수산과학관과는 지척에 달아공원이 있으며 좀 과장하면 어른이 힘껏 큰 소리를 지르면 들릴 듯한 지근의 거리 안에 자리하고 있다.

공원마당에서 바닷가 해안 쪽으로 이어지는 밋밋한 오르막의 '청렴길'이라고 이름 붙여진 산길을 조금 걸으면 꼭대기에 '관해정'이라는 전망대가 있다. 여기가 일몰이나 일출 혹은 달구경에 맞춤한 걸출한 명소이다. 그런데 오늘은 그런 고상한 호사를 만끽하며 아름다움에 취할 시간대와 거리가 멀었다. 그렇지만 잠시 쉬면서 주위 경관을 구경시켜 줄 요량에서 주차장에 차를 세웠다.

공원의 좁은 마당에는 아이들이 투호(投壺)놀이를 무료로 할 수 있게 마련되어 있었다. 엉거주춤한 채 망설이며 눈치를 보는 아이를 독려하여 투호 놀이에 참여시켰더니 곧바로 푹 빠지는 놀라운 적응력을 보였다. 그리고 좁은 공원 매점에서 통영의 명물인 '통영 꿀빵' 한 상자를 샀는데 아직도 먹어보지 않아 그 맛은 미지수이다.

천려일실(千慮一失)이라 했던가. 나들이 길에서 먹거리가 마땅치 않을 경우를 대비해서 동네 제과점에 들려 간단히 요기할 빵 종류와 음료수를 준비하며 점심은 현지에서 해결하기로 했다. 정오를 지나 출출해 질 무렵 길옆 모서리에 자리한 자투리 공원의 들마루에 앉아 빵과 음료수로 끼니를 때우는 시늉을 했다. 그리고 예정된 길을 달리며 음식점을 곁눈질해 봐도 손주가 거들떠보지 않는 횟집 일색이라서 미적거리다가 통영 시내로 다시 돌아와 충무김밥이라도 먹기로 했다.

해안도로로 진입하여 통영의 달동네 '동피랑벽화마을(dongpirang wall painting village)' 바로 아래 바닷가에 거북선을 정박시켜둔 언저리의 '원조 충무 김밥집'을 찾아가다가 관광 차량이 대책 없이 뒤엉켜 발생하는 극심한 정체 현상에 기가 질려 과감하게 포기하고 집으로 줄행랑을 쳤다. 결국, 집에서 가까운 마산의 변두리에 이르러 늦은 점심 겸 저녁 새참 격으로 국수 한 그릇을 먹었다. 다양한 상황을 예견하고 점심을 완벽하게 준비해 갔어야 했다. 그런데 모두를 잘 준비하고도 하나를 챙기지 못했던 때문에 아쉬움이 컸다.

녀석이 성장한 먼 훗날 오늘을 기억할까. 어린 시절 조손이 죽이 맞아 손잡고 나섰던 싱그러운 나들이 길의 추억이 아름다운 회상의 곳간에 온전하게 갈무리 되었으면 좋겠다. 그리된다면 천륜이 맺어준 조손 사이의 돈독한 가족애가 삶을 한층 아름답고 풍부하게 만들어 행복으로 이끌어 주리라는 믿음 때문이다. 하여튼 오월은 푸르고 싱싱하며 밝고 아름다운 희망의 계절로 곱게 새겨지길 간원한다.

칠칠치 못한 할아버지의 과한 욕심을 받아들이기에는 무리였을까. 오갈 때 지겨워하는 표정과 행동이 역력했던가 하면 단조롭게 내달리던 차 속에서 혼곤히 낮잠에 떨어지는 모습을 보며 먼 노정을 생각했던 단견을 탓하기도 했다. 그런데도 처음 마주하던 바다의 모습이나 자연경관에 취해 감탄사를 연발하던 티 없는 행동에서 결코 무의미했던 길이 아니라는 생각이 든다. 그러므로 절반쯤의 성공을 거둔 나들이로 자리매김하고 싶다.

오늘 나들이의 손익을 꼼꼼히 따져보는 행위는 무의미한 감정의 유희에 지나지 않으리라. 손주나 우리 내외에게 그래도 즐겁고 행복했던 오늘 하루가 오래도록 기억에 남아 두고두고 얘깃거리로 등장할 게다. 하루 전인가 나들이 가자고 녀석에게 귀띔을 했다. 불쑥 말을 건네고 마음의 준비를 할 겨를이 없어 기다림이 짧아 아쉬웠을지 모른다. 그렇다고 설렘이 기다림에 정비례하는 것은 아니리라.

두 아들을 키운 이후로 '어린이날'을 까마득하게 잊고 지냈었다. 그런데 며칠 전부터 시도 때도 없이 주워섬기던 '어린이날'이 바로 내일이다. 언제부터인가 작은손주를 직접 맡아 키우기 시작했다. 그래도 이전까지는 아이가 어리다는 핑계를 들어 적당히 외면하며 어물쩍 넘겼었다. 그런데 올해 일곱 살에 접어든 아이가 유치원에서 돌아와 동요처럼 읊조리고 다니며 무엇을 해 줄 것이냐고 확인하며 들볶아댔다. 그런 아이에게 입막음을 하고 바람도 쐬주고 싶은 자의 반 타의 반 심정으로 나서서 통영의 산양면 일주도로를 탐승했던 꿈길은 엄청 즐겁고 마냥 흐뭇했다.

한국을 빛낸 문인, 2013 명작선, 2013. 12. 31, 선우

(2013년 5월 4일 토요일)

5부

천방지축의 널뛰기

어린 천사의 능갈치기 

사전에서 '능갈치기'를 '교묘한 수단으로 잘 둘러대다.'라고 풀이한다. 이런 맥락에서 다섯 살배기 유진이는 능갈치기 대장이다. 툭하면 제 편리한 대로 주워섬기다가 벼랑 끝으로 몰린다 싶으면 스스럼없이 일대 반전을 꾀하면서도 아무렇지도 않은 양 시치미를 뚝 떼고 딴전을 피운다. 그렇게 위기를 모면하면서도 느물거리며 천하태평의 고래 심줄을 자랑한다. 속내가 훤히 들여다보이기도 한다. 하지만 어떨 때는 감쪽같아 깜빡 속아 넘어가기에 십상이다.

날씨가 흐린 아침에 잠자리에서 일어나는 순간 어른이나 애를 막론하고 몸이 무겁고 개운치 못한 기분을 억누르기 어려운가 보다. 특히 구름이 끼거나 비 오는 아침에 잠을 깨우려면 잔뜩 얼굴을 찌푸리고 머리가 아프다거나 배가 아프다며 흐느적거린다. 그리고 어린이집에 갈 수 없다는 초강수 선언에다가 온갖 생트집을 부리며 어른을 우롱하는 경우를 왕왕 겪는다.

처음 몇 번은 호들갑을 떨다가 겨우 정신을 차린 뒤에 온도계를 찾아 체온을 재보고 배를 문지르거나 소화제를 먹이며 겁을 먹고 쩔쩔매기도 했다. 물론 녀석의 표현대로 탈이 났던 경우도 이따금 있었다. 하지만 그렇게 능청스런 눈속임으로 어른들의 얼을 빼면서 잔뜩 긴장시키고 관심을 온통 자기에게 집중토록 하려는 어설픈 계략의 흔적이 드러났던 무례한 예가 드물지 않다.

요즘도 녀석은 작은 공원을 찾아가 대략 한두 시간 놀다 오는 날이 많다. 여러 나무 종류를 비롯해 다양한 형태의 정원수와 갖가지 꽃을 구경하며 걷기를 무척 즐긴다. 그러다가 지루해지면서 주위에 오가는 사람이 뜸하다 싶으면 다리가 아파서 못 걷겠다며 걸음을 멈추고 매달려 징징댄다. 그럴 때 묵묵히 녀석 앞에 쭈그려 앉으면 씩 미소 지으며 내 등에 업힌다. 그래도 마음은 편편치 않은지 헤픈 아부성 립 서비스를 연신 날려댄다.

할아버지가 '제일 좋다.'거나 '힘이 세다.'고 치켜세우기도 한다. 그런가하면 갑자기 자기의 키가 할아버지보다 커졌다거나 '지금 무척 행복하다.'고 맹꽁징꽁 주워섬기며 비행기를 태우는 임기응변 능력을 뽐내기도 한다. 그러다가 낯모르는 할아버지나 할머니가 멀리에 보이면 움찔하여 빨리 내려 달라고 앙탈을 해댄다.

당장 죽어가는 시늉을 하면서 다리가 아프다고 그럴듯하게 매달리던 애처로운 모습은 온데간데없이 멀쩡한 자세로 또박또박 잘도 걷는다. 언젠가 내 등에 업혀 오다가 지나가는 할머니께서 할아버지 등에 업히면 나쁜 사람이 된다고 따끔한 꾸지람을 들은 다음부터 생긴 방어 본능이다.

밥을 잘 먹다가도 갑자기 '욱!' 하는 소리와 동시에 눈물이 그렁그렁해지면서 씹던 밥을 토하는 버릇이 녀석에게 있다. 처음에는 기절초풍하여 밥 먹는 것을 중지시켰다. 그리고 즉시 소화제를 먹이거나 배를 문질러 주며 어디가 아프냐고 물으면 심각한 표정을 지어 가슴을 쓸어내리게 만들기도 한다.

그런 행위의 대부분은 신빙성이 없음을 알았다. 그렇게 집안을 발칵 뒤집어 놓고 불과 몇 분 지나지 않아 냉장고에서 먹거리를 뒤져내서 꾸역꾸역 먹어대는 밉상을 떨기도 했다. 그런가 하면 설거지가 끝나지 않은 제 할머니에게 먹을 것을 찾아 주지 않는다고 생떼 쓰기를 주저하지 않는 행위가 그를 입증한다. 그럴 경우 너 아프지 않았느냐면 '갑자기 아프더니 지금은 멀쩡하다.'는 대답이다. 속이 훤하게 드러나는 둘러대기였다는 사실을 스스로 토설하는 해프닝이다.

상황을 받아들이는 게 빠르고 제 나름대로 틀렸다고 생각되면 그를 인정하는 게 합리적이고 명쾌하다. 녀석이 그림을 그리거나 되지도 않은 낙서를 하는 종이는 컴퓨터 프린터에서 사용했던 이면지이다. 그런데 너무 헤프게 쓰고 버리기 때문에 절약해야 된다고 되풀이해서 타일렀다. 그래도 별무 효과로 내 입만 아픈 꼴이 흔하다. 혹시나 해서 다시 주의를 환기시키면 '아! 그렇구나! 내가 깜빡했네…' 라고 반성을 하기도 한다. 하지만 그런 충고는 그 자리를 벗어나면서 깡그리 잊어버리기 일쑤여서 작심삼일에도 이르지 못하는 경우가 태반인 풍신이다.

사내 녀석인 때문인지 공룡을 좋아하고 네고(nego) 만들기를 즐기는데 문제는 자기가 하는 대로 놔두면 금세 집안 꼴이 뒤죽박죽 별장으로 변한다는 사실이다. 거실 가득히 늘어놓고도 모자라는지, 거침없이 방까지 침범해 어질고도 모자라 결국에는 베란다까지 돼지우리처럼 휘저어 놓기 일쑤다. 그러고도 뭐가 그리 당당한지 껄껄거리며 우쭐대는 꼴은 적지 않은 참을성을 요구한다. 그럴 때 '모두 제자리'를 외쳐 봐도 결과가 어찌 될지 예측 불가능하다.

제 맘이 내키면 분주하게 동동거리면서 말끔하게 정리하는 신통함을 보이며 볼멘소리를 하지 않는다. 그러나 내키지 않을 경우엔 마뜩찮은 표정이 역력한 모습으로 표변하여 툴툴대면서 엉뚱한 연막전술을 편다. 그렇게 뚱딴지같은 짓을 하며 능치는 꼴에 어이가 없어 허허 헛웃음만 터져 나와 할 말을 잃는다.

본질이나 근본에 대하여 수사(修辭)와 감각이 지나치게 발달하는 것 같은 외형적인 모양새나 얼렁뚱땅 돌려대는 언변이 도를 넘는 것이 아닌지 의구심도 들기도 한다. 그런 까닭에서 본말이 전도되어 품성을 망가뜨리는 어리석음을 바로 잡지 못하고 도리어 부추기는 꼴은 아닌지 걱정이 앞서지만 한동안 깜냥대로 행동하는 녀석을 묵묵히 지켜볼 요량이다.

2011년 10월 28일 금요일

손주의 예방접종

이번 달(2011년 11월)로 태어난 지, 만 4년 7개월에 접어드는 유진이가 백신(vaccine)의 접종 횟수가 34번이었다. 들쭉날쭉하면 면역력에 문제가 발생하지 않을까 하는 의구심에 군소리 않고 모두 정해진 기간 내에 접종을 했다. 다음에 접종해야 할 종류와 시기를 알아볼 요량으로 '소아건강수첩(Child Health Record)'의 '예방접종 기록표(Immunization Record)'를 펼쳤다가 기가 차서 할 말을 잃었다.

내 어린 시절엔 기껏해야 천연두와 결핵의 접종이 전부였다. 심지어 홍역이나 소아마비 같은 백신의 접종이 보편화 된 것은 한참 세월이 지난 뒤의 일이다.

의학이나 질병에 대해서 아는 게 없어 단골 소아과에서 추천하는 백신의 종류와 시기를 위시해서 횟수까지도 어느 하나 허투루 지나치지 않고 꼬박꼬박 따랐다. 하기야 지나칠 정도로 많고 귀찮아 똑 소리 나게 자식을 키우고 있는 제자들에게 구렁이 담 넘어가는 식으로 은근슬쩍 물어봤던 적이 있다. 한결같이 병원에서 권하는 대로 모두

접종할 이유가 없다고 했다. 선택적으로 접종해도 무방하다는 알쏭달쏭 선문답 같은 조언을 했다.

무엇을 생략하고 무엇을 필수적으로 접종해야 하는지 골라낼 재간이 없어 병원에서 추천하면 우직하게 따를밖에 달리 신통한 묘수가 없었다. 또한 예방접종을 제대로 하지 않은 것이 빌미가 되었을 경우 유진이나 제 아비에게서 쏟아질 원망을 원천적으로 봉쇄하자는 생각도 작용했다. 그런 까닭에서 엔간하면 빠뜨리지 않을 요량으로 소아과에 가서 접종했다.

'예방접종 기록표'를 꼼꼼히 살폈더니 매년 가을에 맞아야 할 '독감' 백신을 제외하면 앞으로는 만 6세와 12세에 각각 추가 접종할 '일본뇌염 사백신' 뿐이었다. 아무리 다양한 질병이 창궐하는 세상이라고 해도 지나치게 과다하다는 기분이다. 원래 이 분야에 까막눈이기에 말을 삼가는 게 현명한 처신이고 바른 자세일지 모른다. 아이가 접종했던 백신 떨거지는 자그마치 10가지로 나뉘어졌는데 생소한 이름이 많아 아리송했다.

하도 신기해 좀 더 자세히 살폈다. 첫 번째 쪽의 맨 윗줄부터 다음 쪽까지 이어지는 내용의 요약이다. 결핵(BCG : 1회), B형간염(Hepatitis B : 2회), 디프테리아 및 파상풍/백일해(DTaP : 5회), 폴리오(elPV : 4회), 뇌수막염(Hib : 4회), 폐구균 단백 및 결합백신(4회), 홍역/볼거리와 풍진(MMR : 2회), 일본뇌염 사백신(3회), 수두(Chicken pox : 1회), A형간염(Hepatitis A : 2회), 독감(Influenza : 6회) 등이다.

그 옛날 돌림병으로 '마마'나 '큰 손님'이라고 불리던 천연두를 비롯해 홍역이 들불처럼 번져 분탕질하며 휩쓸고 지나가면 동네 아이들이 줄줄이 생명을 잃었다. 그 때문에 병이 돌기 시작하면 내남없이 공포에 벌벌 떨었다. 게다가 천연두는 천우신조로 회복되어도 후유증의 어두운 그림자가 일생을 따라다니기도 했다. 얼굴을 비롯하여 전신에 생기는 흉터인 '곰보' 현상을 이른다.

소름 끼치도록 무섭던 돌림병을 철저히 무장 해제시키는 백신이 보급되면서 오늘날 천연두는 지구촌에서 완전 소멸한 병으로 선언되기에 이르렀다. 그리고 최근에는 홍역이 전국적으로 널리 전파되지도 않을 뿐 아니라 앓다가 목숨을 잃는 경우도 없다. 또한, 그 시절 많이 발생했던 소아마비 역시 백신 보급으로 자취를 감췄지 싶다. 긍정적인 관점에서 보면 예방접종의 종류나 횟수가 다소 과다해도 기꺼이 받아들이는 게 현명한 대처이다. 이는 옛 어른들이 병의 진행단계로 지적한 내용 중에서, 마지막 단계의 질곡을 거뜬히 비껴갈 수 있지 싶다는 생각에서 적잖게 위안이 된다*.

씨줄과 날줄로 촘촘하게 엮듯이 물샐틈없는 보호막을 구축하기 위하여 입때까지 34번의 접종을 기꺼이 받아들인 갸륵한 정성과 착한 마음씨도 아랑곳없는 걸까. 늦가을부터 이듬해 봄이 무르익어갈 무렵까지 툭하면 감기에 열이 나거나 탈이 나서 병원 문턱이 닳아빠질 정도로 찾아야 했었다.

한밤중이나 공휴일에 애간장을 태우며 다급해 발을 동동 구르던 황당한 경우가 숱했다. 갑자기 고열이 나며 토하거나 신음하는 당혹스러운 경험을 하면서 엉뚱하게도 그 많은 접종의 효험이 있는 것인지 의구심이 들기도 했다. 실제로 하등의 인과관계가 없는데도 백신 접종과 감기를 결부시키는 오류를 범하기도 했다.

하나라도 접종에서 빠질세라 확인을 거듭했었다. 하지만 불행하게도 우리 부부 스스로에게는 정반대로 인색하기 그지없었다. 흔히들 '중이 제 머리 못 깎는다.'고 얘기한다. 매년 가을에 들어서면서 단 한 번의 예방접종만으로 그해 가을과 겨울을 비롯해 이듬해 봄까지 독감의 위험으로부터 자유로울 터이다. 그런데 아직까지 접종을 해 본 적 없이 미련하게 대처하는 삶을 영위해 왔다.

그러다가 이번 가을에도 매년 돌림병처럼 찾아오는 감기에 걸려 된통 앓았으며 아직도 그만그만한 기침은 현재 진행형이다. 무려 4주일 동안 열과 기침으로 골골거리며 사흘 간격으로 병원을 찾았어도 나을 기미가 보이지 않아 무척 고민스러웠다.

호되게 앓기를 거듭하다가 급기야 링거를 몇 번이나 맞아야 하는 어처구니없는 난리굿을 피우면서 크게 뉘우쳤다. '소 잃고 외양간 고치는(失馬治廏 : 실마치구)' 격으로 공연한 고생을 하지 않기 위해서 내년에는 가을이 돌아오면 기필코 독감 예방접종을 하리라고 씁쓸한 다짐을 했다*.

가끔 자질구레한 병치레로 얼을 빼놓기도 한다. 그런 아픔을 겪으며 해맑고 구김살 없는 야무진 모습으로 튼실하게 성장하는 꼴이 여간 듬직한 게 아니다. 작은 병치레를 온몸으로 겪어내며 면역력을 기르는 과정에서 단련되고 담금질 되어 강인해졌으면 좋겠다. 지나가는 감기나 고열을 비롯하여 소소한 탈이나 장애는 성장통으로 치부해도 무리가 없을 듯하고 어쩌면 필연적인 통과의례로 받아들여도 될 법하다.

이에 비해서 그동안 자청했던 예방접종은 감당하기 버거운 병마의 치명적인 위험이나 영구 장애라는 재앙의 위협으로부터 자유선언이기에 어떤 경우에도 부도날 위험이 없는 튼실한 보험에 든 셈이라서 든든한 뒷배가 분명하다.

* 예로부터 선현들은 병의 진행단계에 대해 이렇게 갈파하고 있다. 첫째로 병이 피부에 있을 경우는 '고약'으로 치료할 수 있고, 둘째로 혈맥에 있을 경우는 '침'으로, 셋째로 위장에 있을 때는 '탕약'으로, 넷째로 뼈속에 스미면 '귀신도 손을 쓰지 못한다.'고 일렀다.
* 다음 해(2012년) 가을에는 구청 보건소에서 노인들에게 무료로 제공하는 독감 백신을 거의 한 시간 정도 줄을 서서 기다렸다가 예순여덟 해를 살면서 처음으로 접종했다(10월 8일).

2011년 11월 16일 수요일

맹랑한 영화감상

유진이는 네 살 때부터 가뭄에 콩 나듯이 이따금 영화관을 찾았다. 처음엔 아내, 그다음엔 나와 아내, 그 후에는 나나 아내가 눈치껏 사정을 봐가며 동행하는 쪽으로 진화했다. 텔레비전에서 어린이 프로그램을 시청하다가 영화 선전이 나오면 막무가내로 졸라대 어물쩍 피하거나 섣불리 뒷날 운운하며 '구렁이 담 넘어가는 식.'으로 대거리 했다가는 뒷감당이 되지 않아 전전긍긍하며 끌탕을 쳤다. 그렇게 식언 때문에 끌탕을 치다가 결국 벼랑 끝으로 몰려 '울며 겨자 먹기' 식으로 영화관을 찾기도 했다.

처음엔 경험이 없어 내외가 함께 허둥지둥 채비를 하고 나서서 녀석을 고이 모시고 집 근처의 영화관을 찾았다. 별다른 감흥도 없는 어린이 영화를 의무 방어전 치르듯이 관람하는 처지에 식구가 있는 대로 떼를 지어 줄줄이 몰려간다는 것은 낭비라는 생각이 들기 시작했다.

시간이 아까울 뿐 아니라 어린이의 입장료 몇천원에 비해 어른 둘

비용은 그에 몇 배라서 '배보다 배꼽이 큰' 모순 또한 가당치 않았다. 얄팍한 주판알을 굴려본 뒤로는 꼭 보여야 할 영화일 경우 내외 중에 여유시간이 넉넉한 쪽이 데리고 간다는 원칙을 암암리에 불문율로 정했다.

참으로 격세지감을 실감한다. 내가 처음 영화를 봤던 것은 6 · 25 전쟁이 휴전으로 이어진 직후로서 초등학교 1학년 때였다. 열악하기 짝이 없는 교실 유리창을 엉성하게 검은 천으로 가리고 맨 마루에 학생이 콩나물시루를 연상시킬 만큼 촘촘히 붙어 앉아 신기한 외국영화를 감상했던 기억이 새롭다.

그때 본 것은 전쟁을 내용으로 하는 무성영화(無聲映畵)였다. 그래서 영화의 화면이 바뀔 때마다 변사(辯士)*가 상황 설명을 하던 호랑이 담배 먹던 시절의 골동품 같은 영화였다. 그에 비하면 손주가 보는 영화관은 궁궐의 제왕이 부럽지 않은 시설을 비롯해 영화의 질은 디지털 시대에 걸맞은 빼어난 수준으로 예를 들면 '마당을 나간 암탉' 같은 영화이다.

아이의 정서 발달을 위해 적당한 내용의 영화라면 사정이 허용되는 범위 내에서 보여 주려는 편이다. 하지만 만만치 않은 참을성과 은근한 끈기가 필요하다. 집에서 나서 몇 걸음 걷다가 큰길 하나 건너 고층빌딩에 개봉관이 있어 오가는데 전혀 문제가 없다. 그러나 혼자서 동행할라치면 여간 신역이 고된 게 아니다.

영화관에 도착해 표를 구매하고 상영 시작까지 기다리려면 연신 이것저것 사 달라는 주문을 해댄다. 게다가 휴게실 안팎을 헤집고 다녀 물가에 애를 내놓은 것 같이 불안해서 잠시도 눈에서 떼지 못한다. 그런가 하면 때로는 상영시간이 코앞에 다가왔는데 난데없이 용

변이 급하다고 난리굿을 피우면 창졸간에 당황하여 진땀을 줄줄 흘린다. 그런 절박한 상황에서 느물거리며 희희낙락하는 뚱딴지같은 모습에 어이가 없기도 하지만 한편으로는 생뚱맞은 행동이 되레 귀엽다.

녀석은 영화에 완전히 몰입해 감상하는 편이지만 '염불보다 잿밥에 관심이 많은 축.'이다. 그런 때문에 표를 구입하기 무섭게 '팝콘과 콜라'를 사라고 다그치며 설치는 꼴을 보이면서도 미안해하는 구석이 전혀 없이 당당한 표정이다. 꼬맹이가 먹을 만큼 팝콘이나 콜라의 양이 절반 정도 작았으면 좋으련만 어른이 함께 먹어도 남을 정도의 크기만 판매해 항상 불만스러웠다.

엄청나게 큰 팝콘과 콜라를 녀석과 함께 열심히 먹어도 늘 남아처지 곤란했다. 팝콘이야 집에 가지고 오면 되지만 종이컵에 담긴 김빠진 콜라는 영화관 입구의 쓰레기통에 버리고 나오기 일쑤이니 낭비가 틀림없다.

아내와 단둘이서 감상했던 영화는 아주 오래전의 '쥐라기 공원'일 정도로 평소에 즐겨 감상했던 축이 아니었다. 그런데 손주 때문에 '자의 반 타의 반'의 어정쩡한 상태에서 찾는 영화관에 적응하려면 여간 맹랑한 게 아니다. 그럴 때면 저승에 있을 제갈량의 지혜라도 빌리고픈 심정이다. 잡다한 요구를 단호하게 내치기 어렵기 때문에 눈치껏 시늉이라도 내서 심기를 건드리지 않아야 한다. 그리고 항상 요구하는 팝콘과 콜라를 준비해서 영화 상영 중에 원하면 즉각 턱밑에 디밀어야 한다.

영화관에 입장할 때는 입구에 쌓아둔 보조 방석도 빠짐없이 챙겨야 한다. 키 작은 녀석이 화면을 잘 보이도록 본래의 성인용 좌석 위에 보조 방석을 올려놓고 자리를 높인 뒤에 앉혀야 하기 때문이다. 또한, 입체 영화일 경우 전용 안경을 챙겼다가 영화 상영과 동시에 녀석의 얼굴에 맞도록 조정해야 하는 뒤치다꺼리도 게을리할 수 없다. 따라서 자질구레하게 신경을 써야 하는 소소한 문제가 줄줄이 이어지게 마련이다.

별반 재미도 없는 내용을 손주와 감상하려면 하품이 절로 나고 졸음을 이기지 못해 깜빡깜빡 졸기도 한다. 그렇게 힘겨운 상황을 버텨내기 어렵다는 핑계로 마냥 건성으로 보거나 딴생각을 하면서 오매불망 언제 끝날 것인지 헤아리며 해찰을 했다가는 치도곤을 당하기 십상이다.

녀석은 영화를 보는 도중에도 잘 이해가 되지 않거나 신이 나면 귀에 대고 소곤소곤 질문을 쏟아낸다. 그럴 경우 퍼뜩 적당한 답이 떠오르지 않아 엉뚱한 대답을 하거나 모른다고 하면 불호령이 떨어진다. 할아버지는 어른이면서 그것도 모르냐고 가차 없이 직격탄을 날린다. 그뿐이면 좋으련만 설상가상의 주문까지도 줄줄이 이어진다. '안경을 벗겨라.', '보조 방석을 세워라.', '팝콘을 가까이 놓아라.', '콜라를 대령하라.' 등과 같은 자질구레한 시중 요청이 끊이지 않는다.

내 입장에서는 탐탁하지 않은 영화 감상도 내키지 않는데 그 많은 요구의 덤터기를 다소곳이 받들려면 엔간한 참을성 가지고는 버텨내기 어렵다. 하기야 어린 손주의 지적 호기심을 충족시키고 사고의 폭이나 깊이를 더하는 일이라는 견지에서 이성적인 인내심을 발휘하여 불평이나 불만을 외부로 나타내지 않고 삭이고 있으니 그나마 맞춤한 어른 값을 하는 셈이다.

요즘도 가끔 텔레비전에서 어린이 프로그램을 시청하다 보면 어린이 영화 선전이 눈에 띈다. 그럴 경우 거의 자동적으로 저거 보러 영화관에 가자고 설쳐댄다. 하지만 원한다고 그때그때 영화를 볼 환경이 아니다. 선전 내용을 보고 영화관에 연락해 보면 서울에서는 상영 중이지만 여기는 아직 계획이 없다는 맥 빠진 대답을 듣는 경우가 심심치 않다. 이것도 서울과 지방 사이의 문화적 환경이나 수준 차이가 아닐까 하는 생각을 하면서 차선책으로 다른 영화를 보여주지만 씁쓸한 마음은 어쩔 도리가 없었다.

* 변사 : 지난날 한국과 일본의 무성영화 시기에는 '전설(前說)'이라고 하여 영화를 상영하기 전에 전체 내용을 간략하게 요약해 주었다. 그리고 영화가 상영되기 시작하면 악사가 연주하는 곡에 맞추어 등장인물의 목소리를 흉내 내거나 영화의 내용을 설명해줬다. 아울러 대포 소리와 같은 효과적인 의성어를 들려줌으로써 영화 이해와 감상을 돕는 '무성영화 해설자'가 변사이다.

2011년 11월 19일 토요일

어린 왕자의 새 놀이터

임진년 삼월 초이틀 어린 왕자 유진이가 유치원에 처음 가는 날이었다. 유치원 정문에 선 아이의 모습이 유난히도 의젓하고 믿음직스러웠다. 부모가 밖에 머무는 상황에서 조부모인 우리와 함께 살아왔던 때문에 감회가 사뭇 각별했다. 다음 달에 다섯 번째 생일을 맞을 뿐 아니라 새로운 삶을 배워갈 유치원에 진학했다는 사실이 믿기지 않아 아내와 마주 보며 싱긋 웃었다. 이심전심으로 전해지는 뿌듯한 충만감에 사로잡히면서 순간적으로 콧잔등이 시큰했다.

오랫동안 녀석의 놀이터이며 생활과 배움의 장이었던 어린이집의 경험은 죄다 새로운 세계의 밑거름이며 자산이 될 터이다. 어린이집을 뒤로하고 먼 미래를 내다볼 안목을 기를 창(窓)이며, 진솔한 배움과 놀이터인 유치원이 가장 맘에 드는 생활의 장으로 자리 잡았으면 좋겠다.

유치원에 대해 두려움과 사발통문*으로 주워들었던 토막상식이 마음에 들지 않았던 모양이다. 처음엔 꼴 같지 않은 핑계를 앞세우고 배타적인 완강한 모습으로 뻗대면서 여태까지처럼 어린이집에 계속 다니겠다고 응짜를 부렸다. 그런가 하면 유치원에 가면 무엇을 하느냐며 재미가 있는지 깐깐하게 확인하려 들면서 숨겨진 속내를 슬며시 드러내기도 했다. 아마도 녀석의 마음을 움직였던 결정적인 계기는 예비소집 일에 함께 어린이집에서 동문수학했던 '동근'이와 '여진'이가 유치원의 같은 반임을 확인한 뒤부터였다.

공식적으로 유치원에 첫걸음이었던 아침의 소회이다. 녀석의 한 손은 할아버지인 내 손을, 또 다른 손은 할머니 손을 잡고 유치원까지 걸어갔다. 집에서 유치원까지는 불과 500미터 이내의 거리로 천천히 걸어도 3-4분이면 족하다. 그 짧은 시간 동안 녀석의 손을 통해 전해지는 따스한 온기는 묘한 희열과 진한 감동으로 전율 되었다. 함께 살면서 험한 사고 없이 건강하게 자라준 사실에 우선 무조건 고맙다. 아울러 이목구비가 반듯하며 곱고 밝은 심성으로 성큼 자라준 게 그저 고마운 축복일 따름이었다.

어린이집을 햇수로 네 해를 다녔는데, 어느결에 키가 110센티미터 정도에 이르렀다. 게다가 몸무게가 18킬로그램을 웃돌 만큼 훌쩍 성장하여 여간 의젓한 게 아니다. 아이들의 발이 커지면 신발이나 양말을 그에 맞춤한 것으로 바꿔 신겨야 한다. 그리고 몸이 나고 키가 쑥쑥 자라면 그에 걸맞게 새 옷을 마련해 입는 게 자연의 이치에 따르는 길이며 순리이다.

이와 같은 맥락에서 성장이나 발달에 보조를 맞춰 걸맞은 놀이를 하는 한편 또래들과 소통하고 눈높이에 맞는 법도를 익히기 합당한 유치원으로 활동 무대를 바꾸는 것은 당연한 대응이다. 또한, 유치원의 경험은 또 다른 세상을 내다보며 꿈과 희망의 싹을 키워나갈 전초기지 역할도 톡톡히 해내리라.

올해와 내년을 꼬박 다녀야 할 유치원을 통해 아이가 어떤 모습으로 거듭 태어나길 원하는가. 아이에게 최고의 놀이터이며 최선의 교육장이기에 기대가 크다. 우선 건강하고 반듯한 품성과 넉넉한 소양을 가진 아이로 성장하길 기원한다.

아울러 또래들과 끼리끼리 소통하고 어울리면서 조신하게 자기 얘기를 말할 수 있으며, 남의 얘기를 차분하게 들을 줄 아는 후덕한 소양의 토대를 갖춘다면 더더욱 좋겠다. 거기다가 어렵고 힘들수록 다른 사람과 협력해 공존과 상생의 길을 모색하는 덕목을 체득한다면 금상첨화가 아닐까.

그렇다고 무엄하게 성현이나 도덕군자의 드높은 사상이나 걸출한 처세를 넘보려는 탐욕을 부리고 싶지 않다. 요즘 거개의 아이들은 외동이기에 중증의 왕자병이나 공주병에 빠져들어 혼란을 겪는 경우가 허다하다. 그런 모순의 나락에 빠지지 않고 주위의 동무들과 스스럼없이 어울려 동행하며 공생하기를 바라는 마음에서 하는 얘기이다.

사족 같은 문제 하나 짚어 보련다. 최근 우리 사회는 출산율이 급격히 하락하면서 각 지자체마다 앞 다퉈 다자녀 가정의 지원방안을 내놓는다. 그런가 하면 나라나 정치권에서 어린이 무상교육을 소리 높여 부르짖어도 씨알도 먹혀들지 않는 꼴이다. 최근 정부 당국에서 유치원교육에 일정한 연령층의 아이 한 명에게 무조건 월 20만원씩 지원한다고 홍보에 열을 올리고 있다. 이 경우 아이 한 명이 일 년에 240만 원을 지원받는다. 이것으로 과연 온전한 무상교육이 가능할까. 공립 유치원의 경우는 어떨지 모르지만 절대다수인 사립의 경우는 '글쎄올시다.'라는 표현이 제격일 듯싶다.

특별한 유치원도 아니고 중소도시의 보통 유치원에 입학한 손주 녀석이 종일 유치원에 머물다가 오후 6시 무렵 집으로 돌아오는 프로그램을 택했다. 그런데 정부에서 매달 지원하는 대략 160,000원을 제외하고, 한 해 동안 보호자가 추가로 부담해야 할 가욋돈은 얼추 340만 원을 초과할 것으로 추산된다*. 아이 하나도 이 지경인데 둘 셋일 경우 거의가 감당하기 버거워 쩔쩔맬 수밖에 없다. 그러므로 무상교육이나 지원을 정부나 정치권이 고성능 나팔을 대고 읊어대도 '콧방귀도 뀌지 않는다.'는 생각을 지울 수 없다.

유치원을 지나 초중고교를 거쳐 대학에 이르기까지 공교육비에다가 사교육비를 더한다면 기절초풍할 교육비 폭탄이 쏟아질 것으로 예견된다. 이런 현실에서 엔간해서 다자녀를 갖겠다는 과욕은 언감생심이 아닐까. 따라서 우리의 출산율 제고 정책은 근본부터 궤를 달리하는 철학을 바탕으로 접근하는 환골탈태가 시급하다.

참으로 빠르고 덧없는 세월이다. 아이의 나이 여섯에 깜짝할 사이에 다다랐다. 그동안 어린이집을 거쳐 유치원을 다닐 정도로 훌쩍 자라버렸다. 이제 곧잘 나와 할머니를 설득해 자기의 주장을 관철시키려고 기를 쓸 만큼 사유의 폭이 넓어졌고 소견까지도 멀쩡해졌다. 혼이나 정신이 비뚤어지거나 엇나가지 않도록 올곧은 성품을 길러줄 교육의 장이며 으뜸의 새로운 놀이터로서 유치원의 역할을 염원한다.

* 사발통문(沙鉢通文) : 보통 사람들에게 알려야 할 호소문이나 격문(檄文)을 작성하고 주모자를 알 수 없도록 사발 모양으로 둥글게 돌려가며 적은 통문을 말한다. 이는 조선의 고종 무렵에 많이 사용했으며 동학혁명을 이끌었던 동학군들이 작성했던 사발통문이 유명하다. 지난 1968년 정읍의 송준섭씨의 고옥의 마루 밑에 묻혀있던 족보와 함께 사발통문이 발견되었다. 여기에는 1893년 동짓달에 동학을 영도했던 전봉준을 비롯해 스무 남은 명이 둥그렇게 서명되어 있었다. 그리고 그 구체적인 내용은 고부성(古阜城)의 점령 요령, 무기고 점령 방법, 탐관오리 처단 방안, 고부군수 조

병갑의 처형에 대한 내용이 수록 되었다.

* 유진이 한 해 동안 유치원 교육비 추정치는 다음과 같다. 먼저 입학이 확정되면서 235,000원(원서대 : 5,000원, 입학금 : 90,000원, 원복 : 100,000원, 체육복 : 40,000원) 납부했다. 그리고 중간 오리엔테이션 하는 날 1학기 소요경비 630,000원(교재대 : 230,000원, 식대 : 250,000원, 영어 : 180,000원)을 납부했는데, 2학기에도 동일한 액수를 납부해야 한다. 거기다가 매월 납부교육비 83,000원, 우유값(매월 다소 차이 발생함) 8,000원 정도, 방과 후 교육비 65,000을 합하면 모두 156,000원이 된다. 그러므로 일 년이면 1,872,000원(156,000원 X 12)이 된다. 이들을 모두 더하면 3,367,000원(235,000 + 630,000 + 630,000 +1,872,000)이다. 단, 이렇게 산출된 총금액에는 유치원에서 여름에 입는 하복과 체육복값이나 수익자 부담을 원칙으로 펼쳐지는 각종 캠프 참가비용은 계상하지 않은 액수이다.

2012년 3월 4일 일요일

카메라 스트레스

지난주일 이틀(11-12일)과 이번 주일 사흘(19-21일) 동안 유진이를 소개하면서 우리 부부는 양육자 자격으로 일상의 시시콜콜한 단면을 매일 24시간 내내 고스란히 방송 카메라에 촬영 당하면서 숨이 막힐 지경에 이르러 무척 곤혹스러웠다.

그동안 몇 차례 녹화방송이나 생방송의 패널로 참여했던 경우는 미리 정해진 주제에 따라 준비해서 참가하면 적당히 코디가 화장을 해줘 별다른 당혹스러움을 겪거나 심한 스트레스를 받지 않았었다. 그런데 이번에는 촬영기간 내내 프로듀서(PD)들이 동거하면서 24시간 밀착 취재를 강행하여 이전과 견줄 수 없이 판이했다. 개인 프라이버시는 물론이고 가정의 안팎을 샅샅이 파헤침으로써 꼭꼭 숨기고 싶거나 민망한 치부까지 고스란히 드러난 꼴이기에 전장에서 적군에게 무조건 백기 투항하는 패잔병의 모양새를 빼닮았다.

참으로 우연이었다. 이달 초순의 끝 무렵에 낯선 전화 한 통을 받았다. 생면부지의 S 방송국 P라는 여자 작가의 원숙한 화술에 말려들어 얼결에 20여 분 통화를 했다. 하지만 나의 마지막 대답은 그녀의 제안에 대한 완곡한 거절로 막을 내렸다. 그날 통화의 요점은 이렇다. 거두절미하고 방송에서 조부모가 손주를 맡아 기르는 장단점을 짚어볼 시사 · 교양 다큐멘터리를 기획하며 거기에 유진이를 모델로 소개하고 싶다는 취지였다.

하도 신기해서 어떻게 우리 유진이를 찾아냈느냐고 묻지 않을 수 없었다. 그 원연은 내가 즐겨 찾는 사이트에 유진이에 대한 수필을 올려놓은 데서 출발되었다. 그런데 조손의 사연을 주축으로 하는 사이트에서 내 글들을 퍼가서 게시한 내용이 매구 같은 방송작가의 고성능 레이더에 감지되어 역추적을 당했던가 보다.

아무리 생각해도 교육학자나 어린이 전문가도 아닌 주제에 손주 양육문제를 다루는 다큐멘터리에 출연은 어불성설로 판단되었다. 그렇게 첫 통화를 마치고 일주일쯤 지난 뒤에 다시 연락을 해왔다. 다큐멘터리 팀원들이 다른 취재차 바로 옆 동네인 고성(경남)에 내려왔다는 얘기였다. 기왕 나선 걸음에 만나보도록 연결시킬 터이니 대화라도 나눴으면 좋겠다고 의견을 피력해 정중히 사양을 거듭했다.

교묘하게 틈새를 헤집고 파고든다 싶더니 급기야 그날 밤에 용케도 그들이 집으로 밀고 들어왔다. 그 일행 중에 다양한 사람들을 만나 설득하는데 달인 반열에 오르고도 남을 야전 사령관이 포함되어 있었다. 방송 십몇 년 차라는 H차장의 교묘한 부추김에 분수를 망각했었던가 보다. 묘한 상황으로 몰려 3시간 가까이 촬영하다가 종국에는 아얏소리도 못한 채 옴짝달싹할 수 없는 막다른 골목의 벼랑 끝으로 몰린 꼴이 되었다.

첫날밤 얼떨결에 몇 시간 동안 선부른 응대를 하다가 꼼짝없이 무장 해제를 자초했다. 다음날은 유진이가 잠자리에서 깨어나는 동작을 시발로 하여 유치원에 걸어가는 과정을 포함해 수업 내용까지 꼼꼼하게 촬영 당했다. 엄청 난감했다. 꼭두새벽부터 촬영이 시작되어 아내의 화장기 없는 맨 얼굴은 말할 나위도 없고 우리 내외가 잠자리를 벗어나며 손에 집히는 대로 걸쳤던 옷매무새가 여간 어설프고 민망한 게 아니었다.

그렇지 않아도 나이 들어가며 하루가 다르게 푸석푸석 무너져 내리는 외모에 잔뜩 주눅이 들어 움츠리던 처지이다. 이런 이유에서 급한 대로 내외가 옷이라도 갈아입어야 체면치레를 하지 않겠느냐고 G 프로듀서에게 말했다. 그런데 연출하면 화면이 죽는다며 일거에 퇴자를 놓는데도 묘수가 없어 속수무책이었다. 지금도 우스꽝스러운 모습으로 비춰질 화면을 생각하면 얼굴이 화끈거리고 두렵다.

이틀 동안 초주검이 될 만큼 경을 치며 촬영을 마치고 책임자인 H 차장에게 정중하게 솔직한 속내를 털어놨다. 기획한 내용에 유진이가 일부분으로 끼게 된다면 기꺼이 허락하겠다. 그러나 촬영은 여기서 중단했으면 좋겠다고. 크게 두 가지 이유였다.

첫째는 유진이 양육은 전문가적 식견이나 교육철학이나 도덕률을 바탕으로 한 내용과 괴리가 있다. 이런 처지에 방송에 얼굴을 내밀면 '야호선(野狐禪)*'이라는 조롱이 따를지도 모를 일이 아닌가. 둘째로 초로에 접어든 우리 부부의 우중충하고 후줄근한 모습이 꼭두각시나 피에로로 묘사될 개연성이나 심적 부담 때문이었다. 하지만 이번에도 달변으로 움치고 뛸 수 없게 파고들며 생각을 바꾸도록 집요하게 옥죄는 설득에 무기력하게 꼬리를 빼는 나약함으로 대응할밖에 도리가 없었다.

첫 촬영을 마치고 일주일 가까이 지난 이번 주일의 수요일(19일)에 본격적인 촬영을 위해 G 프로듀서가 도착했다. 기왕이면 동고동락하는 게 좋을 성 싶어 빈방 하나를 내주며 함께 기거하며 2박 3일 동안 촬영토록 했다. 촬영 막간에 대화를 나누다가 언뜻 낌새를 엿들은 내용이다. 해당 다큐멘터리를 진행하며 사례 여럿을 예비 촬영하여 면밀히 분석하면서 최종 후보자 선정을 위한 종합토의를 거듭했던 것 같다. 그러고 보면 유진이는 수면 아래에서 은밀하게 이루어진 녹록치 않은 예심을 통과한 셈이다.

시도 때도 없이 밤낮으로 들이대는 카메라 때문에 정신이 혼미했고 생활 리듬이 저절로 깨져 끙끙댔다. 심지어 아내가 반찬을 만들고 밥을 푸거나 음식을 차리는 시답잖은 내용에서부터 설거지 모습까지 쓸어 담는 괴팍한 먹성을 뽐내는 카메라였다. 한마디로 화장실에서 생리적인 문제를 해결하는 모습이나 벌거벗고 샤워하는 상황을 빼고는 깡그리 카메라 렌즈가 빨아들였다. 거기에는 아내와 나 그리고 유진이가 함께하는 잠자리 모양까지 온새미로 포함되었다.

참으로 끈질기고 철저했다. 프로듀서 자신이 식사를 하거나 화장실을 사용하는 시간 외에는 가차 없이 카메라를 여기저기에 들이대얼을 뺐다. 그에 응하는 게 오죽 힘들었으면 아내는 내게 살짝 귀띔을 한 채 무작정 외출을 해서 시내를 종일 배회하다가 핑곗거리로 시장을 봐오는 촌극을 벌였을까. 시장 보따리도 고스란히 촬영 팀 손에 넘겨져 검사를 거치면서 하나하나 촬영되었다. 그 물품의 절반 이상이 유진이가 즐겨 먹는 음료와 과일 그리고 과자류인 것을 확인하고 프로듀서가 놀라서 물었다. 평소에도 이렇게 유진이 비중이 크냐고.

또 다른 에피소드이다. 우선 유진이 얘기이다. 평소엔 잘 웃고 밝으며 바르고 반듯하게 행동한다. 그런데 처음 이틀 촬영을 할 때 카메라가 지켜보거나 프로듀서 아저씨만 나타나면 행동이 얼어붙고 언어가 이상해지며 행동이 굳어져 어색하기 이를 데 없었다. 그래서 본격적인 촬영을 위해 다시 방문한다는 사실을 미리 알려줌으로써 마음의 준비를 시키는 게 좋을 성 싶었다.

유치원에 함께 걸어가면서 넌지시 얘기했다. 그랬더니 정확하게 "또 촬영을 해……" 하면서 얼굴을 찌푸리는 반응으로 심경을 더덜이 없이 직선적으로 피력했다. 어린아이도 방송 카메라가 무척 부담스러웠던 게 분명하다.

내 얘기이다. 이불을 펴고 나와 아내 그리고 유진이가 잠을 자는 상황의 촬영 때였다. 내가 창문 쪽에, 유진이가 바로 내 오른쪽에 누웠다. 잠옷으로 갈아입고 유진이에게 '선녀와 나무꾼' 얘기를 들려주다가 고단했던지 중간에 곯아떨어져 드르렁드르렁 코를 골더란다.

프로듀서 옆에 앉아 있던 아내가 하도 민망해서 살짝 꼬집어 주고 싶어도 카메라가 작동 중이라서 꼼짝할 수 없었다며 책망이 이만저만 아니었다. 입을 헤벌리고 코를 드르렁거리는 어릿광대 같은 모습을 클로즈업(close up)하여 방영한다면 전국적인 망신을 당하게 생겼다며 아내의 걱정이 대단했다. 그래도 오기로 그 화면을 편집하는 과정에서 삭제해 달라고 부탁하지 않았다.

변변치 못한 조부모가 손주를 앞세워 다큐멘터리 방송 프로그램에 얼굴을 디밀었다. 기껏해야 한 시간 정도 방송할 내용인데 두 차례에 걸쳐 모두 닷새를 촬영한 셈이다. 출연자가 방송에 청맹과니나 다름없는 초보자인 경우 몇천 컷 중에 한 컷을 건질 수 있다는 프로듀서의 말을 에누리없이 받아들여야 할 것 같다. 결코 짧지 않은 동안 촬영을 하며 정신이 멍멍했고 긴장이 지속되어 육체적으로는 견디기 힘들었다. 그렇지만 자라나는 유진이에게 좋은 경험이며 추억이 될 것이라는 믿음을 위안으로 삼으련다.

거기다가 어린 유진이를 생각하면 적지 않은 출연료를 받았는데, 녀석의 통장에 넣었다가 훗날 요긴하게 쓰도록 존조리 일러 줄 요량이다. 그렇게 소용돌이 같은 회오리바람이 들이닥쳐 휘몰아치다가 지나간 흔적이 오롯하게 방영될 프로그램은 'SBS 스페셜(제307회)'이다. 다시 말하면 다음 달 두 번째 일요일(10월 14일) 저녁 11시 경부터 한 시간 가까이 방영될 예정으로서 가제(假題) '그들에겐 특별한 것이 있다. – 격대(隔代)교육 –.' 라는 다큐멘터리이다. 내가 상상하는 그림으로 그려질 것인지 자못 궁금하다*.

* 야호선(野狐禪) : '진실 되게 참선도 하지 않으면서 깨달은 듯 남을 속이는 사람을 교활한 여우에 비유해 이르는 말'을 뜻한다.
* 참고 ⇨ 이 글을 쓴 뒤에 촬영 내용에 일부가 부실하다고 9월 26일 저녁 서울에서 담당 프로듀서를 비롯해 3명이 방송차량으로 마산에 내려와 약 두 시간 동안 추가로 촬영을 해갔다.

2012년 9월 22일 토요일

은행과 옻

유진이에게 금전 거래를 하는 은행(銀行)이 아닌 나무 열매 은행(銀杏 : a ginkgo nut)을 제대로 알려 준답시고 조신치 못하게 설쳐댄 게 원죄였다. 은행 열매를 함부로 만지고 다루다가 덜컥 옻(lacquer)에 감염되었다. 이 때문에 병원을 드나들며 치료를 받는 고약한 처지로 전락하여 올 추석 명절은 우중충했다. 보통 차례를 모시고 나면 제상에 올렸던 술과 음식을 안주로 하여 음복을 하는 게 관습이다. 그런데 그놈의 옻 때문에 언감생심으로 마음까지 잔뜩 위축되어 웅크리고 겉으로는 우거지상을 면치 못하고 있다.

아파트 주위 산책길에 가로수로 은행나무*가 꽤나 많다. 평소 그 주위를 지나며 어린 손주 녀석에게 나무에 여는 은행의 존재에 대해 확실하게 인식시켜 주고 싶었다. 그런 마음만 앞설 뿐 실행에 옮기지 못하던 차에 지난달 중순(9월 17일) 태풍 산바(Sanba)가 휩쓸고 북으로 지나던 그 날 은행에 대한 생각이 떠올랐다. 태풍에 익어가던 은행이 떨어져 땅에 나뒹굴 것이라는 예견을 앞세운 결론이었다.

비는 그쳤지만 바람이 꽤나 강한 날씨임에도 불구하고 유진이게 장화를 신기고 포충망(捕蟲網)을 손에 들려서 산책길 은행나무로 접근했다. 물론 은행을 직접 손으로 만지면 옻이 오른다는 예비지식을 바탕으로 일회용 비닐장갑과 봉지를 준비해 갔다. 태풍에 속절없이 떨어진 은행이 도로 여기저기에 즐비하게 나뒹굴었다. 유진이에게 그 은행 열매를 발로 비벼가며 박피(剝皮)시켜 '은행알'을 분리해내는 방법을 일러 주었더니 제법 그럴싸하게 척척 해냈다.

옻에 감염 가능성을 염두에 두고 절대로 손으로 만지지 못하게 엄명을 했더니 말귀를 알아듣고 잘 따라 문제가 없었다. 그 대신 박피시켜 과육과 분리된 '은행 알'은 죄다 내가 손에 비닐장갑을 끼고 봉투에 담아서 집으로 돌아와 깨끗이 세척하여 바구니에 널어 햇볕에 건조시키는 중이었다.

호사다마라고 했던가. 엉뚱한 곳에서 탈이랄까 사달이 났다. 은행을 건조시키기 시작한 이틀 뒤부터 사흘(19-21일) 동안 'SBS 스페셜(제307회)'이라는 다큐멘터리 프로그램에서 '유진이를 소개할 방송'의 촬영이 시작되었다*. 이번에 촬영하는 내용은 지난번에 예비로 이틀(11-12일) 동안 촬영한 내용을 수정 보완하는 과정이라는 프로듀서의 설명이었지만 촬영을 당하는 사람의 입장에서는 진이 빠질 지경이었다. 이 촬영과정에서 유진이와 내가 동행하는 일상을 담기 위해서 어른 손으로 두 주먹거리쯤에 해당하는 '은행알'을 맨손으로 직접 만지며 설명하는 과정에서 옻에 감염되었다. 그럴 줄 알았다면 일회용 비닐장갑을 끼고 만지며 폼을 잡는 것인데*.

덜 마른 '은행알'을 만진 즉시 옻에 감염된 현상이 나타나는 게 아니었다. 방송용 화면을 촬영하며 겁 없이 맨손으로 '은행알'을 만진 뒤 나흘째 되던 날 밤(9월 25일)이었다. 샤워를 하기 위해 옷을 벗었는데 양 팔꿈치와 왼쪽 가슴 그리고 손가락 사이 등에 붉은 발진(發疹)이 흉물스럽게 돋아 황당했다.

다음날 피부과의 첫 손님으로 등록해 검진을 받은 결과 유감스럽게도 옻에 감염된 것으로 판명을 받았다. 그 때문에 오늘까지도 주사를 맞으며 약을 복용하는 것도 모자라 살갗에 연고를 계속 바르고 있다. 이 기간에 하필이면 추석이 끼어있다. 명색이 가장인데 차례를 마치고 조상의 음덕을 기리며 음복하면서 가솔들에게 그럴싸한 덕담을 해줘야 어울리는 법이거늘 예상치 못한 옻의 훼방으로 체통을 한껏 구겼다.

오늘도 여느 날처럼 깜깜한 꼭두새벽에 등산을 다녀왔다. 조금 늦게 집을 나선 까닭에 산 정상에서 간단한 운동을 마치고 동네에 가까이 내려올 즈음엔 날이 환하게 밝았다. 한참을 터덜거리고 내려오다 보니 참나무나 도토리나무 밑에 할머니 여럿이 무언가를 열심히 찾고 있었다.

나무에서 떨어진 도토리를 찾고 있었다. 그 모습을 보는 순간 '다람쥐와 도토리'를 주제로 하는 동화가 떠오르며 손주에게도 도토리를 보여주고 싶은 생각에 이르렀다. 그와 동시에 염치 불고하고 도토리를 줍는 할머니들 옆으로 다가가서 보물찾기를 하듯이 수풀 속의 낙엽을 헤치며 서른 알 정도를 주워 집으로 돌아왔다.

등산복을 벗다가 주머니에서 도토리를 꺼내는 내 모습을 물끄러미 건네다보던 아내가 한 마디 던졌다. '도토리 때문에 또 옻에 감염되는 게 아니냐.'며 걱정했다. 도토리 때문에 옻에 감염되는 경우는 세상 어디에도 없다. 그 말에 문제가 있다면 아내는 '도시에서 자라고 생활했던 때문에 자연을 잘 모른다.'는 데 있지 싶다. 하기야 '자라보고 놀란 가슴 솥뚜껑 보고 놀란다.'하지 않던가. 옻에 감염되어 흉측한 붉은 발진으로 뒤덮인 내 모습에 얼마나 안쓰러웠으면 무심코 그런 얘기가 튀어나올까를 생각하니 엄청 민망했다.

* 은행나무 : 은행 씨를 심으면 스무 해쯤 되어야 열매를 맺는다. 그러므로 자식을 낳고 키워 혼인을 시켜서 손자를 볼 무렵에 제대로 열매를 얻을 수 있다는 뜻에서 '공손수(公孫樹)'라고 부르기도 했다.
* 이 방송 촬영에 잘못된 부분이 있다고 연락이 온 다음에 'SBS 촬영 팀 3명이 9월 26일 밤'에 또다시 마산의 우리 집으로 찾아와서 두 시간 가까이 보완 촬영을 했다.
* 그렇게 곤혹스러움을 겪었음에도 불구하고 실제 방송에서는 내용을 대폭 줄이면서 이 화면이 통째로 삭제되었다.

2012년 10월 1일 월요일

핏줄

천륜이나 인륜을 비롯한 사회적인 관계가 부모와 자식 관계보다 우선하는 경우 있을까. 여기에는 어떤 이론으로도 설명할 수 없는 본능적인 믿음과 이끌림이 엄연히 존재한다. 이는 인륜도덕이나 사회적 규범을 거뜬하게 뛰어넘지 싶다. 요 며칠 사이 여섯 살배기인 손주 유진이가 그런 행동을 적나라하게 보여주고 있다.

십년 가까이 밖에 나가 있던 작은아이가 귀국한다고 통보해온 날이 하필이면 제 할아버지의 제삿날인 지난 스무 닷샛날(음력 9월 11일) 이었다. 그런데 밤늦은 시간(9시 35분)에 김해공항으로 도착하는 비행기 편이었다. 아내가 낮에 장만했던 제수(祭需)를 정성스레 제기에 담아두고 저녁 식사를 마친 다음에 공항으로 마중을 나섰다. 오랜만의 부자 상봉을 공항의 입국장에서 극적으로 맞게 해주려는 생각에서 손주와 동행하기로 했다.

부모에 대한 지식이 전혀 없던 손주가 아비의 귀국 예정 얘기를 전해 듣고 며칠 전부터 이것저것 되는대로 캐물었다. 큰아버지보다 키가 큰가, 서양 사람처럼 머리가 노랗고 눈동자가 파랗지 않은가 등등을 위시하여 궁금증은 끝이 없었다. 생뚱맞고 얄궂은 질문까지 일일이 대답을 해주면서 아비를 처음 만나면 건넬 인사말까지 나름대로 일러주기도 했다.

빈틈없이 부자 상봉 준비를 했는데도 비행기가 도착할 무렵에는 공연히 쑥스럽다며 내숭을 떨기도 했다. 예상보다 십여 분 지연해 도착한 아비를 맞아 제법 그럴싸하게 상봉하며 기념사진을 촬영하면서도 딴에는 어색했던지 한사코 할머니 품으로 엉겨 붙으며 응석을 부리던 위인이었다.

집에 돌아와 자정을 넘은 시각에 모처럼 삼대(아들인 나를 비롯해서 손주인 나의 두 아들 그리고 증손인 유진이)가 선고(先考) 제사를 모셨다. 물론 제사를 모시던 순간을 비롯하여 그 다음날까지 아비가 익숙하지 않아 어색해했다. 공연히 고개를 외로 꼬고 묻는 말에 겨우 대답하며 내 품을 파고들던 손주가 며칠 사이에 태도나 행동이 돌변했다. 물론 아직도 아비가 익숙하지 않아 대화를 나눌 때는 꼬박꼬박 존댓말을 한다. 그에 비해서 조부모인 우리에게는 친구를 대하듯이 거침없이 반말을 해대는 모양새를 유추해 보면 심정적으로는 우리를 더 친숙하게 여긴다는 방증이다.

참으로 경천동지할 일이다. 그동안 한결같이 유치원에 등원시키거나 집에 데리고 오는 것을 전담하며 다양한 베풂을 거듭했던 우리 내외였다. 그런데 귀국해 며칠 되었다고 사사건건 아비와 함께 하겠다는 의견을 스스럼없이 곧이곧대로 내뱉는다.

유치원 오가는 길도 아비요, 저녁에 목욕도 아비를 지정하며, 놀이도 아비와 함께하겠단다. 잠자리도 함께하기를 원하지만 아비가 피로 누적으로 감기가 심해 뜻을 이루지 못하고 있다. 아무리 생각해도 신기한 일이다. 태어나서 곧바로 우리와 함께했는데 낯설기 짝이 없는 아비에게 찰거머리처럼 들러붙는 이유는 어디에 있을까. 어쩌면 이런 생각은 부모와 자식이라는 천륜을 제대로 이해하지 못한 채 '맥(脈)도 모르고 침통(針筒)을 흔드는.' 격이 아닐까.

한 핏줄이 이어진 혈연관계의 피붙이라고 해도 모든 관계가 동격(同格)이 아님을 실감한다. 최소한 여섯 해 동안 동고동락하며 최선을 다했던 조손이다. 아주 특별한 선린관계임에도 불구하고 아비가 나타나면서 일조일석에 표변하는 모습이 당황스럽다. 물론 직접적으로 핏줄이 이어진 부모자식 관계와 격대관계(隔代關係)인 조손을 같은 무게의 추로 재려는 미련함을 고집하지 않으련다. 그래도 한편으로는 서운한 감정의 일단을 숨기기 어렵고 묘한 기분을 다잡기 어렵다.

단순한 행동뿐이 아니다. 얼마나 좋은지 아비의 얘기를 제멋대로 각색해 동네방네 옮겨놔 상황을 당혹스럽게 몰고 가기도 했다. 젊은 아비와 어린 손자의 얘기를 멀찍이서 귀동냥으로 들었다. 제 아비가, '훗날 성장하여 원한다면 네가 태어난 나라에 갈 수도 있다.'는 얘기를 했었다. 그런데 당장 이민이라도 갈 것처럼 친구들에게 나팔을 불고 다녔다. 그 뒷감당을 깔끔하게 마무리하기 위해 어쭙잖게 변명을 해대는 곤혹을 겪었다.

단순한 말의 와전만이 아니라 요즈음 기분이 최고조에 달해 밝고 환해진 모습이 확연하다. 그래도 유리한 상황 판단만은 칼날같이 예리하여 한 치의 오차도 없다. 줄기차게 아비에게 집착하다가도 슈퍼에 가서 주전부리를 살 때는 어김없이 할아버지인 나를 찾는다. 매구같이 가정의 경제력은 할아버지가 손아귀에 거머쥔 것으로 꿰뚫고 있음이 명명백백하다. 자칫하면 부모와 자식의 관계를 무심코 넘기게 마련이다. 그럼에도 불구하고 이즈음에 가슴을 뭉클하게 만드는 핏줄의 위력을 새삼스럽게 깨우쳐야 하는 공부를 오달지게 하고 있다.

오늘도 녀석은 유치원에서 돌아와 아비가 움직이는 동선이 궤도라도 되는 것처럼 빙글빙글 따라 알짱거리고 있다. 그렇게 주위를 어정대며 맴도는 모양새가 왠지 낯설에도 티 없는 순진무구한 행동이 더 할 수 없이 행복하게 투영되고 마냥 대견스럽다.

대한문학, 2013년 봄호, 통권 41호, 2013년 2월 5일

(2012년 10월 31일 화요일)

여섯 살의 늦가을

밭머리에 버려진 듯 외로운 감나무에 가을이 붉게 물들어 주렁주렁 몹시 탐스러운 자태를 뽐내도 어른들은 눈길 한 번 제대로 주지 않았다. 그런데 그 동네 태생으로 여덟 살인 승필이는 기다란 대나무 장대로 허공의 나뭇가지를 때려 감을 따려고 끙끙대다가 운 좋게 한 알이라도 떨어뜨리면 기쁨에 넘쳐 환호를 했다. 그러면 유진이는 땅에 떨어진 감을 조심스럽게 두 손으로 주워서 포대에 담는 일이 신이 나서 어쩔 줄을 몰랐다.

승필이는 여덟 살로 유진이에 비해서 두 살 위로서 지금 초등학교 일 학년이다. 두 아이는 씨족의 갈래로 가름하면 십촌(十寸)이기 때문에 사종(四從)형과 동생이다. 이들의 오늘 만남이 두 번째로 첫 대면은 이태 전 오늘과 같은 문중의 시제 자리였다.

첫 대면을 하던 날 녀석들은 금세 죽이 맞아 어디선가 비닐 포대를 구해다가 시제를 모시는 제단 뒤편의 경사면에 잘 가꿔진 잔디 비탈에서 잔디 썰매 타기에 푹 빠졌었다. 아마도 지쳐 움직이기도 싫을 만큼 많이 탔던 것으로 기억된다. 오늘도 만나자마자 한통속으로 어울려 감 따기를 얼추 한 시간 가량하다가 시들해졌는지 잔디썰매로 바꿔 놀면서 흡족해하는 모습이 한결 의젓하고 한 뼘쯤 훌쩍 커보였다.

잔디 썰매가 시큰둥해지면서 녀석들은 아직 겨울잠 준비를 하지 못하고 풀밭에 납작 엎드려 늦가을 따스한 양광에 온몸을 맡긴 채 떨고 있는 메뚜기를 잡아들고 낄낄거리며 기고만장한 꼴이 가관으로 행복하게 투영되었다. 그러다가는 주위 산비탈에 널브러져 있던 나무를 끌고 이리저리 들쑤시며 새로운 세상에서 생경한 경험이 기꺼워 점심까지도 거르려고 발버둥 쳐서 엄청 애를 먹였다. 그렇게 놀이에 정신을 팔면서도 두 녀석은 기특하게도 시제를 모시는 과정에서 어른들이 절을 하는 대로 따라 했다.

덥거나 춥지 않은 맞춤한 해맑은 날씨와 적당히 따사로운 기온은 시제를 모시고 잔디 위에 간이 돗자리를 펴고 앉아 식사나 담소를 하는데 그만이었다. 더러는 겨울 채비 복장으로 단단히 무장했는데 따스한 날씨로 외투나 겉옷을 벗으며 겸연쩍어했다. 하루 전까지 빗줄기가 오락가락해 거개가 날씨 걱정을 하며 집을 나섰을법하다. 그런데 따스한 봄날을 연상케 하는 만추와 초겨울의 틈새인 하루 내내 햇볕이 가득 내려쬐는 뜰 안처럼 마냥 푸근하고 안온해 그 또한 하늘의 부조(扶助)였다.

아마도 일주일 전쯤이었지 싶다. 며칠 뒤에 시골에 가려고 하는데 따라가겠느냐고 의사를 타진했었다. 예상과 달리 단박에 동행하겠다고 했다. 그리고 하룻밤을 지내면 아침에 일어나자마자 몇 밤을 자면 가느냐며 성가실 정도로 확인했다. 딴에는 나름대로 자기 잇속을 챙길 요량 때문에 계산된 행동이라는 것을 숨기는데도 속이 훤히 드러나 보였다.

평소 집에서 백화점이나 마트에 가서 무얼 사달라고 조르면 꼬치꼬치 캐물어 타당성이 없거나 소용이 닿지 않아 낭비라고 여겨지면 가차 없이 내친다. 그런데 여행 중에는 감지덕지할 만큼 그 기준이 무르고 훨씬 느슨해진다.

나들잇길에서 원하는 것은 후하게 잘 들어준다는 사실을 녀석이 매구같이 간파한 듯하다. 이런 어른들의 속내를 꿰뚫고 있는지 시내에 외출했을 경우에는 무엇인가를 사 달라고 조르는 경우가 거의 없다. 그에 비해서 여행 중에는 그 반대 현상이 뚜렷하다. 녀석은 고속도로를 달리다가 휴게소에 들려 우동을 비롯해서 음식을 사 먹는 것이나 주전부리를 위시해서 장난감을 사는 걸 엄청 즐기며 어른들의 심리를 교묘하게 이용한다.

어제(11월 18일) 고향의 선산에서 모시는 시제를 찾아가는 길은 마산에서 출발하여 대진고속도로를 이용했다. 첫 새벽에 잠자릴 박차고 일어나 준비하고 어둠 속에 나서는 길인데도 칭얼대거나 늑장을 부리지 않고 생글거리며 따라 나섰다. 의뭉스런 녀석의 마음에는 맛있는 음식을 먹을 상상에다가 장난감은 물론이고 주전부리에 대한 로드맵(road map)을 이미 머릿속에 확연하게 그렸을 게 분명하다.

새벽 여섯 시 경에 집을 나서 남해고속도로에 진입해 조금 달리가다 '문산 휴게소'에 들려 커피를 마셨다. 그런데 저는 복숭아 주스 캔과 공룡 풍선을 사 들고 신이 났다. 다시 길을 재촉해서 대진고속도로를 달리다가 '덕유산 휴게소'에서 아침 식사를 마치고는 '움직이며 소리 내는 강아지.' 인형을 제 몫으로 챙겼다. 고향의 선산에서 시제를 마치고 마산으로 돌아오는 하행선 대진고속도로의 '덕유산휴게소'

에서 간단한 과자로 만족하더니 '산청 휴게소'에 도착했을 때는 피곤한지 잠에 곯아떨어져 꿈속에서 헤맸다.

진주에서 마산에 이르는 국도가 정체된다는 안내 방송을 듣고 '서마산 IC'에서 마산 시내로의 진입을 요량하고 남해고속도로를 계속 달렸다. 하지만 고속도로 역시 마찬가지라서 '함안 휴게소'에 들려 저녁 식사부터 해결하기로 했다. 여기에서도 녀석은 '파워레인저 로봇'을 꼭 거머쥐고 내려놓지 않아 속이 쓰렸어도 내색도 못 하고 꼼짝없이 대금을 지급했다.

아마도 점심 식사를 마치고 귀갓길에 들어선 시각이 오후 두 시 반 무렵이었을 게다. 그런데 집에 도착하는데 대충 다섯 시간 가까이 걸렸다. 분명히 중간에 휴게소에 들려 저녁 식사를 했는데도 불구하고 녀석은 집에 도착하기 바쁘게 다시 밥을 먹고 나서 과일까지 알뜰하게 챙기는 먹성을 자랑했다. 그리고 새로 샀던 장난감 놀이에 푹 빠져 시간 가는 줄 모르고 늦게까지 놀다가 잠자리에 들었다.

아무리 생각해도 녀석은 여섯 살의 만추와 초동(初冬)이 기묘하게 어울린 초상이 한없이 허허롭게 투영되던 날에 오히려 알찬 자연 공부와 경험을 톡톡히 했지 싶다. 게다가 장난감을 신나게 사는 행운을 한껏 누린 축복을 쉬 잊지 못할 게다. 신이여! 그렇다면 오늘은 '누구를 위하여 종을 울리(렸)나(For Whom Bell Tolls).'라고 묻지 않을 수 없나이다.

2012년 11월 19일 월요일

신발 이야기

무심코 현관에서 신을 신다가 요즈음 유진이가 번갈아 신는 구두가 세 켤레에다가 운동화가 두 켤레로 모두 다섯 켤레라는 사실을 깨닫고 깜짝 놀랐다. 나는 여태까지 구두 한 켤레로 줄기차게 사시사철을 버텨내다가 밑창이 닳아서 구멍이 나면 버리고 새로 장만하는 게 고작이었다.

습관 때문인지 동시에 두세 켤레의 구두를 구입해서 번갈아 신는 처사는 사치이며 낭비라고 철석같이 믿어왔다. 그러니 옳고 그름을 떠나 우직하게 단벌 신사를 고집한 옹고집쟁이다. 이런 연유에서 어린 아이가 입는 옷이나 그날그날의 일정에 걸맞게 신발도 맞춰 신는 현실에서 격세지감을 느낀다.

기왕 내친김에 유진이 신발 흔적을 살펴보고 싶었다. 전혀 관심 밖이었던 신발장을 열고 살피며 나로서는 충격이었다. 어이가 없어 하나둘 헤아리니 자그마치 열일곱 켤레였다. 그중에는 비오는 날에 신을 장화 두 켤레, 눈썰매장에서 신는 방한화 한 켤레, 내년 봄여름을 비롯해 가을에 걸쳐서 신을 샌들(sandal)이나 구두와 운동화가 여섯 켤레가 함께 자리 잡고 있었다.

작아져서 폐기해야 함에도 불구하고 버리지 못한 계륵 같은 여덟 켤레도 면구스러운지 좌불안석의 모양새를 한 채 가지런히 자리를 차지하고 있었다. 아마도 겨우 걸음마를 하던 시절에 신던 것까지 깡그리 모아 두었다면 지금의 숫자를 훨씬 상회했을 게다. 물론 여러 신발 중에는 이웃에서 물려받은 게 절반에 이르지 싶다.

불과 육십 년 전쯤의 풍경이다. 시골의 초등학생들이 짚신을 신은 채 등교하던 예가 드물지 않았다. 그런가 하면 운동화는 언감생심이고 검정 고무신을 한 켤레 사서 신다가 밑창에 구멍이 나면 돈을 주고 장터에서 때워 신거나 해어져 나달나달 거리면 기워서 신던 경우가 숱했다. 그리고 일부 형편이 곤고했던 아이들은 남이 보는 앞에서는 신을 신고 걷다가 지켜보는 사람이 없으면 신을 벗어들고 맨발로 걷는 눈물겨운 사연도 숱했다.

그 시절 특별한 계층을 제외하면 누구를 막론하고 신발 한 켤레뿐이었다. 그리고 경제적 부담이 없을 뿐 아니라 자급자족이라는 이유로 그 당시 시골의 농사꾼이나 머슴들은 짚신을 무척 많이 신었고 가난의 늪에 빠져 힘겨워 허덕이던 가정의 아이들 역시 그랬었다.

내 어린 시절 추석이나 설빔으로 사주던 새 옷이나 신발을 얼마나 갈망했는지 모른다. 보통 명절 직전에 열리는 오일장에서 그들을 사오면 머리맡에 가지런히 모셔둬야 아련히 잠들 수 있었다. 그런 기억이 떠오르면 여태까지도 공연히 겸연쩍어 슬며시 애매한 미소로 표정 관리를 하며 딴청을 부린다.

전쟁 참화로 내남없이 빈곤의 늪에 빠져 암울하던 시절의 자화상이다. 하찮은 옷가지나 신발 구입도 어렵기 때문에 명절 같이 특별한 때가 되어야 어렵사리 장만할 수 있는 눈물겨운 세월이었다. 이런 때문에 거개의 가정에서는 여러 켤레의 신발을 장만해 두고 입맛에 맞추거나 소용이 닿는 대로 바꿔 신고 다닌다는 것은 사치였다.

원래 신발의 원초적인 목적은 발을 안전하게 보호하는 역할이다. 하지만 문명이 발달하면서 쓰임새 위주의 여러 갈래로 분화되면서 그 맵시나 기능이 헤아리기 어려울 만큼 다양해졌다.

예를 들면 예전에는 단순히 운동화로 지칭되던 것이 요즈음엔 농구화, 축구화, 야구화, 조깅(jogging)화, 골프화, 등산화 등과 같이 다종다양하게 거듭 변하고 있다. 또한, 일상생활에서 외출에 착용하는 신발도 정장, 캐주얼, 작업 등에 적합한 신발로 분화되었다. 그런 이유에서 어린이들도 무엇을 입고 어디에 가며 무슨 일을 하느냐에 따라 그에 걸 맞는 신발을 착용하는 쪽으로 진화를 거듭하고 있다.

신발문화의 경향에서 볼 때 우리 집에서 최첨단을 달리는 식구는 단연코 유진이다. 겨우 여섯 살배기인 주제에 여러 켤레의 신발을 보유하고 있기에 하는 얘기이다. 아직 어린아이인데 가끔 외출 준비를 하고 마지막 단계에서 신발을 고를 때 할머니와 밀고 당기는 고집이 여간 아니다.

내가 생각하기에는 할머니의 미적 감각과 옷을 입히고 신발을 맞춰서 골라 신기는 심미안은 전문가 수준이다. 그런 터수에 마구 반기를 드는가 하면 항명을 해대며 제 뜻을 펼치려 기를 쓰기도 한다. 이런 행동은 '공자 앞에 문자를 쓰는' 격으로 무례를 범하고도 자기가 무슨 죄를 지었는지도 모르는 천둥벌거숭이기도 하다.

유진이의 신발을 줄줄이 사서 부지런히 나른 원흉은 할머니이다. 하지만 정녕코 쇼퍼홀릭(shopaholic : 쇼핑중독자)은 아니다. 아장아장 걷기 시작했던 이후의 신발 모두를 줄 세운다면 상당하지 싶다. 발에 딱 맞는 신발을 신겨 놓고 조금 지나면 작아서 버리는 경우가 숱했기에 하는 얘기이다.

신발 얘기를 하다 보니 그 옛날 세인의 관심을 한몸에 받으며 낭패를 당했던 슈어홀릭(sjoeaholic : 구두수집광)이 떠오른다. 필리핀 독재자인 마르코스(Marcos) 대통령의 부인이었던 이멜다(Imelda)여사가 구두 3,000켤레를 수집했다던 일화 말이다. 유진이는 그에 비하면 아무것도 아니며 요즘 웬만한 아이들의 예에 지나지 않을까 싶은 생각이다.

할머니 덕으로 유진이가 옷을 입은 맵시나 신발을 신는 세련된 모습은 엄청 잘 어울리는 편으로 호사를 누린다. 부모가 끼고 함께 산다면 경제적 부담을 이유로 망설였을 소지가 다분한 경우에도 할머니는 과감하게 단안을 내리는 과정을 지켜보며 느낀 소회이다. 이런 과정을 거치면서 유진이가 신발이나 옷을 고르는 안목은 바람직한 방향으로 연착륙하지 싶다.

어린 시절 미적 감각이나 세련된 옷매무새를 가꾸는 안목을 기르는 교육도 유익한 일로 여겨진다. 그런 까닭에서 유진이의 옷이나 신발 문제가 다소 성에 차지 않거나 마뜩잖아도 짐짓 모르는 척 넘기기 일쑤인 내 처신이 과연 옳은 것일까.

2012년 11월 29일 목요일

여섯 살의 겨울 나들이

유치원 방학으로 집안에서 어정어정 빈둥대다가 방방 뛰며 심심하다고 난리를 피우던 유진이가 어제 낮 서울 여행을 떠났다. 그렇지만 또래가 있다거나 크게 반길 사람이 없는 서울이다. 그저 KTX를 타고 가서 지하철이나 승용차를 타는 게 전부일 터인데도 불구하고 오매불망 그리던 여정이다. 따지고 보면 할머니의 상경 길에 빈대 붙어가는 꼴인데도 개의치 않는 단세포적인 모습이 여간 웃기는 게 아니었다.

아마도 두 주일 전쯤이지 싶다. 할머니가 겨울방학에 함께 서울에 가겠다는 언질을 줬다. 그날부터 매일 자고 일어나면 며칠 후에 가느냐고 묻는 게 일과처럼 되어 귀찮을 지경이었다. 특별한 용무나 뚜렷한 목적도 없는 여행이다. 그런데 집착하는 까닭이 어디에 있을까.

그동안 나와 할머니를 따라 두세 번 상경했던 경험이 있다. 열차에서 맘에 드는 도시락과 음료수를 사 먹으며 차창으로 구경한 바깥 풍경이 인상 깊었던지 여러 차례 되풀이해서 얘기했었다. 그런 즐거움 때문에 목마르게 기다렸지 싶다. 오늘도 일찌감치 서둘러 집을 나서며 열차에서 맛있는 것을 사 먹겠다고 떠벌이는 꼴이 정녕 행복해 보였다.

사나흘 전이었다. 책장에 얹어둔 내 지갑을 꺼내 들고 돈을 달랬다. 아닌 밤중에 홍두깨라더니 거두절미하고 돈을 달라는 이유가 궁금했다. '왜 돈을 달라고 하느냐.'고 물었다. 천연덕스러운 대답에 어이가 없었다. '며칠 후에 여행길의 열차에서 먹거리를 살 돈이 필요하다.'는 얘기였다. 네가 돈을 챙기지 않아도 '할머니가 사준다.'고 일러주었다. 그런데 녀석의 대답은 너무도 엉뚱해 순간적으로 할 말을 잃게 했다.

할머니는 돈이 없기 때문에 미리 돈을 얻어 둬야 한다며 나름대로 똑 떨어지는 이유를 들이댔다. 그렇게 밀고 당기다가 오천 원권과 천 원 권을 각각 한장 씩 주었더니 편지 봉투에 집어넣고 겉에다가 '서울 갈 때 사 먹을 돈'이라고 적어 두었다(하지만 아직 돈의 단위나 참된 가치를 전혀 모른다). 그 봉투를 신줏단지 모시듯 하더니 오늘 아침 점퍼 주머니에 넣고 떠나며 희희낙락하는 모습이 오갈 데 없이 순진한 개구쟁이였다.

셋이서 지내다가 할머니와 둘이서 떠날 나들잇길이 편편치 않았던가. 아침부터 함께 가자는 회유가 끈질기고 논리적으로 빈틈이 없었다. 따라 나선다 해도 딱히 할 일도 없을뿐더러 미리 예정된 일 때문에 찰거머리 같이 물고 늘어지는데도 과감하게 내쳤다.

얼핏 보면 나름대로 타당한 이유를 들어 동행을 집요하게 요청했다. 그렇지만 한사코 제 주장만 해대서 비껴갈 요량으로 집을 지켜야 한다고 얼렁뚱땅 둘러댔다. 그리고 얼결에 집을 통째로 비우면 '도둑이 물건 훔쳐갈지 모른다.'고 말해버렸다. 그랬더니 '전부 훔쳐 가면 다른 곳으로 이사 가면 된다.'는 기상천외한 해결책을 제시하며 강청하는 끈질긴 뚝심과 맞닥뜨려 난감하기 짝이 없었다.

KTX 열차가 마산역을 출발할 무렵에 아내에게서 전화가 왔다. 열차에서 유진이 단짝 친구인 동근이네 식구를 만나 동행한다고 했다. 동근이 가족도 방학을 맞아 서울여행에 나서는 길이란다. 며칠 전이었다. 자기가 서울 가는 날 동근이도 함께 가기로 했다는 뚱딴지 같은 얘기했다.

아이들이 지나가는 얘기로 생각하고 귓등으로 흘렸었다. 그런데 어제저녁에 동근이 어머니가 내일 타고 갈 열차 출발시각과 몇 호 칸인지 물었다더니 결국은 동행하게 되었나 보다. 평소에도 일주일에 한 두 번씩 양쪽 집을 오가며 함께 놀기를 되풀이하는 아이들이 시끄럽게 나부댈 터이다. 끊임없는 분탕질이 잇따라 주변 승객들의 눈총을 많이 받았을 게다.

아내가 처가에 도착했을 시간을 어림해서 전화를 했다. 의례적인 얘기를 나누다가 유진이를 바꿨다. 여행길에 보고 느꼈던 얘기를 줄줄이 꿰다가 깜빡 잊었다는 듯이 할머니 얘기를 읊어댔다. '할아버지! 할머니가 차멀미가 나서 화단에 토했고 배탈이 나서 설사를 했다.'며 마치 자기가 아픈 것처럼 애절한 소리로 전했다. 그렇게 얘기를 하면서 '할머니가 먹어야 할 약을 빨리 전화로 보내라.'는 엉뚱한 주문을 하며 능청을 떨었다. 일방적으로 장황하게 뭔가를 주워섬기다가 밑천이 바닥났는지 덜렁 '할아버지 안녕!'하면서 전화를 끊는 무례함을 저질렀다.

이번 주말에 서울에서 유진이가 아비를 만나 함께 보낼 모양이다.

아비가 직장 때문에 얼마 전에 집을 떠난 관계로 꼼짝없이 또 별거한다. 물론 지난주 일요일에 아비가 집에 돌아와 주말을 아이와 보내고 갔다. 그런데 이번에는 유진이가 상경했기 때문에 자연스럽게 서울에서 부자 상봉이 이루어질 참이다.

무엇이 그리도 좋은지 아비를 만나면 낄낄 껄껄대며 마냥 행복한 모습을 띠는 게 신기하다. 임진년이 저묾으로 치닫는 세모에 나선 나들이가 아름다운 추억으로 자리매김 된다면 좋겠다. 또한, 이 기회를 통해서 별거하며 소원해진 부자간의 정을 벌충해 쌓았으면 하는 욕심이지만 바람대로 될지 두고 볼 일이다.

하필이면 유진이가 여행길을 떠난 이튿날인 오늘 첫새벽부터 눈이 내려 온 세상의 얼룩진 농담(濃淡)을 덮어 순백의 세계로 탈바꿈시켜 별천지가 따로 없다. 물경 12센티미터를 웃도는 적설량이란다. 이번 겨울로 접어들어 마수걸이 서설(瑞雪)은 아니지만 이 지역에서 섣달 적설량으로는 기상관측 이후에 최고로 많이 내린 기록적인 폭설이란다. 신의 축복 같은 설경을 맘껏 즐기며 눈사람을 만들고 눈싸움을 하며 눈밭에서 마구 뛰면서 실컷 뒹굴었다면 옹골찬 추억을 쌓을 수 있을 터이다. 그런데 천재일우의 기회에 천우신조가 따르지 않아 엄청 아쉽다.

2012년 12월 28일 금요일

유진이의 여섯 번째 생일에

계절의 여왕인 오월에 다가가는 징검다리의 막바지인 사월 스무사흘인 오늘은 우리 유진이의 여섯 번째 생일로서 이제 일곱 살에 접어드는구나. 갓 태어난 너와 만남이 어제 일 같은데 세월이 무척 빠르다. 아직은 설익어 떫고 어설플지라도 제법 의젓한 틀거지의 도령으로 튼실하게 자라주어 두루두루 고맙고 감사하다.

유진아! 너는 캐나다(밴쿠버)에서 우렁찬 탄생의 고고성을 울렸단다. 그런데 너의 부모가 공부를 해야 했던 관계로 태어난 직후에 마산으로 와서 여태까지 할아버지와 할머니 품에서 자라왔다. 지난해가 저물어 갈 무렵에 네 아버지가 귀국해서 서울에 일자리를 구했기에 몇 년 만 지나면 함께 살게 될 게다.

멀고 먼 다른 나라에서 태어난 네가 우리의 둥지로 옮겨오던 그날을 돌이켜 본다. 그때 마음의 준비가 되지 않아서 무척 당황하여 오락가락하던 우리에 비해서 너는 구김살 없는 천진난만한 얼굴에 해맑은 웃음을 안겨주었단다. 커다란 병치레를 하거나 굴곡 없이 방긋

방긋 웃는 밝고 고운 표정을 잃지 않는 네 모습이 천사를 빼닮아 마냥 행복했었다.

여느 아이들처럼 심한 감기로 고생하거나 갑작스러운 고열로 애간장을 태우던 어려움을 이따금 겪기도 했었지. 그런가 하면 어린이집에서 장난감 위에 넘어져 정강이뼈에 실금이 살짝 가서 깁스를 하던 순간에 가슴이 철렁 내려앉을 정도로 놀랐던 사건은 영영 잊지 못할 사고였다. 하지만 돌이켜보니 그 같은 자질구레한 사건들은 성장통으로 겪어야 했던 과정이었지 싶다.

유진아! 나와 할머니는 너를 키우며 언제나 밝고 맑으며 곧고 건강하게 자라기를 빌었다. 그런 까닭에 가능하면 공원이나 야외로 나가 꽃이나 이름 없는 풀과 나무의 관찰, 매미나 잠자리와 같은 곤충 살피기, 바닷가에 가서 불가사리나 게 살피기를 많이 경험하도록 힘썼단다. 또한 자전거를 타고 달리며 활달한 성격으로 바뀌도록 힘쓰기도 했었다. 따라서 또래들에 비하면 한글이나 숫자를 익히는 쪽에는 별로 신경을 쓰지 않았었다. 왜냐하면 그런 공부는 자연스럽게 기회가 주어질 때 집중한다면 얼마든지 깨우치거나 터득할 수 있다는 생각 때문이었다.

유진이가 유치원을 다니면서 자기 생각을 남에게 야무지게 얘기할 수 있도록 변했구나. 그런가 하면 친구들과 어울리는 방법을 배워 어엿한 어린이로 성장하여 무척 신기하단다. 거기에는 선생님들의 고마운 정성이 깃들어 있고 친구들과 마주하며 자연스럽게 얻은 어울림의 지혜가 밑거름으로 자리하고 있기에 더더욱 감사하고 있다.

유진아! 너의 여섯 번째 생일을 다시 한 번 축하한다. 그리고 싱그러운 신록이 우거져 가는 초목처럼 밝고 맑으며 싱싱하게 자라기를 빈단다. 이런 소원이 이루어진다면 먼 훗날 어떤 경우에도 자신에게 주어지는 일을 스스로 생각하고, 그 생각의 결과에 따라 행동하며, 그 행동에 대한 책임을 질 줄 아는 참다운 사람으로 성장할 거야. 아울러 모든 생각은 냉철한 이성이나 명석한 두뇌로 하고, 행동은 뜨거운 피와 넓은 가슴으로 하는 멋진 사나이가 되리라는 기대를 저버리지 않기를 당부한다.

예로부터 그저 그런 의사인 '소의(小醫)'는 기껏해야 병을 치료한다고 하여 '치병(治病)'을 할 수 있다고 했다. 그리고 어느 정도로 많은 경륜이나 경험을 쌓은 보통 의사인 '중의(中醫)'는 병든 사람을 고칠 수 있다는 뜻으로 '치인(治人)'을 할 수 있으며, 뛰어난 의술과 수많은 경험을 쌓은 큰 의사인 '대의(大醫)'는 나라의 병을 고칠 수 있다는 뜻으로 '치국(治國)'을 할 수 있다고 했다. 보통 사람도 자기 자신을 얼마나 열심히 갈고 닦았느냐에 따라 전혀 다른 역할을 할 수 있음을 간접적으로 웅변하는 금언이 아닐까. 앞으로 네가 성장하면서 한 번쯤 되새겨 봐도 좋을 성 싶구나.

이제 우리 유진이가 어엿하게 자랐으니 멀리 서서 객관적인 눈으로 살펴보도록 해야겠다. 왜냐하면 때로는 가까이에서 보는 것보다 멀리에서 혹은 높은 곳에서 굽어보는 게 더 잘 보이는 법이기 때문이란다.

유진이와 처음 만났을 때 할아버지와 할머니는 무척 힘이 들었을 뿐 아니라 견디기 힘들어 곤혹스러웠단다. 하지만 세월이 지나면서 우리는 천륜으로 맺어진 피붙이로서 너는 하늘이 내려준 최고의 사랑스런 보물이라는 사실을 뒤늦게 깨달았단다. 우리 집의 희망동이 유진아! 네가 손주라는 사실이 무척 자랑스럽고 감사하며 행복하단다.

무럭무럭 튼실하게 자라려무나. 우리 가정의 희망인 꿈나무여!

2013년 4월 23일

(유진이 여섯 번째 생일에 할아버지)

손주의 쑥 뜯기*

아내와 나는 일곱 살배기 손주와 논밭 사이로 시원스레 뚫린 포장도로가에서 쑥을 뜯었다. 온화한 기온과 해맑은 햇볕 때문에 겨울 점퍼가 부담스러운지 지퍼를 내리고 쑥을 뜯는 재미에 푹 빠진 개구쟁이의 꼴이 싱그러웠다. 아마도 쑥을 뜯는 그 자체보다 모처럼 교외에 나와 봄기운을 만끽하는 즐거움의 단초가 아니었을까. 입이 귀에 걸려 웃음이 헤퍼지면서 '생애 최고의 날'이라는 말을 연거푸 되풀이하는 모양이 무척 귀엽고 사랑스러웠다.

거의 한 시간 남짓 쑥과 씨름을 했지 싶다. 봄나들이를 즐기면서 쉬엄쉬엄 쑥을 뜯었는데도 두세 번 쑥국을 끓여 먹기에 충분했다. 그런데 녀석은 시종일관 차분했던 우리 내외와 정반대였다. 생전 처음 경험하는 쑥 뜯기가 신기하고 즐거웠던지 흥분해서 연신 필요 이상의 큰소리로 '쑥을 발견했다.', '쑥을 뜯었다.', '쑥이 많이 있으니 이리 와라.' 같은 말을 쉴 새 없이 쏟아냈다.

처음 뜯기 때문일까. 쑥을 줄기째 뜯지 못하고 잎을 하나씩 쥐어

뜯어 깡그리 부스러기 꼴로 만들어 놓았다. 만일 시장에 내다 팔 요량이라면 모두 상품 가치가 없을 정도로 뜯는 주제에 기분은 하늘을 찌를 기세로 당당했다. 하는 짓이 귀엽기도 하지만 흥을 돋워줘야 한다는 생각에서 과도한 립 서비스를 남발했다. 이는 활활 타오르는 불에 기름을 붓는 격이었다.

녀석에게 어설픈 약속을 했다가는 크게 치도곤을 당하기 십상이다. 무심코 지나가는 말로 어쭙잖은 약속을 잘못했다가 덤터기를 뒤집어쓰기 십상이다. 그리고 불이행의 약점을 교묘히 파고들며 거래 조건을 제시해서 꼼짝없이 백기를 들게 하는 경우가 드물지 않다. 이런 때문에 녀석 앞에서는 여간 말을 조심하는 게 아니다. 자칫하다가는 비위를 긁는 행위를 자초한 꼴이 되어 앙팡테리블(Enfant terrible : 무서운 아이들)로 변한 아이에게 봉변을 당할 개연성을 배제할 수 없기 때문이다.

며칠 전 대수롭지 않게 약속을 했다. 언제 교외에 나가서 쑥을 뜯자는 얘기를 했었다. 실행에 옮기지 않다가는 언제 불똥이 튈지 모른다는 생각에서 자진 신고를 하는 심정에서 정오 무렵에 집을 나섰다. 서마산의 내서를 거쳐 마산대학을 왼쪽으로 끼고 돌며 함안으로 향하는 노정을 머리에 그리며 출발했다.

중간에 촌국수집에 들려서 국수로 점심을 해결했다. 마산의 내서와 함안읍의 경계 언저리의 도로변 비탈의 언덕에 자리한 '장가네 촌국수집'으로 이 부근에서는 입소문이 자자하게 알려진 집이다. 오래전부터 이따금 찾았던 단골집으로 녀석도 꽤 여러 차례 동행했었던 때문인지 그 부근에 이르면서 단박에 기억해냈다. 두 해 정도 발길을 끊었다가 찾아갔는데도 불구하고 주인아주머니가 녀석을 정확히 기억하고 그동안 많이 컸다면서 살갑게 대해줬다.

점심 뒤에 다시 함안 방향으로 직진하다가 도중에 입곡 저수지로 길머리를 틀었다. 저수지 하류에서 상류로 거슬러 올라가다 '입곡 저수지 흔들다리'에서 흔들다리를 왕복으로 거닐며 봄을 완상했다. 길이가 200미터에 조금 못 미치며 수면 위 2미터쯤에 가설된 흔들다리는 어린아이에게 무서울 법도 하다. 그럼에도 불구하고 거칠 것 없이 마구 달리며 건너는 행동과 대범한 담력이 외계인을 연상시켰다.

어제까지도 찬바람에 모두가 웅크린 모양새였다. 그런데 오늘은 어제와 완연히 다르게 봄의 한 가운데쯤으로 순간 이동한 것 같았다. 그런 때문인지 저수지 주변에 상춘객이 넘쳐났고 만개한 벚꽃과 개나리가 유난히 화사해 눈길을 끌었다.

저수지에서 녀석이 노니는 평화로운 모습을 한참 지켜보다가 다시 차를 타고 달리던 중간의 길가에 차를 세우고 쑥 뜯기 삼매경에 푹 빠졌었다. 전생이 심심산골에 터를 잡았던 농부가 아니었을까. 농사짓는 모습을 옆에서 지켜봤거나 그런 심부름을 했던 적이 전혀 없었다. 그런데 녹록치 않은 봄볕이 한창 내리쬐어 부담스러운 야외에서 쑥을 뜯으며 그다지도 신명이 나서 방방 뛰는 이유를 도통 이해할 수 없었다.

얼결에 언약한 말빚을 변제하는 심정으로 나섰던 봄나들이 길이다. 어쩌면 피치 못할 의무방어전을 치르는 어정쩡한 심정과 흡사했다는 표현이 걸맞을 것 같다. 별 기대를 하지 않고 나섰다. 그런데 녀석은 집을 나서 교외로 접어들며 수줍은 소녀의 보송보송함을 닮은 벚꽃이나 샛노란 개나리의 진한 색깔에 매료되어 연신 감탄을 해댔다. 그러다가 친숙하게 낯익은 국수집에서 국수 한 그릇을 거의 비우는 기염을 토하기도 했다. 마냥 넉넉해진 마음에 큰 저수지의 협곡을 가로질러 가설한 흔들다리를 만나 걸으며 왕복하던 호사는 녀석의 기분을 한껏 고조시켰으리라.

오늘 나들이의 종결 방점(傍點)은 쑥 뜯기가 분명했다. 녀석에게 들녘 한적한 도롯가에서 쑥을 뜯는 생소한 경험은 가히 봄나들이 길의 화룡점정(畵龍點睛)이었지 싶다. 여태까지 여기저기에 수없이 동행을 했어도 오늘만큼 기분이 최고조에 달하여 흥겨워했던 적이 거의 없었다.

비좁아 답답기 짝이 없는 집에 겨우내 갇혀 지내다가 화사한 봄의 향연에 진하게 대취했음이었을까. 아니면 모처럼 나선 나들잇길에 풍선처럼 부풀어 오르는 자연스러운 행동거지의 표출이었을까. 어떤 쪽이던 저울질하며 고민할 필요가 없다. 모두를 뭉뚱그려 대차대조표를 어림할 때 기껏 국수 한 그릇에 음료수 한 캔을 어린 왕자에게 대접하며 떠받들었을 뿐인데 투자 효과는 얼추 상종가에 근접한 셈이기에 분명 엄청 크게 이문을 남기는 장사였다.

* 쑥 뜯기 : 흔히 '쑥 캐기'라고 하는데 이는 잘못된 표현이다. 왜냐하면 '캐다'는 사전에서 "첫째로 묻힌 물건을 파내다, 둘째로 모르는 일을 자꾸 밝히어 묻다."라고 정의한다. 쑥은 흙 속에 묻혀 있는 '뿌리를 캐는 게' 아니라 '땅 위로 자란 어린 줄기와 잎을 뜯는' 것이기 때문에 '쑥 뜯기'가 맞는 표현이다. 땅속에 뿌리나 줄기가 묻혀 있는 고구마나 감자, 마늘, 연뿌리, 냉이 같은 것은 '캐기'라는 표현이 맞다.

2013년 3월 30일 토요일

6부

밀절미와 울타리

조손의 숨가쁜 동행 / 유전과 닮음

할아버지 잠깐만 / 어리보기의 옥셈

까치밥 / 아내의 생일과 케이크

물려받기와 베풂 / 아비와 아들

손주와 짬짜미 / 냉장고와 세탁기

손주의 학습효과 / 손주의 첫 독서

조손의 숨가쁜 동행 

매일 아침 유동적인 상황에 유연하게 대처하기 위해 노병은 어린 왕자의 출정식에서 심기를 불편하지 않도록 전전긍긍하는 꼴을 옆에서 훔쳐보면 가관일 게다. 자기 기준에 조금이라도 어긋나거나 허술한 틈이 엿보였다 하면 잴잴 거리며 설레발을 치면서 어린이집에 가지 않겠다고 올라탔던 버스에서 우적우적 내려오는 사달이 발발한다.

불상사를 미연에 방지하기 위해 비위를 맞추려고 아침마다 극진하게 모셔야 한다. 녀석의 얼토당토않은 트집에 휘말리지 않도록 정신을 가다듬고 긴장하여 지극 정성으로 모셔야 뒤탈이 없다.

자칫 깜빡하다가 괘씸죄에 걸려 일거에 구렁텅이로 빠져 덤터기를 뒤집어쓰기에 십상이다. 왕자님의 친구라고 해도 한때 저와 함께 같은 유치원을 다녔던 성민이와 지우 남매 그리고 경국이, 현재 함께 다니는 동근이와 나은이 남매, 그 밖에도 아파트에 함께 사는 권하와 윤우를 비롯해 규빈이 정도이다. 그들과 매일 아침 비슷한 시간대에

경비실 앞에서 뒤섞여 북새통을 떨면서 어린이집 통학차를 기다리는 풍경이 되풀이된다.

아이들에게 인사를 건네다가 시샘 대장의 기분을 마뜩잖게 거슬렀다 싶으면 괘씸죄에 걸려 사달이 돌발할 위험성이 크다. 벼락같은 성미에 화가 치밀면 왕왕대거나 토라져 심통을 부리며 어깃장을 놓고 마냥 뻗대는 한편 진한 앙갚음도 불사한다. 여간 조심하지 않으면 꼬투리를 잡혀 하루를 망칠 소지가 다분하다. 그런 이유에서 녀석의 눈길을 피해서 은근슬쩍 꼬맹이 친구들과 인사를 나눠야 투명한 올가미에 걸려들지 않아 살풍경의 봉변을 면한다.

녀석의 친구들에게 번개같이 재빠른 인사를 나눈 뒤에 저만을 지켜보다가 차에 오른 뒤에 시야에서 사라질 때까지 손을 흔들면서 '빠이! 빠이!'를 읊어대야 겨우 자린고비의 인색한 미소가 배시시 번진다. 매일 아침 돈을 볕을 받으면서도 어린이집으로 향하는 코흘리개 폭군의 심기를 건드릴까 전전긍긍하며 비위를 맞춰야 하는 꼴이 비루먹은 강아지의 모양과 흡사할지도 모른다.

평소 재롱을 부리며 우쭐대는 풍신일지라도 시샘이나 욕심도 많고 또래들처럼 여러모로 서툴거나 설익은 천방지축이다. 자세히 살피면 무언가가 자꾸 밖으로 술술 새기 때문에 끊임없이 바로잡으며 채워주는 열정을 듬뿍 쏟아 붓는 채움이 절실한 어린 천사일 뿐이다.

생뚱맞기 짝이 없는 어린왕자는 내가 화장실에 있을 때 도둑 고양이처럼 숨어들기 선수이다. 그래도 아무렇지도 않은 듯 시치미를 뚝 떼어 보지만 단박에 좇아낼 묘수가 없어 벌레 씹은 표정을 제대로 숨기지 못할 게다. 정신을 가다듬고 다그치면 얼토당토않은 이유를 끌어다 붙이며 교묘하게 이죽대는 바람에 슬그머니 꼬리를 내리는 무른 대응이 태반이다.

녀석과 굳게 맺은 평화협정을 쪽박 내지 않으려면 매사에 매섭게 내치거나 단호하게 선을 그으며 응징하는 게 능사가 아니다. 실제로는 현실과 이상 사이의 괴리에서 숙제를 떠안고 낑낑대며 가슴앓이를 하게 마련이다.

딴에는 제법 단호하고 나름대로 우쭐대며 번드르르한 아이다. 하지만 평범한 자연의 진리를 터득하거나 깨우치지 못해 비어있거나 허술한 구석이 숭숭 뚫려있음이 엿보여 귀엽고 새록새록 정이 시나브로 쌓여간다.

어미젖을 먹고 자라는 젖먹이동물은 어미 뱃속에 새끼를 수태했다가 새끼를 낳는다. 그에 비해 다른 동물이나 파충류는 어미가 알을 낳아 부화시켜서 새끼가 태어난다는 평범한 사실도 제대로 분간하지 못한다. 그러기에 가끔 그리는 모든 뱀의 뱃속에 꿈틀거리는 아기 뱀을 그려 놓는 모순을 보이고도 우쭐대는 모습이 기특해 시비곡직을 가리기는커녕 되레 빙그레 웃음을 머금은 채 격려하는 사랑이 참일까. 하기야 일부 뱀의 경우 몸속에 알을 보관하다가 새끼를 낳는 난태생(卵胎生)도 있다.

무법자 같은 면을 유감없이 드러내는 녀석은 혼자 놀다가 심심해 주리가 틀리면 작업 중인 컴퓨터 앞으로 다가와 거침없이 내 무릎에 넙죽 올라앉는다. 그리고 잽싸게 마우스를 가로채는 무례를 예사로 범한다. 그런 뒤에는 화면을 멋대로 옮겨 다니며 맘에 드는 그림 화면을 클릭해 감상하면서 나대는 모양새가 결코 밉상은 아니다.

가끔은 겸연쩍은 생각이 드는지 내게 던지는 말 중에 가장 빈도가 높은 게 '할아버지는 박사라서 컴퓨터를 잘해.'라는 것이다. 그럴 때면 쑥스럽고 멀쑥해 응답할 말이 궁해서 우물거리기 마련이다. 한참을 묵묵부답으로 더듬거리면 매구 같이 속내를 간파했는지 '할아버지! 나도 박사 될 수 있어.'라고 또 질문을 해온다.

유치원에서 배웠는지 녀석이 즐겨 쓰는 '아이 캔 두 잇(I can do it)'을 빌려서 거리낌게 없이 잽싸게 '유 갠 두 잇(You can do it)' 이라고 립 서비스를 날린다. 그러고도 눈 하나 깜짝하지 않는 나도 이무기가 다된 귀신같은 백전노장이 아닐까 하는 멋쩍음에 쓰디쓴 미소가 절로 번진다. 그렇지만 어쩌랴. 원만한 공생관계를 위해 그보다 더한 비위도 기꺼이 맞춰야 할 터인데 뭐 그리 대수란 말인가.

일상에서 평화와 소통의 문을 활짝 열어 놓고 공존의 세월을 누리기 위해 이제 겨우 다섯 살인 어린 왕자와 기꺼이 짬짜미를 해야 한다. 그것도 늘 녀석의 기분을 최우선으로 배려해야 태평성대를 지탱할 수 있다. 그 때문에 내 생각이나 뜻은 언제나 수면 아래로 접어놓고 낮은 자세로 임해야 하는 불공정 거래를 감수할 수 있는 각오가 전제되어야 한다. 그 길이 협상의 큰 틀을 유지할 수 있는 맞춤한 전략이다. 이를 속된 거래에 비유하면 녀석은 언제나 절대 강자인 '갑(甲)'이고, 나는 약자로서 비굴해지기 쉬운 '을(乙)'이 틀림없는 현실을 클리셰(cliche)* 로 나타낼밖에 도리가 없다.

그래도 현재의 여건에서 우리의 관계는 떼려야 뗄 수 없는 특수관계이기 때문에 협정을 일방적으로 파기하거나 외면할 계제가 결단코 아니다. 인기를 지향하는 스타는 보통 목전의 득실만을 내다보고 시류에 영합하거나 대중에게 아부나 아첨을 하게 마련이다. 그런 거래 관계가 아닌 우리는 이따금 힘들 거나 부대끼며 버거워 휘청거리며 혼란을 겪을지라도 영원히 동행해야 할 조손이라는 굳건한 관계를 맺어준 천륜에 고마워한다.
* 클리셰(cliche) : 판에 박힌 듯한 문구나 진부한 표현을 이르는 말이다.

문예감성, 제5호(2012 봄, 여름), 2012년 3월 27일

http://mygrand.tistory.com/531

(2011년 11월 6일 일요일)

유전과 닮음

'조상의 몸 형태나 성질이 자손에게 전해지는 현상.'을 유전(inheritance)이라고 정의한다. 생물학적 해석을 덮어두고 생각하면 신기하기 짝이 없는 현상이 아닐까. 체형이나 특징을 위시해서 성질이 자손에게 전해지는 경우는 그렇다고 받아들여도, 독특한 행위나 하는 짓이 그대로 전해지는 닮은꼴은 더더욱 신비롭다.

유진이 사촌이며 우리 가계의 장손인 승주는 제 어미가 품고 살기 때문에 유전적 특성이 어떻게 나타났는지 시시콜콜 세세한 내용을 모른다. 이에 비해서 유진이는 어려서부터 여태까지 함께 살아오고 있다. 그런 아이의 몸에 밴 자연스런 행동 몇 가지는 신기하게도 제 아비의 그것을 빼닮은 판박이여서 경악게 한다.

태어나 한 달 정도 부모와 함께 살았던 기간은 어느 모로 생각해 봐도 사물을 제대로 인식하거나 무언가를 보고 배워 익힐 시기가 아니다. 따라서 아이의 가슴에 새겨진 양친의 자리는 텅 빈 백지 상태가 분명하다. 그런 녀석이 아비가 어린 시절 버릇같이 되풀이해왔던

짓을 똑같이 재현하는 꼴을 물끄러미 지켜보면서 어안이 벙벙해 입을 다물기 어려웠다. 아마도 이런 연유에서 옛 어른들은 '씨도둑은 하지 못하는 법.'이라고 했나 보다.

배냇짓을 할 무렵부터 잠자리에서 옆에 끼고 더듬으며 품는 노란 고양이 인형이 있다. 베개를 베고 그 인형을 손에 쥐면 절대로 놓지 않는다. 그러다가 잠든 무의식 상태에서도 인형 모서리를 끊임없이 많이 더듬고 손바닥으로 살살 문지르는 동작은 입때까지 반복되는 현재 진행형이다. 하도 여러 해 같은 행동을 되풀이해서 낡고 꼬질꼬질해져 사흘이 멀다 하고 빨아서 대령했다. 그런 까닭에 부분적으로 너덜너덜 헤졌는가 하면 손때에 찌들어서 볼품이 없을뿐더러 보기에 흉했다.

지나치게 낡고 남루하게 보여 할머니가 같은 회사 제품 중에서 모양이 똑같으며 색깔만 꽃분홍색인 것을 새로 사다가 진상했어도 심드렁한 채 언제나 한쪽 구석으로 밀어내 아직도 새것이나 다름없다. 애오라지 오래된 헌 것에 고래 심줄같이 끈질긴 애정을 보이며 집착했다. 이는 신통방통하게도 영락없는 제 아비의 어릴 적 잠버릇 그대로 판박이다.

대상이 바뀌었을 뿐 아비의 잠버릇과 조금도 다를 바가 없는 짓이다. 제 아비도 어릴 적에 녀석처럼 잠자리의 버릇이 별스러웠다. 잠자리에 들면 항상 이불 모서리를 더듬어 손에 쥐고 꼼지락 꼼지락 만지거나 손바닥을 빙글빙글 돌렸다. 그러면서 피부에 닿는 촉감을 즐기던 유별난 버릇이 있었다.

여러 이불 중에도 특정한 이불을 끈질기게 집착하며 되풀이되어 아무리 빨아도 모서리가 새까맣게 변했다. 지나칠 만큼 볼썽사나워

버리려고 하면 안 된다고 기를 쓰며 쟁쟁 대기도 했다. 태어나 얼굴도 제대로 익히기 전에 부모와 떨어져 살아온 터수에 어떻게 아비의 버릇이 녀석에게 전해진 걸까 신기하다.

누구도 녀석에게 피아노를 가르치지 않았다. 아마도 가끔 할머니가 혼자서 연주하는 걸 어깨너머로 넘겨보거나 어린이집에서 연주하던 선생님의 흉내일까. 정식으로 배운 일이 없는 녀석이 한두 손가락이 아니고 양손을 능숙(문외한인 내 관점)하게 사용하여 이런저런 멜로디를 제법 그럴듯하게 만들어 내는 깜짝 쇼를 벌이며 으스대는 경우가 왕왕 발생한다. 그렇게 열심히 피아노를 치다가 내게 연주해 보라고 집요하게 피아노 앞으로 이끌기도 한다.

음악에 대해 등신이자 까막눈인 젬병인 놈에게 감히 피아노 연주는 언어도단이다. 그런 연유에서 겸양이 아닌 백치나 다름없는 맹추로서 잔뜩 주눅이 들어 극구 사양을 하다가 먹혀들지 않으면 손사래를 치면서 비실비실 뒤로 물러서기 일쑤이다.

양보하며 겸연쩍어하는 내게 제 아비의 버릇을 쏙 빼닮은 직격탄을 몰인정하게 날린다. '할아버지! 박사가 그것도 못해!'라고 말이다. 누구에게 주워들었는지 '박사'라면 뭐든지 막힘없이 잘하는 것으로 이해하고 있지 싶다. 그쯤 해도 쥐구멍이라도 찾아 숨고 싶은 심정으로 편편치 않다. 그런데 이번에는 확인 사살 멘트를 거침없이 쏟아낸다.

할아버지가 못 치는 피아노를 할머니는 잘 치는데, 할머니가 '더 박사야?'라고 묻는다. 오! 전지전능한 신이시여! 이런 때 어린양은 뭐라고 답해야 본전치기를 할 수 있을까요. 이와 흡사한 표현을 제 아비도 내게 하여 곤혹스러웠던 기억이 새롭다.

제 아비가 초등학교 4학년쯤이었을까. 어느 토요일 학교에서 돌아와 숙제를 해 놓고 친구들과 놀러 가겠다는 기특한 제안을 했다. 그리고 숙제를 한다며 도와달라고 얘기했다. 가상하여 흔쾌히 승낙했다. 기껏 초등학교 4학년 숙제라고 가볍게 여겼던 천박함이 화를 부를 것이라는 생각을 못 했다. 그런데 어찌하면 좋을까. 하필이면 나의 취약점을 건드리는 아킬레스건(Achilles Tendon)과 직결된 음악의 악보를 완성하는 문제였다.

순간 앞이 깜깜했다. 철딱서니 없는 천둥벌거숭이인 아들 앞에 아비의 발가벗은 적나라한 비참한 꼴이 드러나는 민망한 궁지에서 벗어나려 빠져나갈 궁리부터 했다. 점잖게 목소리를 가다듬고 위엄을 담은 목소리로 음악에 대해서는 잘 모른다고 이실직고했다. 그러니 엄마에게 도움을 받는 게 좋겠다는 얘기를 하고 은근슬쩍 위기를 모면하려 했다. 그러자 이해할 수 없다는 듯이 얼굴이 묘하게 일그러졌다.

그 순간을 기다렸다는 듯이 '아버지! 우리 선생님은 잘하는데. '교수'가 선생님보다 공부를 못하는 거야?'라고 물어왔다. 그리고 부언하는 얘기가 '아버지는 '교수'인데, 엄마만큼 공부 못하는 거야?'라고 거듭 거북스런 직격탄을 연거푸 퍼부었다. 얼굴이 화끈화끈 달아올라도 태연자약한 척 표정을 관리하며 위기를 벗어나려고 안절부절 했던 눈물겨운 순간이 여태까지도 끔찍했던 기억으로 회상된다. 어쩌면 이런 것까지 완벽하게 제 아비를 빼닮았을까. 아무리 생각해도 풀길 없는 미스터리(mystery)이다.

손주를 직접 키우면서 여러 면에서 아비를 꼭 빼닮은 점이나 부분이 믿기지 않을 정도로 숱하다는 사실을 깨달았다. 체형이 그런가 하면 음식을 먹는 습성과 행동하는 양태와 사근사근한 성격과 인정 넘치는 품성이 엄청 흡사하다. 급한 성정과 고집 그리고 삐치기 잘하는 심통을 비롯해 느물거리다가 얼렁뚱땅 설렁설렁 넘기려는 의뭉스런 구석까지 구태여 아비를 닮는 까닭이 뭘까.

그럴싸해서 그러한지 놀이터에서 재빠르게 달리는 잽싼 행동거지가 아비이고, 위험한 곳에서 함부로 뛰어내리는 과감성도 피를 속이기 어려워 보였다. 지금 나는 유진이라는 프리즘(prism)을 통해 서른해 전 무렵에 작은아들의 특성을 하나하나 제대로 돌이켜 보고 재확인하며 또 다른 세상의 이치를 뒤늦게 깨우쳐가고 있는지도 모른다.

시와 늪, 제14집, 2012년 1월 6일, (2012년 겨울, 신년)

(2011년 11월 7일 화요일)

할아버지, 잠깐만

조금 전 타의에 의해 겨우 잠자리를 벗어난 손주는 연신 눈을 비벼대면서 텔레비전의 어린이 프로에 눈을 고정시킨 채 미동도 없었다. 녀석의 가시권에서 등산복으로 갈아입고 오가기를 반복해도 '소닭 보듯이 멀뚱멀뚱 눈을 깜빡일 뿐.' 말을 섞으려 들지 않았다. 그런 녀석을 뒤로하고 등산을 할 요량에서 현관 쪽으로 나가 등산화 끈을 조여 맬 때, 다급한 목소리가 등 뒤로 날아들었다.

"할아버지! 잠깐만!"

"왜?"

또다시 '잠깐만!'이라고 소리쳤다. 순간적으로 평소처럼 등산과정에서 땀이 나면 닦으라며 '크리넥스 키친타월' 몇 장 뽑아올 것으로 믿고 별 신경을 쓰지 않은 채 신발 끈을 매고 있었다.

뭔가 제대로 풀리지 않는지 연이어 '잠깐만 기다려!'라고 외쳤다. 그리고 잠시 시간이 흐른 뒤에 현관과 거실 사이의 중간 문을 열고 빙긋이 웃는 얼굴을 내밀면서 다가왔다.

웬일일까! 손에는 만 원권 지폐 한 장이 들려있었다. 엉뚱한 상황에 어이가 없고 뜻밖의 행동에 놀라 입이 떨어지지 않아 휘둥그레진 눈만 껌뻑이며 물끄러미 녀석을 응시했다.

"할아버지! 산에 가서 배고프면 이걸로 맛있는 것 사 먹어. 이거, 백 천원(녀석은 돈의 단위를 모르며 가장 큰돈을 '백 천원'이라고 호칭한다.)이야"

라고 말했다. 손 발짓을 해가며 극구 사양해도 막무가내였다. 밀고 당기기를 거듭하는데도 뜻을 굽히지 않고 지폐를 받아서 등산복 주머니에 잘 넣으라고 재촉을 하며 한 발짝도 물러서지 않았다.

결국, 내 말이 씨알도 먹혀들지 않아 엉거주춤한 상태에서 등산복 상의 주머니에 만 원을 받아 넣었다. 그랬더니 돈을 넣은 주머니의 지퍼를 잘 닫으라고 반복적으로 당부하며 손으로 지퍼를 닫는 시늉을 해댔다. 이런 당부는 외출하려고 현관문을 나설 무렵에 녀석에게 돈을 쥐어주며 내가 수없이 내뱉었던 잔소리였다.

그런데 오늘은 되레 거꾸로 당하는 처지가 되었다. 여섯 살에 들어서는 손주가 예순여덟의 할아버지 등산길에 배고프면 맛있는 것 사 먹으라며 만원을 건네려하다니 참으로 기분이 묘했다. 한편으로는 따사로운 천사의 마음이 고스란히 전해지는 것 같아 꿈을 꾸는 기분이었다.

불과 얼마 전만 해도 녀석은 잠에 빠져있었다. 임진년 설을 이틀 앞둔 토요일의 아침이었다. 여명이 밝아 온 지 한참이 되었는데도 밤중으로 알고 잠에 빠져 있어, 아내와 나는 먼저 아침 식사를 마쳤다. 그러고도 기다리다 지쳐 쿨쿨 자고 있는 녀석에게 안마를 하는가 하면 간질이며 억지로 깨워 거실로 내몰아 소파에 앉혔다. 몽롱한 상태에서 텔레비전의 어린이 프로에 채널을 고정시키던 아이였다. 아직 잠이 덜 깬 상태에서 할아버지 등산길에 배가 고프면 무언가를 사서 먹으라고 제 돈을 찾아다 줄 생각을 어떻게 했을까 기특하기 이를 데 없다.

어제 어린이집에서 한복을 차려입고 세배하는 공부를 했단다. 그 때 선생님께서 세배를 하면 복주머니에 돈을 넣어 아이들에게 주었던 가보다. 집에 돌아와 살펴보니 복주머니에 천 원권 지폐 한 장이 들어 있었다. 그 돈에다가 그저께 설 인사차 들렀던 제자인 S 박사가 쥐어줬던 만 원권 두 장까지 함께 거머쥐고 자기는 '백 천원'가졌으니 부자라고 너스레를 떨면서 기꺼워했다. 그러면서 아이스크림을 사 먹으러 갈 것이라며 그 길에 할아버지도 동행해도 좋다며 설레발을 쳤던 돈 일부였다. 그렇게 귀하게 모셔둔 돈을 내 등산길에 내놓던 진정한 심중을 제대로 헤아릴 길이 없어 헷갈린다.

할머니와 함께 외출하는 길에 아이스크림이나 주전부리를 사 먹는다면서 내게 돈을 얻어가는 경우가 있다. 그럴 경우는 천 원권 몇 장이나 만 원권 지폐를 쥐어 주며 주머니에 꼭 넣고 단추를 잠그거나 지퍼를 닫으라고 당부를 해왔다. 그런 잔소리가 어린아이에게도 은연중에 일종의 세뇌가 되었나 보다. 할아버지의 등산길에 알토란같은 제 돈을 찾아다 건네면서 주머니에 넣고 지퍼를 잠그는 것까지 확인하고 잘 다녀오라는 인사를 하는 앙증맞은 모습이 그렇게 귀여울 수가 없다.

최근 장모님과 손위 동서가 서울의 어떤 병원 중환자실에 함께 입원해 힘겨운 투병 중이다. 백 세에 근접한 장모님은 교통사고로 고관절 골절로 수술을 하고, 일흔아홉인 손위 동서는 뇌 혈압 문제로 입원했다. 그분들이 생사의 기로를 넘나들며 병마와 밀고 당기기를 되풀이하며 중환자실에 장기적으로 누워있는 관계로 아내의 서울 나들이가 잦았었다.

아내의 잦은 상경 때문에 녀석의 건사나 뒤치다꺼리를 비롯하여 어린이집에 보내는 일이 완전히 내 몫으로 떠넘겨졌던 날이 더러 있었다. 그동안 나와 가까워졌다고 생각하는가보다. 매일 저녁 할머니와 함께 해오던 목욕을 구태여 나보고 해달라는 강청 때문에 며칠째 그 일이 내 전담 몫이 되었어도 매정하게 내치지 못하고 끙끙 앓고 있다.

녀석은 분명 엉뚱하고 능청맞은 구석이 있다. 등산에서 흘린 땀으로 범벅이 된 내게 부채를 가져다 부쳐주면서 빨리 말라야 한다고 난리를 피운다. 한겨울에 부채질이 가당치 않다고 얘기하면, 감기 들면 병원에 가서 치료받으라고 박박 우기며 끝끝내 고집을 관철시킨다. 그래도 까딱 잘 못하면 선린관계에 금이 갈지 모른다는 불안함에 눈을 질끈 감고 넘겨버린다.

늘 그런 식으로 삐딱한 행동만을 하는 것은 아니다. 가끔 마음이 내킬 경우 할아버지가 산에서 돌아오면 기분 좋게 '빛나게 반짝반짝 청소'를 해야 한다고 잔소리를 하기도 한단다. 그렇게 할머니를 다그치며 우겨댄다는 속내는 제대로 들여다볼 길이 없는 미궁이다. 아이의 여러 면을 들여다보다가 뚱딴지같이 그 옛날 위나라 사람이었던 '동우(董遇)처럼 슬기로운 혜안이나 열린 세계관*'을 지니는 품성을 닮았으면 좋겠다는 생각을 하기도 했다.

부모와 떨어져 동거하는 아이와 소꿉장난 같은 일상이 호락호락하고 항상 오월동주 하는 모양새일 수 없다. 때로는 비바람이 몰아쳐

힘겹고 아쉬움이 가슴을 파고들어도 젊은 날 내 아이들을 키우던 시절보다 훨씬 너그럽게 따스한 가슴으로 품어줄 수 있어 다행이다.

게다가 오늘처럼 어린 것의 자연스러운 행동이 어른의 콧등을 시큰하게 감동시킬 경우 세상에 그 어느 것에 견주더라도 부럽다거나 움츠러들어야 할 이유가 없기 때문에 엔돌핀(endorphin)이 분수처럼 팍팍 솟구친다. 그런 녀석의 언행에 푹 빠져 우쭐대다가 평상심을 잃고 여느 때에 비해서 5킬로미터 정도를 더 걷는 만용을 불사했는데도 전혀 피로한 줄 모르겠다.

* 동우(董遇) : 옛날 중국의 위나라 사람으로 "첫째로 밤은 낮의 나머지(餘)다. 둘째로 비 오는 날은 갠 날의 나머지다. 셋째로 겨울은 한 해의 나머지다." 등을 '삼여(三餘)' 라고 정의하고 있다. 이 삼여에는 사람의 일이 뜸하기 때문에 뜻을 모아 학문에 힘을 쏟을 수 있다고 일렀다.

2012년 1월 21일 토요일

어리보기의 옥셈 

시월의 두 번째 일요일(14일) 유진이 유치원의 체육대회 날이었다. 하늘엔 옅은 구름이 드리워져 초가을 양광의 기운이 한풀 꺾여 날씨가 부주를 단단히 했다. 맨 낯으로 천사들의 재롱잔치를 구경해도 탈이 없다고 여겼나 보다. 젊은 부모들이 양산을 펼쳐 들거나 햇볕을 가릴 심산으로 모자를 눌러쓴 경우는 거의 없었다. 그 때문에 멀찍이 뒤에서도 운동장에서 펼쳐지는 율동이나 경기 모습이 속속들이 들여다보여 한결 느긋했다.

요즘 유치원에는 다섯 살부터 일곱 살까지 어린이들이 공부하는가 보다. 프로그램에 안내된 모든 경기나 무용은 반별로 나뉘지 않고 5세, 6세, 7세 어린이로 갈래지어 진행했다. 각종 경기나 게임을 지켜보면서 나이 차이를 무시하고 같은 무리로 묶어 유치원 어린이라고 표현하거나 응대하는 것은 문제가 있어 보였다. 분명히 거기에는 말로 표현하기 힘든 엄연한 경계와 수준 차이가 서릿발같이 존재함을 실감했다.

똑같이 갓 알에서 깨어난 노랑 병아리 모습의 노란 운동복을 입고 있어도 행동거지나 태도가 어엿하게 달랐다. 이는 군대에서 이등병과 일등병이 확연히 다르고 상병과 병장 사이에도 서릿발같이 뚜렷한 문화의 차이가 존재하는 것과 흡사한 꼴이었다.

악의없는 천방지축의 악동들에게 섬세한 동작을 수없이 되풀이 연습시켜 무대인 운동회 마당에 세웠음은 불문가지이다. 그런데도 더러는 심통 부리듯이 엉뚱한 동작을 거듭하거나 장승처럼 우뚝 서서 눈만 껌뻑여서 담당 선생님을 당황케 했다. 그러면서도 천연덕스럽게 웃음 짓는 생뚱맞은 모습이 사랑스러워 지켜보는 모든 이들의 웃음보를 터뜨리게 했다. 그런가 하면 개중에는 정작 열중해야 할 경기나 율동엔 관심이 없는 경우가 더러 눈에 띄었다. 그 대신에 제 부모가 어디에 있는지 사방을 두리번거리는데도 그런 별종의 아이가 귀엽다고 느껴지는 축제마당은 분명 천사들의 별천지였다.

어린 시절 나는 운동이나 음악과 미술 분야에 젬병이었다. 그래서 초등학교 시절 추석 무렵에 펼쳐졌던 운동회에 대한 쓰린 기억이 많을뿐더러 그 당시 맘속에 깊이 자리 잡기 시작했던 콤플렉스에서 여태까지도 자유롭지 못하다. 운동회의 모든 종목에서 꼴찌 수준을 면치 못했지만 그중에서도 100미터 달리기가 그렇게 싫었다.

단체 경기는 여럿이 어우러져 아람치*에 다다르지 못해도 개인차가 극명하게 드러나지 않아 부끄러울 일이 거의 없었다. 하지만 달리기 결과는 개인차가 극명하게 드러나 구경하는 친구나 어른들 보기가 민망하다는 이유에서 자존심이 상해 어떤 핑계라도 끌어다 붙이더라도 회피하고 싶었다.

초등학교 3학년 운동회였을 게다. 평소 연습 때 늘 4등을 했다. 그래서 빌었다. 운동회 날 제발 내 앞을 달리는 세 명 모두 넘어지라고. 정말 운동회 날 기적이 일어났다. 네댓 발 앞서 달리던 친구들이 차례로 넘어지는 모습을 보며 내가 '일등이구나.'라고 섣불리 쾌재를 불렀다. 기분이 한껏 고조되어 혼신의 힘을 다해 내 달리려는 찰나에 앞에서 넘어졌던 친구의 다리에 걸려 나뒹굴면서 천재일우의 기회는 물거품이 되었다.

오랜 세월이 지난 지금 회상해 보니 노력은 하지 않고 그런 요행으로 남을 뛰어넘어 앞서거나 이길 수 없음이 자명하다. 그럼에도 불구하고 미욱하게 그 단순한 진리를 망각한 채 미망에 사로잡혔었다. 결과적으로 어리석음은 긴 호흡의 관점에서 해가 되고 독이 된다. 그러므로 그 같은 생각은 어리보기*의 옥셈*이 분명한데도 그런 평범한 사리를 제대로 깨닫지 못하던 칠뜨기였다.

운동 신경이 엄청 무디고 리듬 감각이 엉망진창인 유전자가 후손들에게 나타나지 않기를 간절히 빌었던 적이 많다. 하늘이 도우셨는지 나의 두 아이가 그렇지 않다. 또한 입때까지 두 손주를 지켜보면서 행동이 잴 뿐 아니라 또래들에 견줘 봐도 뒤진다는 생각이 들지 않아 여간 다행히 아니다. 작은손주 친구이며 유치원에서 같은 반인 '동근'이 너스레에 따르면 달리기를 할 때 '유진'이는 늘 일등이란다. 그에 비해서 자기는 꼴찌 단골이라는 얘기가 몸치인 내게 엔간히 위안이 되는 게 아니다.

어린 시절 운동회 날은 부모님을 비롯해서 위뜸과 아래뜸의 모든 사람이 참여하는 축제마당이었다. 오늘의 유치원 축제는 그렇지 않더라도 학부모가 골고루 참여한 잔치였다. 유치원의 비좁은 공간에 비하면 바다 같이 넓은 중학교 운동장을 통째로 빌려 만국기를 마당

가득히 걸어 놓아 분위기를 띄웠다. 그리고 운동회가 펼쳐지는 경계선을 따라 젊은 부모들이 개인적으로 텐트나 현대식 차일(遮日)을 연이어 타원형으로 쳐 두어 묘한 조화와 아름다움이 자연스럽게 연출되었다.

그 옛날 운동회의 백미는 점심시간이었는데 지금은 달뜬 분위기를 찾아보기 힘들었다. 운동회 장소가 집에서 불과 200미터 정도이지만 손주 녀석의 기분을 맞춰주려고 정성껏 도시락을 준비했다. '동근'이 가족과 함께 어울려 학교 울타리로 경계를 이루는 공원의 나무 그늘에 자리 잡고 양쪽 집에서 준비한 진수성찬을 녀석들 앞에 대령했다. 하지만 의무 방어전을 치르듯이 김밥 몇 개씩 우적거리고 나서 매정하게 자리를 박차고 일어났다. 그리고 약속이나 했듯이 놀이 삼매경에 빠져 과일 한두 조각 더 먹이는데도 밀고 당겨야 했다.

그 옛날 운동회 날엔 맛있는 햇과일을 비롯해 하얀 햅쌀밥을 실컷 먹는 즐거움에 무척 설레었다. 그도 이제는 아련한 옛일이 되어 추억의 뒤안길에 묻혀버리려고 한다. 어린 손주 녀석에겐 오늘의 운동회가 오랜 세월이 지나고 나서 어떤 모습으로 각인되어져 있을지 무척 궁금하다.

내 눈에는 지나치게 힘들 거나 지루하지 않은 알찬 운동회였다. 하지만 어린 천사에겐 엔간히 힘겨웠던가 보다. 운동회를 일찍 마치고 돌아온 녀석이 초저녁부터 몰려오는 잠을 이기지 못해 버둥댔다. 하지만 오늘 밤엔 일찍 재울 형편이 아니라서 아홉 시를 넘긴 시간부터 반신욕을 시키면서 잠을 내쫓으려고 안간힘을 썼다.

하필이면 오늘 저녁 늦은 시간에 유진이가 생전 처음 텔레비전 방송에 소개되는 프로그램을 시청해야 한다. 조금 뒤 밤 11시 무렵에 방송될 'SBS 스페셜(307회) 「그들에겐 특별한 것이 있다. – 객대교육(隔代教育) –」'이라는 프로그램이 그것이다. 낮에는 벅찬 운동회에 참여하고 밤늦게 방송을 시청해야 하는 관계로 어렵겠지만 각별한 의미를 부여할 수 있는 녀석의 하루이지 싶다.

* 아람치 : 개인의 사사로운 몫
* 어리보기 : 말이나 행동이 다부지지 못하고 어리석은 사람을 낮잡아 이르는 말.
* 옥셈 : 잘 못 생각하여 자기에게 불리하게 계산하는 셈

2012년 10월 14일 일요일

까치밥

비록 팍팍하고 빈한해 신산한 삶을 누리며 복닥대던 우리 조상들일지라도 나눔이라는 관점에서 넉넉한 멋을 아는 아량을 지닌 부자였다. 그 옛날부터 늦가을 감나무에 붉게 익은 감을 따다가도 기나긴 삼동을 견뎌내야 할 날짐승의 지난한 생존의 고통을 헤아려 남겨두었다. 이를 '까치밥'이라고 한다. 나무 끝에 몇 알의 감을 남겨두는 여유와 나눔의 미학을 실천할 수 있는 유전자를 엿볼 수 있는 대목으로 아름다운 마음의 단면이다.

같은 맥락의 마음과 정성이리라. 거의가 농사를 생업으로 하던 시절 들일을 하다가 논밭 머리에서 먹던 새참이나 점심은 사람이 먹기 전에 '고수레'*를 했다. 이는 귀신이나 악귀가 먼저 운감하게 함으로써 액막이와 나눔의 철학이 일상화된 공존에 바탕을 둔 문화였다. 그리고 사람이 먹을 차례가 되면 주위에 보이는 이웃이나 뜨내기 길손을 기꺼이 청해서 함께 한술 뜨며 한 끼를 해결하던 미풍과 양속의 문화 민족임을 자랑했다.

모든 게 돈으로 평가되어 가치를 부여하며 무한 경쟁이 연속되는 지금 우리는 유사 이래 가장 풍족한 세상을 구가하고 있다. 하지만 정신이나 영혼은 나락으로 추락한 꼴에 비유될 만큼 피폐해져 사회의 도처에서 빈발하는 역기능을 감내하기 힘겨워 비틀댄다. 내 남할 것 없이 앞으로만 내달리며 신실하고 참다운 인간성 회복은 거의 불가능해 보이는 암울한 오늘이다.

끝 모를 늪에 빠진 현실에서 그래도 인간성을 찾아보려는 시대의 양심이 '상류층 도덕적 책임과 의무'를 위해서 '노블리스(noblesse) 오블리주(oblige)'를 소리 높여 부르짖는 자성이 공감을 얻고 있다. 피폐하고 험악해진 사회에서 상류층이 '정당한 대접을 받기 위해서는 명예(노블레스)만큼 의무(오블리주)를 다해야 한다.'는 주장이다. 과연 우리는 오늘을 살며 내가 누리는 명예에 합당한 의무를 하고 있는지 뼈아픈 성찰이 필요하지 싶다.

거의 삼백 년 전부터 우리 조상 중에는 '상류층의 도덕적 책임과 의무'를 펼쳤던 선각자 가문이 있었다. 전남 구례에 있는 운조루(雲鳥樓)를 말한다*. 조선의 영조 52년(1776년)에 건축한 전통양식의 양반 가옥이다. '운조루'라는 이름은 중국의 도연명이 지은 귀거래혜사(歸去來兮辭)에서 따온 것으로 '구름 위에 나는 새가 사는 빼어난 집.'이라는 의미란다. 이 집 주인은 독특한 '쌀뒤주'를 통해서 나눔과 베풂의 지혜와 아름다운 사랑을 널리 펼쳤다는 전설 같은 얘기이다.

운조루의 곳간 채 외돌아진 장소에 주인의 눈에는 잘 띄지 않지만 외부인이 누구나 쉽게 접근하게 '쌀뒤주'를 설치해 두었다. 그것은 끼니거리가 없어 그 뒤주의 쌀을 퍼가는 사람들에게 최소한의 자존심을 지켜주려는 주인의 배려가 엿보이는 가슴 뭉클한 마음 씀씀이다.

기름을 담는 드럼통 정도의 통나무를 1.5미터 정도로 잘라서 밑바닥으로 쓰일 부분만 적당히 남겨두고 위에서부터 파내어 만든 뒤주에 뚜껑을 만들어 덮고 쌀을 가득 넣은 다음에 자물쇠를 채워둔다. 그리고 끼니를 끓이기 어려운 이웃들이 밥 지을 쌀을 자유롭게 퍼갈 수 있도록 했다. 이 쌀뒤주의 밑바닥 부분에는 세로 길이가 긴 직사각형의 마개가 있다. 이를 열고 필요한 만큼의 쌀을 퍼갈 수 있게 만들어졌다.

쌀뒤주에서 쌀을 꺼내기 위한 마개에 세로로 '타인능해(他人能解)'라는 글씨가 새겨져 있다. 이는 '다른 사람 누구나 마개를 열 수 있다.'는 뜻으로 '쌀이 필요할 경우 누구나 가져갈 수 있다.'는 것을 의미한다. 이 운조루 주인이 한 해 농사를 지어 거두는 소출은 쌀 200가마 정도인데 쌀뒤주를 통해서 나가는 쌀이 대략 36가마 내외였다고 한다. 이런 평면적인 내용을 기초로 생각하면 대충 소출의 20% 가까이 어려운 이웃을 위해 나누는 여유와 미덕을 쌓은 덕망가였다.

물론 오늘날에도 이름 없는 이웃이 익명이나 기명으로 베푸는 감동의 물결은 메마른 사회에 희망을 밝혀주는 등불 역할을 톡톡히 한다. 그런가 하면 크게 이룬 성공을 바탕으로 적선하는 기부천사들이 도처에서 선업(善業)을 쌓으며 복을 짓는 경우도 있어 우리 사회가 희망을 잃지 않는지도 모른다. 한 예로서 2008년에 설립된 아너 소사이어티(Honor Society)는 '1억 원 이상 개인 고액 기부자 모임.'으로 상류사회에서 노블레스 오블리주를 실천하려는 진솔함 같아 흡족하고 든든하다.

세상이 따스한 양지만 존재한다면 얼마나 좋을까. 사회 도처에서 돈이 된다 싶으면 벌떼같이 모여들어 게걸스럽게 투기를 주저하지 않는다. 그런가 하면 개구리가 몸에 좋다면 개울에 멀쩡하게 서식하는 개구리의 씨를 말리는 게 이즈음 인심이고 삶의 단면을 더덜이 없이 보여주는 자화상이다. 심지어 도토리묵이 몸에 좋다는 얘기에 다람쥐나 들짐승이 겨우내 먹어야 할 도토리를 한 톨도 남기지 않고 죄다 따다가 묵을 만들어 먹어야 직성이 풀리는 그악스러운 성정은 어떤 논리로 합리화시켜야 할까. 그 옛날 까치밥을 남기던 선조들이 전해준 유전자를 어느 곳간에 쟁여 두었는지 샅샅이 훑어 봐야겠다.

최근 여섯 살배기 손주인 유진이가 대책 없이 버려진 고양이나 개에 무척 많은 관심을 보인다. 그렇다고 애완동물(pet)이나 반려동물(companion animal)로서 취급하려는 높은 수준의 관심이 아니다. 기껏해야 단세포적인 관심일 뿐이다. 얼마 전부터 아파트 주위에서 자주 눈에 띄는 고양이나 근처의 자투리 공원에 배회하는 떠돌이 개를 집에 데리고 와서 기르자고 조르는 횟수가 부쩍 잦다.

몇 해 전에 기르던 애완견인 '포미'가 노령으로 명을 달리한 뒤에 절대로 다시는 키우지 않겠다고 다짐을 했다. 참혹하고 처연한 가슴 아픈 이별을 감내할 재간이 당최 없기 때문이다. 그런 마음의 상처를 알 길 없는 아이가 공원에서 놀다가 혼자 독백처럼 무심코 내뱉은 말이다. '나중에 엄마 아빠가 돌아오고 할아버지와 할머니가 죽으면 개와 고양이를 키워야지.'라고 중얼거렸다.

짐승이나 사람의 어렵고 힘든 처지를 보고 자기의 마음이나 부(富)를 나누어 주려는 마음 씀씀이나 행동은 어느 모로 봐도 고귀한 삶의 덕목이며 아름다운 자산이다. 유진이가 성장하면서 나름대로 그런 쪽에 기꺼이 다가가서 베풂이나 나눔의 기쁨을 누릴 수 있는 고고한 품성의 우성(優性) 유전자를 물려받았으면 좋겠다. 베풂과 나눔의 선업(善業)은 널리 그리고 많이 쌓고 복을 지을수록 자신의 삶이 풍요롭고 행복 바이러스가 활성화될 것이기에 더더욱 그런 맘이 간절하다.

* 고수레 : 첫째로 들이나 산에서 음식을 먹을 때나 무당이 굿을 할 때 귀신에게 먼저 바친다는 뜻으로 음식을 조금 떼어 던지는 행위를 이른다. 둘째로 흰떡 따위를 만들기 위하여 쌀가루를 반죽하는 과정에서, 쌀가루에 끓는 물을 훌훌 뿌려 물이 골고루 퍼져 섞이게 하는 행위를 이르는 말이다.
* 전남 구례군 토지면 오마리 103번지에 소재하는 고택이다.

시와늪 제18집, 2013년(겨울) 신년호, 통권 18집, 2013년 1월 23일

(2012년 10월 17일 수요일)

아내의 생일과 케이크 

오늘 저녁 귀갓길에는 제과점에 들러 케이크 하나를 살 예정이다. 소서(小暑)인 내일 맞이하는 아내의 생일을 축하해 줄 요량이다. 거짓말 같지만 결혼 삼십여 년의 세월이 지났어도 아내의 생일을 이유로 케이크를 샀던 경험이 없다. 가족에 대해서 사랑의 표현이 서툴러 각종 기념일을 마냥 외면했던 처지에 유별나게 챙기려는 데는 나름대로 이유가 있다.

이즈음 달포 남짓한 기간에 아내는 십 년은 더 늙어 보일 정도로 수척해졌다. 아마도 아내가 나를 본다면 도토리 키 재기 격일 것으로 생각될지도 모른다. 최근 몇 년 동안 우리 집에 붙박이 식구는 우리 내외뿐이었다. 그런데 지난 유월 초하루부터 작은손주 유진이가 동거해야 할 생경한 상황이 발생했다. 핏덩이의 등장으로 불문율처럼 자리 잡았던 둥지의 질서가 하루아침에 줄줄이 뒤틀리고 얽혀 곤혹스러움이 한두 가지가 아니었다.

두 아들을 키웠던 경험이 있으나 아득한 옛일이다. 이순을 넘긴 처지에 아내는 엄마이며 보모 역할이 생활의 주된 임무이다. 시간 맞춰서 우유를 먹이고 기저귀를 갈아주며 울면 달래거나 잠을 재우면서 목욕도 시켜야 한다. 거기다가 밤에도 수시로 우유 먹이기, 기저귀 갈기, 잠재우기를 해야 하는 고달픔의 연속이다. 이런 까닭에 아내는 내가 도와주지 않으면 잠시도 쉴 틈이 없다. 유진이와 동거한 지 한 달 조금 더 지났다. 벼락 치는 듯했던 환경의 변화와 심적 충격으로 아내의 얼굴은 고희를 맞은 할머니 모습으로 안쓰럽기 그지없다.

내 두 아들을 키우던 시절 여동생들이 아내를 도왔던 관계로 우유 한 번 제대로 먹였던 기억이 없다. 그러나 지금은 한 치 건너 손주인데도 사정이 전혀 다르다. 누군가 돕지 않으면 아내는 현관문 밖에 한 발짝도 나설 수 없다. 그런 때문에 가사노동을 분담하거나 아이를 안고 어르며 우유를 먹이거나 기저귀를 갈며 아이 용품인 수건과 옷의 빨래도 자청해야 한다.

새벽 다섯 시쯤에 일어나면 아이가 먹었던 우유병을 삶아 소독하는 것을 시작으로 밤새 건조된 거즈수건과 아기 옷을 개켜야 한다. 또한 분유를 탈 물을 끓여 보온병에 담아 놓은 뒤에, 어른들의 아침밥을 짓기 위해 쌀을 안치고 전기밥솥의 코드를 꽂아야 한다. 그리고 그 날의 일정과 정황을 고려하여 두 시간 남짓한 아침 산행(山行) 길을 찾아 나서기도 한다.

아내가 무거운 몸을 이끌고 방문을 나서는 모습은 밤새 병고에 시달렸던 중환자 몰골로 나이보다 훨씬 늙어 보이는 지친 표정으로 마음이 무겁다. 불행 중 다행인 것은 요즈음은 방학이라서 시간 변통이 용이하여 토막시간에 아내를 도울 수 있어 다행이다. 오후에 조금 일찍 집으로 돌아와서 아내가 시장을 다녀오거나 한두 시간 수영을 하도록 아이를 돌볼 수 있다.

서른 해 이상 삶을 동행 하면서도 아내가 고맙다는 생각을 가슴깊이 했던 일이 없다. 나이가 들면서 철이 든다고 했던가. 삶을 누리면서 자연스럽게 공기를 호흡하고 목이 마르면 물을 벌컥벌컥 마시는 것처럼 아내도 그런 존재로 인식했다. 뜻하지 않게 손주의 양육을 떠맡아야 하는 문제에 직면하면서 표나지 않았던 아내의 자리와 존재가 태산같이 크고 우뚝한 지존으로 돋보인다. 아내가 아니라면 나는 아무것도 할 수 없는 무능력하고 한심한 존재일 뿐이다.

힘들고 버거운 짐이라도 천륜으로 맺어진 손주를 건강하고 밝고 올곧게 키우는 중심에는 반드시 아내가 자리해야 한다. 아무리 곱씹어 봐도 나는 아이들 돌보는데 보조를 하거나 바람막이를 하는 울타리 역할 이상의 능력이 없다. 순진하고 맑은 영혼을 가진 아이가 부모를 떨어져 성장하는데, 올곧은 사랑을 심어주고 지성으로 다독여줄 존재는 절대적으로 필요하다. 어린 생명의 성장은 하늘의 뜻일지 모르지만 아이에게 따스한 가슴과 아름다운 영혼을 지니도록 혼을 불어넣으며 사랑을 일깨워줄 사람은 아내인 할머니가 유일하다.

오늘 새벽에도 아이의 우유를 먹이기 위해서 일어나 부스스한 모습으로 방문을 나서는 아내의 모습을 건너다보면서 가슴이 아파 얼른 외면해버렸었다. 지금쯤은 아들 부부가 차려주는 생일상을 받아야 할 나이다. 그런데 갓 태어난 손주를 길러야 하는 혼란스러운 현실로 내몰린 아내에게 미안하기 이를 데 없다. 어쩌다가 부덕한 나를 지아비로 섬기고 살아온 업보 때문에 모진 시련을 겪는 게 아닌가 싶은 자괴감에서 하는 말이다.

수렁에 빠져 허우적거리며 안간힘을 쓰는 지경에 맞이하는 아내의 생일을 어떻게 모르는 척 넘길 수 있을까. 퇴근길에 예쁜 케이크 하나 사다 고이 모셔두었다가, 내일 아침 아내와 마주 앉아 음치의 생일 축하 노래를 들려주며 고마움을 전하련다.

단둘이서 맞이하는 자리가 너무 외롭고 초라하지 않을지 내심으로 걱정이 된다. 하지만 생각해 보니 그 자리에는 먼 훗날 할머니의 사랑을 듬뿍 받으며 자랐다고 자랑할 희망동이 유진이가 함께 하며 끝없는 천사의 웃음을 지을 터이기에 외롭고 쓸쓸한 생일 잔칫상은 면할 성 싶다.

월간 한맥문학, 제19권 제9호 통권204호, 2007년 8월 25일.

(2007년 7월 6일 금요일)

물려받기와 베풂

요즈음 밤만 되면 거의 피해가기 어려운 성가신 일이 하나 있다. 일생 동안 책을 가까이하면서 살아왔을지라도 눈이 침침해서 가급적이면 밤에는 작은 글자로 인쇄된 책이나 문서를 들여다보지 않으려고 마음을 굳혔다. 나의 속내를 훤히 꿸 리 없는 손주가 동화책을 코앞에 들이대며 읽어 달라고 채근하면 '짹' 소리도 없이 따라야 덤터기를 쓰지 않고 평화의 기조가 지탱된다.

절대 강자인 '갑(甲)' 지위를 탐닉하는 손주의 웬만한 횡포를 눈 딱 감고 견뎌내야 비루먹은 강아지 꼴의 절대 약자인 '을(乙)'의 지위라도 근근이 누릴 수 있다. 폭거에 가까운 불평등 협약은 녀석이 초등학교에 입학할 무렵에 이르면 협상을 통해 혁명적인 수준으로 수정 보완해 본때를 보여주려고 잔뜩 벼르고 있다.

흥이 나면 내 쪽의 사정은 아랑곳하지 않고 막무가내로 한꺼번에 두 세 권을 읽어 달라는 무례한 강청을 해댄다. 이 같은 위기를 벗어날 묘책은 '생선을 입에 물려주는 대신에 낚시 법을 가르치는 길.'이다. 이 같은 관점에서 한글을 제대로 구사하도록 이끄는 게 첩경이다. 그렇지만 아직 한글 해독 능력이 그에 이르지 못하는 관계로 앞으로 한동안 곤혹스러움을 감수해야 할 궁색하기 짝이 없는 고약한 처지이다.

나는 '조선 시대의 이야기책 전문 낭독자'인 '전기수(傳奇叟)'와 유사한 북시터(book sitter)* 전문 자격이 없다. 그 때문에 책을 읽어주는 행위가 불법이라 해도 가정의 평안을 위해 손주의 진솔한 간청에 기꺼이 응하지 않을 도리가 없다. 어찌 되었던 책을 좋아하는 게 흠이 될 리 만무하다. 혹시 책을 가까이 하다 보면 그 옛날 당나라 시인이었던 '두보(杜甫)의 일갈*'이 현실로 되어 손주가 시성(詩聖)으로 거듭 태어나지 않는다고 속단할 수 없는 노릇이다.

겨우 일곱 살인 손주의 책이 백오십 권을 훨씬 넘는다. 처음 듣는 경우 아직 한글을 제대로 깨우치지 못한 아이에게 지나친 것으로 낭비이며 어른들의 과욕을 적나라하게 나타내는 증좌라고 비난이 따르지 않을까 걱정이 앞선다. 하지만 숨겨진 사연을 속속들이 들여다보면 탓하거나 언짢게 얼굴 붉히며 목소리를 높여 일방적으로 매도하거나 흠잡을 구석이 전혀 없다. 그중에서 네댓 권을 꼭 필요해서 할머니가 구입해 주었다. 그리고 쉰 권쯤은 G 학습지의 숫자 공부를 하는 과정에서 무료로 제공 받았다. 그 외의 백 권 남짓한 책은 할머니 지인들의 아이나 손주가 쓰던 책을 시나브로 물려받았다.

며칠 전 저녁 식사를 하던 중이었다. 창원에 살던 아내의 지인이 다음 날 아침 경기도 일산으로 이사를 간다며 두 아들이 읽었던 유아용 동화책 한 질 60여 권을 건네주고 갔다. 보따리 채 책을 물려받은 게 이번이 처음이 아니다. 지난해에는 현관을 마주 보고 살던 이웃이 이사를 가면서 동화책을 비롯해 장난감과 유아용 문구류를 한 박스나 선물로 주었다.

여태까지 씨줄과 날줄처럼 얽힌 인연들이 손주에게 물려준 것은 참으로 다양하고 헤아리기 어려울 만큼 많다. 할머니와 각별하게 지내는 젊은 지인 하나는 외아들이 입었었지만 새것과 다름없는 고급 한복, 점퍼, 티셔츠와 바지 등을 물려주기도 했다. 그런가 하면 사방에서 다양한 옷가지를 얻어와 맞춤옷처럼 세련된 꼬마 신사로 꾸미기에 모자람이 없었다. 그 외에도 신발을 얻어다 때와 장소에 걸맞게 신겨 멋을 연출하기도 했다.

오뉴월 오이 자라듯 하루가 다르게 쑥쑥 자라나는 아이들은 새 옷을 구입해 한 계절 입히고 난 이듬해 또 다시 입히려면 몸에 맞지 않지만 새것이나 다름없다. 그런데도 몰라보게 커진 덩치 때문에 어쩔 수 없이 버리거나 누군가에게 물려줄밖에 도리가 없는 경우가 숱하다. 그런 연유로 손주가 입던 옷들도 어린이 보호시설에 나누어 주기도 했다. 처음엔 헌 옷이나 신발을 위시해서 장난감을 누군가에게 넘겨준다는 게 민망해서 쓰레기로 버렸던 적도 있었다. 하지만 보호시설의 곤고한 처지를 전해 듣고 정성껏 모아 요긴하게 활용할 시설에 전하는 쪽으로 생각을 바꿨다.

그 옛날 초등학교 시절 선배들의 졸업식에서 신나게 불렀던 졸업식 노래가 떠오른다. '… 물려받은 책으로 공부잘 하며, 우리는 언니 뒤를 따르렵니다…….' 그런데 유감스럽게도 나는 선배들에게 교과서를 물려받아 공부를 했던 적이 없다. 그 당시 대부분 가정에서 형제가 여럿이라서 형이나 누나가 사용하던 교과서는 자기 동생들에게 물려줘 남에게 돌아갈 게 없어 그리되었으리라는 유추를 해본다. 또한

6 · 25전쟁 휴전 뒤 무렵이라서 유아나 초등학교 저학년용 동화책이 거의 없었기 때문이었다고 생각된다.

지난 시절에 견주어볼 때 오늘날엔 외동이 대부분인데 양질의 종이로 호화롭게 만든 유아용 동화책을 구입해서 기껏 한두 번 읽는다고 하더라도 새 책이나 다를 바 없다. 그 아까운 책들을 누군가에게 물려주는 나눔이나 베풂 문화가 없다면 몽땅 폐기 처분해야 한다. 이런 상황에서 책이나 옷을 위시해서 장난감에 이르기까지 물려주기나 베풂 혹은 나눔 문화와 공감대가 아름답게 자리 잡아 여간 다행히 아니다. 게다가 예로부터 '덕을 쌓은 집안에는 반드시 경사가 따른다.'라는 뜻으로 '적선지가(積善之家) / 필유여경(必有餘慶)'이라고 하지 않던가.

지난날 경제적 위기에 봉착했을 때 한동안 '아나바다 운동'*을 소리 높여 외치던 적이 있다. 그런 절박한 위기에 직면했다거나 거창한 구호나 기치가 아닐지라도 좋다. 손주가 여유 있거나 소용이 없어진 것을 누군가에게 나누거나 이웃과 물려줄 수 있는 아름다운 심성을 길렀으면 좋겠다. 그런 이유에서 누군가로부터 물려받은 물건일 경우에 그 사실을 잊지 않도록 되풀이해서 얘기해 각인시킨다.

내게 소용이 없어진 것을 필요로 하는 누군가에게 나누어주고 내가 소용이 닿는 것을 다른 사람으로부터 물려받는 것은 미풍양속이다. 그리고 그 전제는 나눔과 사랑이나 공생과 공존을 바탕으로 하는 열린 생각과 아름다움이 기저에 도도히 흐를 것이라고 믿기 때문이다. 게다가 나눔과 베풂의 DNA를 기초로 하는 물려주고 받기를 실천하는 정신을 대승적인 맥락에서 보면 자원절약을 통해 지구촌의 녹색환경 만들기에 일조하는 부수적인 효과도 겨냥하는 셈이 아닐까.

* 북시터(book sitter) : 육아교육방법의 하나로 프랑스에서 활용되며, 아동의 독서능력 향상과 창의적 사고력을 길러 주려는 목적을 겨냥하고 있다. 일반적으로 '엄마' 또는 '책 읽어 주는 교사'가 도서관 등에서 아이에게 책을 읽어 주는 것을 뜻한다.

* 당나라 시인 두보는 '독서파만권 / 하필여유신(讀書破萬卷 / 下筆如有神 : 책 만권을 읽고 붓을 들면 / 신들린 듯 글을 쓸 수 있다)'라고 설파했다.

* 아나바다 운동 : IMF 구제금융 요청 사태가 발생한 이듬해인 1998년 우리 국민들이 불필요한 지출을 줄이자는 취지에서 만든 자생적인 민간운동이다. 이는 '아껴 쓰고', '나눠 쓰고', '바꿔 쓰고', '다시 쓰고'의 준말이다.

2013년 2월 22일 금요일

아비와 아들

유진이가 이른 아침부터 서럽게 흐느껴 품에 살포시 끌어안고 다독이면서 거실 창밖의 허공으로 눈길을 피하며 속으로 따라 울었다. 아이의 아픔을 차근차근 헤아려봤다. 울컥하는 마음을 다스리기 어려운데도 태연자약한 것처럼 표정을 관리해야 하는 처지가 곤혹스러웠다. 아이와 떨어져 지내는 아비가 '민방위 교육'을 받으려고 지난 토요일 돌아왔었다.

돌아오던 순간부터 아비 곁을 야금야금 파고들며 맴돌더니 종국에는 매일 잠자리에 들기 전에 해오던 샤워마저도 아비와 함께 하겠다고 이죽거리며 살랑대는 꼴은 혼자 보기 아까울 정도였다. 그러다가 잠자리도 마찬가지라며 결연한 의지를 천명하기도 했다. 털끝만큼의 망설임도 없이 이불과 베개를 들고 아비에게 옮겨가서 요란스럽게 쿵쾅대다가 잠에 곯아떨어졌었다. 이런 게 천륜으로 이어진 부자간의 자연스러운 정리의 표출인가보다.

일요일(26일)엔 나의 '문학기행(경남 사천)' 때문에 가족 모두가 일찍 기상해서 서둘러 아침 식사를 했다. 아내에 따르면 내가 집을 나서고 아들 부자는 까투리와 어린 새끼인 꺼병이(꿩병아리)처럼 찰싹 붙어 다니며 놀이터를 비롯해 집안을 오가며 신명나게 놀았단다. 게다가 제 단짝 친구인 동근이 남매까지 집으로 데리고 와서 아비를 소개시켜주며 점심을 함께 먹는 등 마냥 즐거웠다고 했다. 그렇게 찰떡궁합을 자랑하듯이 부자가 척척 죽이 맞아 승용차로 드라이브까지 했다고 한다. 어둑해질 무렵에 귀가해 아이와 샤워를 했다. 그 후에는 아비와 방에 틀어박혀 낄낄거리다가 꿈나라 여행을 떠날 때까지 코끝도 보이지 않을 만큼 아비에게 집착했다.

오늘 아침 아비가 9시부터 민방위교육이라서 서둘러 식사를 마치고 나가면서 교육을 마치면 곧바로 상경하겠다며 현관을 나섰다. 그 과정에서 아이도 제법 그럴듯하게 격식을 갖춰서 작별인사를 나누고 남은 아침 식사를 마쳤다. 그리고 조금 뒤 소파에 앉아서 왕방울 같은 눈물을 뚝뚝 흘리며 울음을 속으로 삭이는 처연한 모습에 깜짝 놀랐다. 조용히 다가가서 품에 안으며 연유를 물었다. 아비가 떠나 슬퍼서 그런다고 훌쩍이며 울먹였다.

순간 가슴이 꽉 막히고 코끝이 찡해지면서 눈물이 주체할 수 없이 흘러도 억제할 재간이 없었다. 아이의 흐트러진 모습을 멀찍이서 물끄러미 건너다보면 할머니까지 눈시울이 붉어졌다. 상황이 묘하게 돌변하면서 집안에는 태풍을 방불케 하는 눈물의 소용돌이가 휩쓸고 지나갔다. 이같이 곧이곧대로 나타내는 행동의 표출이 핏줄에 대한 무조건적인 감정의 끌림이며 쏠림이 아닐까.

울먹이던 아이를 가까스로 진정시켜 유치원에 데려다 놓고 심란한마음을 다스릴 요량으로 내친김에 등산길에 나섰다. 날씨가 잔뜩 흐려 따가운 햇볕을 피할 수 있어 가파른 길을 오르내리기에 안성맞춤이었다. 하지만 심란해진 심사를 달랠 길 없어 끌탕을 쳤던 까닭에 이전처럼 가볍거나 무언가를 생각할 여유를 가질 수 없어 심드렁했다.

태어난 직후부터 여태까지 기르고 있다. 제 아비도 지난 연말에 귀국하여 함께 지낸 두 달 정도가 전부일 뿐이다. 그럼에도 아비와 아들이라는 천륜은 조부모보다 우선하는 게 하늘의 섭리인가 보다. 지나치게 오래 떨어져 살아온 부자가 데면데면해서 소 닭 보듯 한다면 낭패스러우리라. 그런 맥락에서 여느 부자와 조금도 다를 바 없다는 고무적인 현실이 무척 고맙고 위안이 된다.

얼떨결에 양육을 통째로 떠맡으면서 부족함이 없도록 채워주려고 열성을 다하고 있다. 어른들의 행동거지나 말버릇을 비롯해 일상의 문제를 바로 보고 배우도록 하려는 의도에서이다. 그렇지만 과도한 욕심이나 부당한 집착에 대해서는 한결같은 기준을 적용하여 일관된 가치관을 깨우치도록 애를 썼다. 이는 조부모 밑에서 자랄지라도 그릇된 행동이나 버릇은 애초부터 송두리째 뿌리를 뽑겠다는 결연한 의지의 천명이기도 하다.

부모 이상의 사랑을 베풀어 정서적으로 부족하거나 모난 구석 없이 성장하도록 정성을 다하고 있다. 그런 연유에서 세상을 멀리 바로 보는 눈과 품성을 지니도록 노력해왔다. 이를 위해 자연의 이치를 깨우치면서 건강하고 바르게 자랄 수 있는 환경을 조성하려고 최선을 다하고 있다. 하지만 격대(隔代)관계인 때문인지 완벽하게 부모의 역할을 대신한다는 것은 어려운가 보다. 내 두 아들을 기르던 시절보다 몇 곱절의 심혈을 기울이는데도 불구하고 이따금 만나던 제 아비의 그림자를 따라가기도 어렵다는 사실을 깨우치게 하는 행동거지를 지켜보면서 느끼는 소회이다.

짝사랑이 깊어지면 치유하기 녹록치 않은 병으로 진행 되게 마련이다. 구김살 없이 기르겠다는 당찬 희망과 각오는 착각이지 싶다. 내 자식 이상으로 열성을 다해 양육해도 부모 역할을 온전하게 벌충하기 어려운 게 어쩔 수 없는 인류의 민낯이 아닐까. 그런 까닭에 이제는 도덕적 책임을 바탕으로 한 손주의 양육의무 종료 시점이 가까워온다고 생각하는 게 천륜에 대한 합당한 순응일 게다. 서둘러 아들 부자가 함께 살 수 있는 날을 앞당길 실마리를 제공해야 할 역할이 내게 주어지는 또 다른 몫인가.

월간 문학세계, 2013년 8월호(통권 229호), 2013. 7. 20

(2013년 5월 27일 월요일)

손주와 짬짜미 

키가 큰 초 여섯 자루와 작은 초 다섯 자루에 불을 붙이고 생일 축하노래를 부른 뒤에 아내가 촛불을 끄는 순간 나와 손주는 박수를 쳤다. 집안에 식구라야 셋뿐이라서 여유가 있는 저녁 식사 자리에서 아내의 생일 파티를 열었다. 거창하게 파티라고 이름 붙였어도 여느 때와 다를 바 없는 단출한 식단에 달랑 작은 케이크 하나를 곁들인 게 전부이다. 거기에 손주 녀석이 할머니 생일이라며 여느 때 자기가 먹으려고 비축해 두었던 오렌지 주스 한 캔을 냉장고에서 꺼내다 할머니 앞에 추가로 놓았다.

사십 년 가까이 삶을 동행한 아내이기에 무심했던가. 식탁을 마주하고 식사를 하다가 우연히 아내의 얼굴이 눈에 들어왔다. 그 옛날 이십 대 후반 처음 만나던 풋풋함이나 젊음의 흔적은 자취를 감췄고 초로의 아낙 모습으로 다가와 무척 낯설었다. 얼굴을 뒤덮은 잔주름이 세월의 이력을 웅변하는 듯했어도 새치가 거의 보이지 않아 그래도 봐줄 만하다는 생각이 들어 실없이 빙그레 웃었다.

유치원이 끝나고 빵집에 가서 앙증맞은 케이크를 샀다. 조손이 배가 맞아 공모해 꾸민 생일 축하용이다. 쓰임새는 할머니 축하용이지만 주로 먹을 사람은 녀석인 때문에 아이의 취향에 맞는 종류로 고르도록 했다. 할머니 모르게 가지고 가서 깜짝 놀라게 만들겠다고 단단히 벼르며 신이 나서 희희낙락 우쭐대는 꼴이 영락없는 일곱 살배기 천방지축의 철부지였다.

새벽 등산을 갔다가 돌아온 시간이 일곱 시 무렵이었다. 여느 날 같으면 여덟 시를 넘겨도 기상할 기미를 보이지 않던 손주가 눈을 비비며 거실로 나왔다. 기특해서 아부성이 짙은 립 서비스를 날렸는데도 평소의 나긋나긋한 모습은 찾을 길이 없었다. 암팡지게 잔뜩 찌푸린 표정의 저 기압골 분위기를 반전시킬 묘책이 떠오르지 않았다.

분위기를 일신할 요량으로 잠시 뒤에 할아버지와 함께 샤워를 하자고 꼬드겨도 냉랭했다. 그리고 망설임 없이 심통을 부리며 뒤틀어진 심사를 고스란히 드러냈다. 더 이상의 대거리는 시빗거리의 빌미를 제공하지 싫어 서둘러 욕실에 들어가 면도를 마치고 설렁설렁 샤워를 한 뒤에 한껏 나긋나긋한 목소리로 회유해 이윽고 샤워를 시켰다. 시큰둥한 표정으로 무게를 잡는 척했지만 기꺼운 내심을 굳이 숨기려들지 않았다.

무슨 일 때문인지 속옷을 챙겨 입기도 전에 발가벗은 알몸인 채 거실로 나가 평소에는 거들떠보지 않던 책상용 달력을 들고 안방으로 들어왔다. 그리고 오늘 날짜에 동그라미가 그려졌고 거기에 할머니 생일이라고 적어 놓은 메모를 떠듬떠듬 읽으면서 물었다.

"할아버지! 오늘이 할머니 생일이야?"

"응! 그렇단다."

"그럼 할머니 생일 축하 케이크 사와야지!"

"글쎄! 그래야겠지."

이른 아침에 생뚱맞게 달력을 가져와서 할머니 생일임을 알았다. 그런 일곱 살 손주와 머리를 맞대고 한통속이 되어 모의를 했다. 꼭두새벽인 그 시각에 당장 케이크를 사러 가자고 야단법석을 피웠다. 난감한 상태를 모면할 셈으로 오후에 유치원이 끝나고 함께 케이크를 사자고 달래면서 불같은 성미를 한 박자 늦췄다. 그리고 할머니는 모르게 깜짝 파티를 열자고 굳게 손가락을 걸었다. 하지만 나는 간자(間者)나 세작(細作)처럼 아내에게 그 사실을 넌지시 알려주는 뒷거래를 하며 모르는 척 시치미 떼고 있으라는 당부까지 하는 회색분자를 자청했다.

어린 손주와 우리 내외가 전부인 텅 빈 둥지에서 생일이라고 해도 신바람이 날 리 만무하다. 하지만 아이에게 생일을 축하하는 게 기본적인 가족의 도리라는 사실을 은연중에 가르칠 필요가 있다고 판단되어 소곤소곤 은밀하게 짬짜미를 했다. 흔히들 요즘은 '힘이 있을 때는 아첨하고 따르다가도, 힘이 빠지면 푸대접하는 게 세상의 인심.'인 염량세태(炎凉世態)라고 개탄하면서도 사람의 기본 도리를 바로 일러주려는 노력은 등한시하는 풍조가 만연되었다는 생각에서 그리 굳혔다.

예로부터 적진성산(積塵成山)이라고 하지 않던가. 어려서부터 아주 사소한 것이라도 차례차례로 경험하며 그 지식을 시나브로 차곡차곡 쌓는다면 반듯하고 바른 품성을 지닌 성인으로 올곧게 자라리라. 그런 소망과 꿈이 어린 손주의 가슴에 자연스럽게 전해져 염화시중(拈華示衆)*의 미소가 피어날 수 있는 날을 손꼽아 기다린다.

* 염화시중 : 중국의 송나라 진종(眞宗 : 998~1022) 때의 고승인 도언(道彦)이 석가(釋迦)의 법맥과 법어를 기록한 '전등록(傳燈錄)'에 나오는 내용이다. 석가가 영취산에서 대중들에게 법회를 열던 중에 발생한 일이다. '석가가 연꽃 한 송이를 들어 대중들에게 보여주었다(世尊在靈山會上拈華示衆)'. 그때 대중들은 석가가 왜 갑자기 그러한 행동을 취했는지 깨닫지 못해 어리둥절했다. 그런데 '가섭(迦葉)이라는 제자만은 유일하게 빙그레 웃었다(唯迦葉尊者破顔微笑)'. 가섭이 미소를 지은 이유는 석가가 연꽃을 들어 보인 까닭을 깨달았다는 징표였다.

다시 말하면 '염화시중'은 석가가 인도의 영취산에서 대중을 상대로 펼쳤던 설법 중에 깨달음의 실체를 보여주기 위해 '연꽃 한 송이를 들어 보인 것(世尊在靈山會上拈華示衆)'을 의미한다. 불교에서 '화(華)'는 '연꽃'을 지칭한다. 이 영취산 대중법회를 '영산회상'이라고도 한다.

석가가 깨달음에 이른 진리를 말로 설명할 길이 없어 연꽃을 들어 보였던 것이다. 이때 제자 중에서 오직 '가섭'만이 그 의미를 알아들었다. 하지만 그 역시 깨우침을 말로 대답할 길이 없어 살며시 미소를 지었을 뿐이었다.

이런 맥락에서 이를 '염화미소'라고 말하기도 하는가 하면, 마음과 마음으로 통한다는 의미에서 '이심전심'이라고도 한다.

www.naesonju.com

mygrand.tistory.com/737

(2013년 7월 1일(음력 5월 23일))

(아내의 예순 다섯 번째 생일에)

냉장고와 세탁기

어제 거금을 들여 냉장고와 세탁기를 새것으로 교체했다. 원래 우리 집에서 사용하던 냉장고는 천수를 다한 고령의 노인이 생명줄을 부여잡고 가랑가랑 목숨을 보전하는 격이었다. 그래서 냉동이나 냉장 기능이 들쭉날쭉 오락가락하여 애를 먹이던 것을 폐기처분했다. 그리고 아파트의 같은 층에서 현관문을 마주 보며 살았던 이웃이 서울 강남으로 이사를 가며 필요 없어진 것을 넘겨줘서 유용하게 사용해왔다. 그 냉장고도 구형으로 여닫이문에 이상이 생겨 비실비실하는데도 조심조심 구슬려 서너 해를 근근이 버텨냈는데 드디어 힘에 겨웠던지 몰인정하게 정신 줄을 놓았다. 그렇게 저승길로 떠났는데 노자(路資) 한 푼 쥐어주지 못했다.

그저께(11월 7일) 늦은 점심 무렵이었다. 등산을 갔다가 돌아와 점심 먹거리를 챙기다가 냉장고에서 반찬을 꺼낸 뒤에 문을 닫으려는데 평소와 달리 제대로 닫히지 않았다. 조심스럽게 약간 들어 올려 닫고 돌아서 무언가를 하는데 '쿵'하는 소리와 함께 냉장고 문이 뚝

떨어져 바닥에 내려 앉아 기절초풍을 했다. 응급조치를 해볼 요량으로 다가가서 살폈는데 문을 지탱해 주는 부분이 완전히 으스러져 손을 쓸 재간이 없었다. 문짝이 떨어지며 전선에 이상이 생겼을 가능성이 높았다. 그에 대응하기 위해서 전기 플러그를 뽑아버리는 것으로 이승의 실낱같은 생명줄을 내려놓고 쓰임새를 다한 고철로 돌아갔다.

세탁기는 더더욱 기구한 운명에 처하여 비상 처방을 받는 수모를 겪으며 겨우겨우 제 자리를 지켜오며 골골하던 병자 같은 존재였다. 아마도 여느 집 같으면 오래전에 가차 없이 폐기 처분했을 게다. 적어도 스무 해 전부터 우리 집에 동거해오던 구형으로 사람에 비유하면 천수(天壽)를 훨씬 넘긴 고물 덩어리였다. 지난해 봄에 고장이 나서 애프터서비스 센터에 수리를 의뢰했다. 그런데 단종된 부품을 구할 수 없기 때문에 새 세탁기를 구입하라는 천형(天刑) 같은 야멸친 답을 들어야 했다. 그런 상태에서 세탁기에 물을 채우는 작업을 비롯해서 뚜껑 여닫기를 반복하며 손으로 반자동 세탁을 고집하며 변칙적으로 사용해 왔다.

제발 새로 구입하라고 조언해도 손으로 조작해 임시변통으로 쓸 수 있을 때까지 버리지 않겠다는 아내의 옹고집을 꺾을 수 없었다. 그렇게 세탁하며 낭비했던 수도요금이 아마도 세탁기값 절반쯤이었다면 지나친 엄살일까. 하여튼 아내의 질긴 고집으로 세탁기는 비루할지라도 여태까지 생명을 부지해왔다. 그 때문에 배보다 배꼽이 커져 사실상 손해를 보면서도 알뜰하게 살림했다고 자부하는 아내의 옥셈*은 과연 정상인지 아리송하다.

집에서 사용하는 가전제품 중에 핵심적인 두 가지가 결국 수명을 다한 격이었다. 그 때문에 선택의 여지없이 둘을 한꺼번에 새로 장만

하는 용단이 필요했다. 평소 그들이 자리한 베란다는 우중충하기 그지없어 살풍경 그대로였다. 왜냐하면 오래되어 낡고 용량이 작아 몹시 불편해 보임은 물론이며 구질구질했다. 오죽하면 그런 꼬락서니가 눈에 거슬렸던지 부모님 제사에 찾아왔던 여동생들이 그들 둘을 몽땅 버리라던 말을 남긴 게 언제의 일인지 모른다.

기존 냉장고에 넣어 두었던 내용물을 새 냉장고로 옮기던 아내의 얘기이다. 전에는 용량이 작아 겹겹으로 빼곡하게 쌓아야 간신히 들어갔는데, 새 냉장고에는 대충 집어넣어도 텅텅 비었다며 흡족한 눈치이다. 한편, 번듯하고 고급스런 외장이 맘이 들어 기분이 좋다며 행복해 한다. 게다가 세탁기는 더더욱 맘에 흡족한가 보다.

어제저녁 늦은 시간에 시험적으로 세탁을 했다. 세탁시간도 훨씬 짧아졌고 물 소비량도 눈에 띄게 줄어들었다. 게다가 세탁물이 엉키지 않을뿐더러 세탁물을 꺼내는데 약간 따끈따끈하고 보송보송한 촉감이 좋았다는 자랑을 하는 아내가 순진한 소녀의 모습을 빼닮았었다. 그럴 줄 알았다면 좀 더 일찍이 바꿔 줄 것인데 뒷북을 치는 꼴이 되어 무척 아쉽다.

누구를 막론하고 새 사람이나 새 물건에 대해서는 각별한 관심이나 애정을 갖게 마련인가 보다. 세속의 때에 찌든 내 눈에는 그저께까지의 베란다 모습에 비하면 지금의 모양새는 천지개벽처럼 해맑고 눈부시다. 어쩌면 우중충한 뒷방에 눈부시게 아름다우며 달덩이 같이 화사한 새신부가 다소곳이 자리 잡은 것 같았다.

상큼한 분위기의 감지는 여섯 살배기 유진이도 같았나 보다. 볼일도 없는데 괜스레 냉장고 앞에 다가가서 문을 여닫으며 실실 허튼 웃음을 흘리며 되는대로 이것저것 주워섬겼다. 그런가 하면 드럼 세탁기가 돌아가며 물이 흐르는 모양이나 빨래감이 원형으로 돌아가는 모습이 눈에 선명하게 보이는 게 신기했던 모양이다. 거실의 소파에 앉아있는 할머니를 향하여 열심히 실황 중계하는 재롱이 무척 귀여웠다.

우리 집에서 가전제품을 한 번 구입하면 특별한 변고가 발생하지 않는 한 대략 스무 해 안팎으로 사용한다. 그 기간을 내구연한이라고 어림한다면 어쩌면 내 생에서 동일한 냉장고나 세탁기를 또다시 사야 할 일이 없을지도 모르겠다. 왜냐하면 그 시점에 내 나이가 미수(米壽)인 '여든여덟'이기에 그때까지 건강을 유지할 수 있을지 장담하기 어렵다는 점을 고려하면 그렇다는 독백이다. 모쪼록 우리 내외와 아름다운 황혼을 동행하는 친구같이 살가운 그들로 자리매김 되었으면 좋겠다.

* 옥셈 : 잘 못 생각하여 자기에게 불리하게 계산하는 셈

사랑의 숙성도, 풀무문학 제2집, 2013년 3월 1일

(2012년 11월 9일 금요일)

손주의 학습효과

일곱 살의 손주가 생전 처음으로 직접 대면하는 개구리에 대하여 망설임이나 두려움 없이 손에 거머쥐고 주무르는 대담한 행동에 어이가 없어 어안이 벙벙했다. 예초기로 깎은 잔디와 풀을 갈퀴로 긁다가 놀라 폴짝폴짝 뛰어 달아나는 '참개구리' 한 마리를 잡아서 녀석에게 건넸다. 겁 없이 맨손으로 개구리를 넘겨받아 실컷 가기고 놀다가 일회용 종이컵에 가두어 놓은 다음에 자기 자신이 직접 또 다른 개구리를 잡겠다고 풀밭을 헤맸다.

지성이면 감천일까. 한동안 풀밭을 들쑤시고 다니다가 마침내 '엷은 갈색의 산개구리' 한 마리를 잡아들고 만면에 흡족한 표정이 가관이었다. 그렇게 두 마리의 개구리에 몰두하며 시간 가는 줄 몰랐다. 예초기로 제멋대로 자란 풀과 잔디를 깔끔하게 깎아 배코 친* 까까머리를 연상시키는 잔디밭에 개구리를 풀어 놓고 폴짝폴짝 뛰어 달아나면 쫓아가서 다시 잡기를 끝없이 되풀이했다. 그 외에도 귀뚜라미, 메뚜기, 방아깨비, 실베짱이, 여치, 잠자리 등을 포획하여 놀이 대상으로 삼는 활달한 성격을 엿볼 수 있었다. 그렇게 한 시간 이상 개구리를 비롯하여 다양한 곤충들과 씨름을 하다가 싫증이 났는지 미련 없이 그들을 몽땅 자연으로 돌려보냈다.

개구리와 곤충들을 모두 풀숲으로 돌려보내고 새로운 놀잇감을 찾아 풀밭을 샅샅이 훑고 휘돌아다니며 들쑤셔댔다. 그런데 언제 잡았는지 새끼 도마뱀을 맨손에 거머쥐고 놀다가 시들한지 컵에 가둬 놓고 낄낄거리며 의기양양했다. 도마뱀을 포획했다는 사실이 믿기지 않고 어처구니가 없었다. 하지만 호기심이나 지적 욕구가 강해 겁이 없거나 두려움을 모르는 성격이라면 크게 지청구를 들어야 하거나 흠이 될 일이 아니었다.

혹시나 치명적인 독을 지닌 뱀이나 지네 같은 것까지도 함부로 잡으려는 위험한 행동을 할까 봐 더럭 겁이 나고 가슴이 철렁 내려앉아서 조곤조곤 주의를 주었다. 그런 경고를 받고도 여전히 도마뱀을 맨손으로 거머쥐고 이리저리 살피다가 잔디 위에 풀어 놓고 달아나면 다시 포획하기를 거듭했다.

참으로 모를 일이다. 그동안 마산에서 집 주위의 작은 공원을 찾으며 기껏해야 매미나 잠자리를 비롯해 메뚜기를 잡았던 경험이 선행학습의 전부였다. 아마도 이런 과정을 통해 입때까지 체득한 학습효과의 단면이 오롯이 드러난 게 아닐까. 왜냐하면 보통의 도시 아이들이라면 살아서 이리저리 마구 뛰는 개구리나 징그러운 모습의 도마뱀이 꿈틀거리면 기절초풍하여 오들오들 떨며 야단법석을 피울 개연성이 높으리라는 이유 때문이다.

도마뱀 역시 숲으로 돌려보내고 손주 녀석과 사종(四從)으로 10촌 형인 승필이와 어울려 포도를 담았던 박스를 하나씩 구해서 잔디 썰매를 타기 삼매경에 빠졌다. 경사가 거의 30도 이상으로 가파른 비탈에서 10여 미터 이상 잔디 썰매를 타다가 앞으로 곤두박질을 하며 나동그라지는 위험을 되풀이해 겪었다. 그에 아랑곳하지 않고 지칠 때까지 또다시 도전하려고 기를 쓰는 끈질긴 모습을 지켜보면서 무엇이 그토록 집착하게 만들며 흥미를 유발시키는지 내 잣대로는 해답을 찾기 어려운 수수께끼였다.

지난 칠월 초순 무렵이었다. 손주는 제 아비를 비롯해서 할머니와 함께 냇가에 가서 한나절 놀다 온 직후부터 끈질기게 청하며 졸라댔다. 개구리를 잡으러 가자는 적극적인 주장을 펼쳤다. 처음엔 지나가는 얘기로 여기고 귓등을 넘겨버렸다. 하지만 자기주장을 관찰하려고 집요하게 파고드는 거듭된 청을 어느 날인가 허투루 그리하자고 대답했다. 웬만하면 바로 잊어버리련만 매일 언제 갈 것이냐고 물으며 재촉해 어물쩍 넘길 재간이 없어 난감했다. 이 문제를 선영(先塋)에서 청주한문(淸州韓門) 공안공(恭安公) 할아버지 후손들이 실시하는 벌초와 마당에 참여하는 길에 겸해서 일거에 해결하기로 작정했다.

음력으로 칠월의 마지막 일요일(양력으로 9월 1일) 선영의 사방에 무질서하게 산재한 조상의 묘역에 벌초를 하는 날이었다. 첫새벽에 깊은 잠에 취한 손주를 강제로 깨워서 서둘러 채비를 하고 4시간 가까이 승용차로 달려가서 벌초에 참석했다. 선영의 이능선 저 골짜기에 산재한 묘역의 벌초와 시사(時祀)를 모시는 제단(祭壇)이 자리한 넓디넓은 대지 위에 웃자란 잡풀과 잔디를 여러 대의 예초기로 깎았다. 그렇게 여러 곳에서 동시 다발적으로 정신없이 풀과 진디를 깎아버리기 때문에 갑자기 은신처를 잃은 개구리와 각종 곤충이 놀라서 사방으로 흩어져 도망을 가는 관계로 포획하기 안성맞춤이었다.

아침에 출발할 때는 대진고속도로를 달렸다. 하지만 돌아오는 길은 벌초 차량으로 극심하게 정체될 남해고속도로를 뚫고 달려야 할 상황에 지레 잔뜩 겁을 먹고 상대적으로 소통이 원활할 것으로 예상되는 경부고속도로로 길머리를 틀었다. 그래서 경부고속도로의 '옥천 IC'로 진입해 집으로 향했다.

손주 녀석은 낮에 지나친 놀이에 무리가 따랐던지 고속도로를 진입하기 전부터 잠에 빠져 중부내륙고속도로의 '남성주 휴게소'에 도착할 때까지 꿈길을 오락가락했다. 그래도 중간에 잠시 쉬었던 옥천 휴게소, 추풍령 휴게소, 남성주 휴게소 등에서는 어김없이 잠에서 깨어나 소용이 닿는 물건이나 주전부리를 사달라며 옹골지게 실속을 챙겼다.

나는 조상의 묘역 벌초를 하는 한편 아울러 손주에게 개구리를 잡으러 가겠다는 약속을 빈틈없이 지킨 셈이기에 도랑 치고 가재 잡는 격이었다. 따지고 보면 손주 아이도 개구리와 도마뱀을 비롯해 다양한 곤충들 잡으며 놀았음은 물론이고 오가는 길에 고속도로 휴게소에 들릴 때마다 이것저것 원하는 것을 맘껏 사는 호사를 누렸기 때문에 운수 대통한 길일이 분명했다. 그런 연유에서 이번 벌초 길은 속된 표현으로 '누이 좋고 매부 좋은 격'이었으므로 어느 누구도 밑져 미진하거나 떨떠름할 구석이 없지 싶다. 그 외에 여기서 꼭 짚어 보고픈 게 있다. 손주를 몇 해 동안 늦은 봄부터 초가을에 이르기까지 집 주변 공원에서 시나브로 차곡차곡 쌓아왔던 자연학습의 효과가 오늘 오롯이 증명된 것 같아 한편으로는 흡족했다.

* 배코치다 : 상투 밑의 머리털을 깎다.

한올문학, 2013년 11월호

(2013년 9월 3일 화요일)

손주의 첫 독서

일곱 살에 이른 유진이가 생전 처음으로 책 한 권을 완벽하게 판독했다. 이전까지는 아주 간단한 동화책이나 동화를 띄엄띄엄 읽었던 적이 있었을 뿐이다. 지난 오월 초순이지 싶다. 'G학습' 선생님이 책을 한 권 주며 읽도록 지도하면 좋겠다며 추천했다. 매일 조금씩 읽도록 지도하되 적당히 건너뛰거나 어물어물 넘어가지 않도록 지도하라는 조언이었다.

책 내용을 살펴봤다. 'G학습'의 한글 공부 과정에서 나오는 축약된 동화 75개를 묶어서 펴낸 책(이야기책 2A)으로 모두 180페이지를 넘는 두꺼운 책이었다. 그런데 책을 한 페이지나 두 페이지를 읽을 때마다 어른들이 꼼꼼하게 점검(check)한 뒤에 '확인 표시' 또는 '스티커'를 붙이라고 안내하고 있었다. 한편, 책은 다섯 번 되풀이해서 읽도록 규정하고 있었다. 결국, 읽을 때마다 점검을 해야 하므로 모두 다섯 차례의 '확인 표시'나 '스티커'를 붙여야 했다. 다섯 번을 모두 읽고 점검을 마친 부분에는 마지막으로 옆에서 지켜보던 어른이 서명을 하도록 되어 있었다.

책을 받고 매일 조금씩 읽혔다. 처음엔 모르는 글자가 많고 내용이 어려워 맹꽁징꽁 끙끙거리며 끌탕을 치면서도 꾸준히 임했다. 생소해 갈팡질팡하는 아이의 심적 부담을 줄이기 위해서 먼저 시범적으로 읽어 주며 높낮이나 붙이고 떼어 읽을 수 있도록 도와주었다. 그 외에도 어려운 단어나 이해하기 어려운 개념의 문제가 대두되면 나름대로 설명을 곁들여 취미를 붙이거나 관심을 유발토록 배려를 했다.

시작 무렵엔 헤매기 일쑤이던 아이가 빠르게 적응하며 적극성을 띄어 다행이었다. 독서를 일상의 한 부분으로 여겼었나 보다. 내가 출타해서 집을 비워도 할머니 앞에 책을 펼쳐 놓고 능청스럽게 읽더란다. 경험이 없어 들머리에선 '아버지 가방에 들어간다.' 식으로 읽어댔다. 하지만 그동안 떼고 붙이거나 음의 높낮이를 다르게 하는 기본 원칙을 반복하여 존조리 일렀더니 주효했는지 일취월장하는 형국이었다. 그런 까닭에 요즈음엔 단순히 줄줄 읽는 것이 아니라 감정을 실어서 제법 실감 나게 읽는 모습이 기특하다. 그렇다고 어처구니 없이 박람강기(博覽强記)를 꿈꾸지 않을 것이다.

아직도 어려운 한글 글자나 한자(漢字)를 바탕으로 생성된 단어나 어휘 앞에선 곤혹스러워 쩔쩔매고 있다. 그럴 경우 어김없이 내게 묻는다. 무슨 뜻이냐고. 아이의 수준에 맞게 족집게 같은 설명이었으면 좋으련만 설명이랍시고 어려운 말을 대책 없이 마구 쏟아내는 경우가 적지 않아 내 스스로도 놀라는 경우가 드물지 않다.

이번에 독서한 분량은 나이에 비해 상당한 수준이다. 왜냐하면 전체적으로 180페이지를 넘는 책을 정확히 다섯 번씩 읽었다. 그러므로 모두 9백여 페이지(183 × 5 = 915페이지)를 거뜬히 소화시키는 먹성을 뽐낸 셈이다. 물론 동화를 구성한 글자 수(數)는 어린이들의 수준을 감안하여 한 페이지 혹은 두 페이지에 작게는 고작 '42자'에서부터 많을 경우 '144자'까지였다. 이들을 매번 읽을 때마다 어른들이 옆에 앉아서 꼬박꼬박 확인하는 관계로 얼렁뚱땅 구렁이 담 넘어 가는 식으로 적당히 시늉만 내는 얼치기 수준의 독서가 아니었다.

독서과정을 옆에서 지켜보면서 느낀 소회이다. 유치원 어린이 수준의 동화를 쓴다거나 윤색하는 작업은 참으로 지난한 작업이라는 사실을 절감했다. 전문가들이 쓴 동화 속에는 글을 쓰는 내가 봐도 어려운 단어와 어휘가 어지럽게 지뢰처럼 박혀있어 무척 당황스러웠다. 게다가 대상 어린이 수준에서 벅차고 이해하기 어려운 글자를 함부로 사용해 엄청 놀랐다.

책 읽기 프로젝트는 음독과 속독을 바탕에 깔고 진행했다. 책을 소리 내어 읽는 '음독(音讀)'이나 빠르게 읽는 방법인 '속독(速讀)'은 빠른 두뇌 회전과 집중력을 향상시킨다고 한다. 이 견해는 상당히 설득력을 얻고 있음이 분명하다. 아직 한글을 제대로 깨우치지 못한 계제에 적지 않은 분량의 책을 두세 달에 걸쳐 완독했다는 사실은 무궁한 내일을 위해 역사적인 첫걸음의 족적을 남긴 모양새이다.

돌이켜 생각하니 소리 내서 읽는 방법인 '음독'은 나름대로 문리를 터득했지 싶다. 그러나 어려운 문장 여부를 따지지 않고 일정한 속도 이상을 유지해야 한다는 '속독'의 관점에서 수련이 필요하다는 생각이다. 보통 어린이들은 성장단계에 따라 초보의 경우는 '분(分)당 200자', 중간 수준은 '분당 300자', 상급의 경우는 '분당 400자' 정도로 읽어야 한다고 가이드라인으로 추천하고 있다.

첫술에 배부를 수는 없는 노릇이다. 여태까지 수많은 동화책을 읽어 달라고 코밑에 들이밀며 전적으로 어른에 의존하던 처지에서 환골탈태할 전기의 실마리를 맞은 셈이다. 아직 한글을 완전하게 깨우치지 못한 까닭에 대책 없이 헤매거나 왜곡된 해석이나 오해를 하는 부작용이 따른다 해도 홀로서기(going solo)의 첫발을 내딛는 것 같아 무척 흥분된다. 이제부터는 앞으로 나가다가 넘어지거나 혼란을 겪더라도 이전과는 전혀 딴판인 모습을 지켜보다가 도움이 필요한 순간 순간 손을 내밀어 잡아 이끌어주면 족할 것으로 여겨져 아이의 성장이 무척 흐뭇하고 자랑스럽다.

2013년 7월 25일 목요일